George E. Bean

Kleinasien

1 Die ägäische Türkei von Pergamon bis Didyma

Ein Kunst- und Reiseführer zu den klassischen Stätten

Übersetzt und bearbeitet von Professor Dr. Joseph Wiesner

Mit 73 Fotos auf 36 Kunstdrucktafeln und 53 Abbildungen und Plänen im Text

Fünfte Auflage

Verlag W. Kohlhammer
Stuttgart Berlin Köln Mainz

CIP-Kurztitelaufnahme der Deutschen Bibliothek

Bean, George E.:

Kleinasien: e. Kunst- u. Reiseführer zu d. klass. Stätten / George E. Bean. Übers. u. bearb. von Ursula Pause-Dreyer. – Stuttgart; Berlin; Köln; Mainz: Kohlhammer
(Kohlhammer-Kunst- und Reiseführer)
Bis Bd. 3 übers. u. bearb. von Joseph Wiesner. – Bd. 1–3, 1. Aufl. im Verl. Günther, Stuttgart

NE: Wiesner, Joseph [Bearb.]; Pause-Dreyer, Ursula [Bearb.]

1. Die ägäische Türkei von Pergamon bis Didyma. – 5. Aufl. – 1987.
Orig.-Ausg. u.d.T.: Bean, George E.: Aegean Turkey
ISBN 3-17-009678-8

Fünfte Auflage 1987

Stuttgart Berlin Köln Mainz
Verlagsort: Stuttgart
Einband: hace
Gesamtherstellung:
W. Kohlhammer Druckerei GmbH + Co. Stuttgart
Printed in Germany

INHALTSÜBERSICHT

VORWORT ZUR ORIGINALAUSGABE

Nur wenige Menschen können an Ruinen ohne ein Gefühl der Rührung oder der Neugier vorübergehen. Die Türkei ist bemerkenswert reich an Denkmälern aus dem Altertum; besonders seit dem zweiten Weltkrieg setzte eine große archaeologische Aktivität ein, die keinerlei Anzeichen des Nachlassens zeigt. Für den gewöhnlichen Reisenden ist vor allem die Westküste hochinteressant; doch ohne Hilfe dürfte das Interesse bald erlöschen. Oft bin ich in den zwanzig Jahren meines Lebens in der Türkei gefragt worden, ob es kein Buch gibt, das über die antiken Denkmäler unterrichtet.

Natürlich gibt es Bücher. Die Berichte der Forscher des 18. und 19. Jahrhunderts, Chandlers, Arundells, Hamiltons, Fellows' u. a., sind noch sehr lesenswert, aber unsere Wissenschaft hat sich natürlich seitdem gewandelt. In den letzten Jahren haben viele Autoren ihre Türkeibücher nach längerem oder kürzerem Aufenthalt in der Türkei geschrieben, lebhaft und unterhaltsam, aber meist fachlich unzuverlässig. Zwei Werke der letzten 30 Jahre sind an die breite Öffentlichkeit gerichtet und vornehmlich mit der griechischen Periode in Westkleinasien beschäftigt. Das jüngere ist J. M. Cooks Buch »The Greeks in Ionia and the East«, ein gelehrter und lesenswerter Bericht über die griechische Zivilisation in Asien, vor allem vom archaeologischen Gesichtspunkt her. Das andere Buch ist Freya Starks »Ionia: a Quest«; Frau Stark beschreibt ihre eigenen Reisen, wobei sie sehr sympathisch und ergebnisreich die Atmosphäre des Landes berücksichtigt. Sie behandelt mehr den historischen und literarischen Hintergrund als die noch vorhande-

nen Denkmäler. Andererseits liefert der Hachette World Guide eine Menge von Tatsachen, meist zuverlässig; doch steht ihm nur wenig Raum für den Hintergrund zur Verfügung.
Daher schien mir noch Platz für ein Buch zu sein, bestimmt für diejenigen, die die Möglichkeit einer Reise in die westliche Türkei haben und sich mit den dort vorhandenen Denkmälern beschäftigen wollen. Ihnen soll gesagt werden, welche Denkmäler noch zu sehen sind und welches Interesse ihnen zukommt. Dieses Buch ist daher nicht für die Spezialisten geschrieben, die viel finden werden, was sie schon wissen. Gedacht ist vor allem an den Leser, der sich für antike Denkmäler interessiert, aber keine genaue Kenntnis von ihnen hat.
Die untere Zeitgrenze liegt allgemein um 300 n. Chr. Über die byzantinische und türkische Zivilisation zu schreiben, geht über meine Kenntnisse.
Das behandelte Gebiet deckt sich mit dem Bereich, der bequem von Smyrna aus zu erreichen ist. Die Straßen in der Türkei sind auf weiten Strecken erneuert; die auf der Karte eingetragenen Wege sind alle für Pkws geeignet, andere werden laufend verbessert. Im Sommer nimmt der Reisende am besten einen Jeep, um nicht weit entfernte Stätten zu erreichen. Ich habe sie alle in den letzten Jahren besucht; doch die Ausgrabungen sind rasch vorangeschritten, und an mehreren Orten wird man die beträchtlichen Veränderungen bald feststellen. Das Hotelwesen hat sich verbessert. Selbst Landstädte wie Bergama und Söke verfügen jetzt über wirklich erträgliche, wenn auch einfache Nachtquartiere. Die Türkei ist auf dem besten Wege, ein Reiseland zu werden; doch wird es noch viele Jahre dauern, bis das Land seine Atmosphäre verliert.
Einige der hier behandelten Orte haben nur wenige Denkmäler zu bieten. Aber auch wenn die antike Stätte nur als Vorwand für ein Picknick oder ein Bad dient, so bleibt doch die Landschaft so schön, daß meiner Auffassung nach nur wenige enttäuscht weggehen werden.
Zu Dank verpflichtet bin ich größtenteils den Veröffentlichungen zahlreicher Gelehrter in wissenschaftlichen Zeitschriften und anderswo. Ich hielt es bei einem Buch wie dem vorliegenden nicht für notwendig, mit Anmerkungen zu arbeiten. Verweise können, wenn sie überhaupt gesucht werden, in der Bibliographie am

Schluß des Buches gefunden werden. Mein besonderer Dank gebührt Professor J. M. Cook von der Universität Bristol, mit dem ich zahlreiche Probleme durchsprechen konnte, und meiner Frau, der ich Zeichnungen und Fotografien verdanke.

George E. Bean

VORWORT ZUR DEUTSCHEN AUSGABE

Im Gegensatz zur englischen Ausgabe wurden die griechischen Eigennamen nicht latinisiert.

Wie in der englischen Ausgabe wurde für türkische Namen die moderne türkische Schreibweise angewandt. Vokale und Konsonanten werden wie im Deutschen ausgesprochen. Doch gelten folgende Ausnahmen: c = dsch wie in »Dschungel« (stimmhaft), ç = tsch, ş = sch, ğ wie g in der Berliner Dialektform von »sagen«. I wird nicht als i sondern mehr nach e hin gesprochen. Der Buchstabe ğ wird im Grunde nicht ausgesprochen.

Anstelle des Anhangs in der englischen Ausgabe wurde in der deutschen eine Übersicht über Troja eingefügt, weil diese Stätte rege Beziehungen zur Ägäis unterhalten hat und für den heutigen Besucher von Bergama aus leicht erreichbar ist.

Über Fragen der Anreise zur Türkei (Zufahrtsstraßen, Eisenbahnverbindungen, Schiffslinien, Flugverkehr), Grenzübertritt, Zoll und Devisenvorschriften, Verkehrswesen (Straßenverhältnisse, Autobusse und Taxis, Eisenbahnen und Küstenschiffahrt), Hotels und Restaurants orientieren zuverlässig die touristischen Informationsstellen.

Joseph Wiesner

1. Geschichtliches

Die Geschichte Westkleinasiens begann für die Alten mit Homers Darstellung des Trojanischen Krieges. Von den zwei großen Kulturbereichen des 2. Jtsds., dem minoischen und dem hethitischen, die erst spät durch die archaeologischen Grabungen freigelegt wurden, hatte man in klassischer Zeit nur dunkle Ahnung. So gab es Überlieferungen von einem König *Minos auf Kreta*, der zwei Generationen vor dem Trojanischen Krieg herrschte, ein großes Gebiet erobert und die Kontrolle über die ägäische Inselwelt gewonnen hatte. Aber von der hethitischen Großmacht in Zentralanatolien hatte sich keine Kunde erhalten. Es sei denn, man nimmt mit einigen modernen Gelehrten an, daß die Geschichten von den Amazonen, die in vielen Teilen Kleinasiens bezeugt sind, vielleicht eine verworrene Erinnerung an die Heere der *Hethiter* bewahrt haben. Auf ägyptischen Reliefs nämlich erscheinen hethitische Krieger in einem langen, bis zu den Knöcheln reichenden Gewand, das an weibliche Tracht erinnern mag. Wir begegnen dieser Tracht nicht auf den Bilddenkmälern der Hethiter, wo sie in einem kurzen Rock dargestellt werden. Nichtsdestoweniger könnte der ägyptische Befund die merkwürdige Überlieferung von den furchtbaren kriegerischen Frauen erklären, die den griechischen Schriftquellen so vertraut ist.

Daß der Trojanische Krieg ein geschichtliches Ereignis war, ist seit langem erkannt. Das überlieferte Datum, 1194–1184 v. Chr., hält man jetzt für etwas zu spät, aber an der Tatsache der Zerstörung Trojas durch ein griechisches Heeresaufgebot besteht kein Zweifel. Die Überlieferung erzählt, daß die Argonauten ihren

Weg in das Schwarze Meer fanden. Es könnte sein, daß die Kunde vom Reichtum der Uferlandschaften, deren Zugang von den Trojanern kontrolliert wurde, den Anstoß für das griechische Unternehmen gab. Schließlich ist es kaum wahrscheinlich, daß die Rückführung der Helena der einzige Grund war. Wie immer es auch gewesen sein mag, die Griechen unternahmen überraschenderweise keine Schritte, ihren Sieg auszunutzen. Das nächste Auftreten der Griechen in Westkleinasien hatte mehrere Ursachen.
Vielleicht ein Jahrhundert nach dem Trojanischen Krieg drangen die *Dorer* aus ihren nordgriechischen Gebieten nach Süden und zerstörten die mykenische Kultur, deren Könige vor Troja gekämpft hatten. Unter dem Druck der dorischen Südwanderung verließen viele Griechen ihre Heimat und wanderten über die Ägäis aus. Den Anfang der Bewegung machten die *Aeoler* aus Thessalien und Böotien, die sich auf der Insel Lesbos sowie im Gebiet zwischen der Troas und dem Golf von Smyrna niederließen; die von ihnen besiedelte Landschaft trägt den Namen *Aeolis*. Ihnen folgten die *Jonier*, nach der Überlieferung von den Söhnen des Kodros, des Königs von Athen, geführt. Sie besetzten das Gebiet südlich der Aeolis bis zum Maeanderfluß.
Die Besiedlung scheint im 10. Jahrhundert v.Chr. begonnen zu haben und dehnte sich sicherlich über eine beträchtliche Zeit aus. Es ist unwahrscheinlich, daß die Jonier auf ernsthaften Widerstand gestoßen sind. Seit dem Untergang der hethitischen Großmacht um 1200 v. Chr. gab es in Kleinasien keine große Reichsorganisation mehr. Der Widerstand, den die einheimischen Bewohner leisten konnten, blieb lokaler Natur. Über ein Jahrhundert später schickten auch die Dorer Siedler nach Asien. Sie nahmen Rhodos und Kos sowie die gegenüberliegende Küste von Karien südlich vom Maeander, der die Grenze ihres Vordringens bezeichnet. Die im Verlauf dieser Wanderungen gegründeten Städte lagen alle an der Küste oder in der Nähe. Die Beziehungen zu den einheimischen Plätzen waren wechselhaft. Einige Pflanzstädte nahmen schließlich auch Anatolier als Bürger auf, aber alle betrachteten sich als griechische Städte, und ihre Einrichtungen blieben durch das ganze Altertum rein griechisch.
Herodot berichtet, daß das Klima Joniens das beste der Welt sei. Die Aeolis hatte besseren Boden, aber schlechtere Witterungsver-

hältnisse. Aus diesen oder anderen Gründen verlief die Entwicklung der aeolischen und jonischen Städte merklich verschieden. Die Namen der elf aeolischen Städte sind in der Mehrzahl nur den Spezialisten bekannt; ihre Geschichte ist ein unbeschriebenes Blatt. Sie blieben klein und waren mit sich selbst beschäftigt. In der großen Geschichte spielten sie keine Rolle. Smyrna war zuerst eine aeolische Siedlung bevor es frühzeitig zur jonischen Stadt wurde.

Jonien andererseits entwickelte eine Kultur von außergewöhnlichem Glanz. Während sich Griechenland teilweise noch am Rande jenes dunklen Zeitalters befand, das der dorischen Wanderung folgte, wurden in den jonischen Städten die Grundlagen für griechische Literatur, Wissenschaft und Philosophie geschaffen. Von den frühen literarischen Schöpfungen überlebten allein die Werke Homers; sie bekunden eine lang zurückliegende Überlieferung. Homers Zeit und Geburtsort, ja, die Frage, ob er überhaupt gelebt hat, sind endlos erörtert worden. Aber darin stimmt man im wesentlichen jetzt voll überein, daß die Ilias und die Odyssee von einem einzigen Dichter im späteren 8. Jahrhundert v. Chr. verfaßt wurden, die Odyssee zweifellos etwas später als die Ilias. Die Überlieferung sagt, daß dieser Dichter Homer hieß und daß er ein Jonier war. Die zäheste Tradition verband ihn entweder mit Chios oder ganz besonders mit Smyrna. Die in den Dichtungen beschriebene Kultur offenbart sich als eine Mischung zwischen der mykenischen Zeit und der Lebenszeit des Dichters.

Wissenschaft und Philosophie bildeten zuerst eine Einheit und beschäftigten sich mit den Urelementen und dem Weltbild. Als Thales von Milet um 600 v. Chr. die aufsehenerregende Behauptung aufstellte, daß der Urgrund aller Dinge das Wasser sei, begann eine Kette von Spekulationen, die schließlich in unser Zeitalter der Kerntheorien und der Atombombe führten. Seine Nachfolger zogen andere Urstoffe vor, wie die Luft, das Feuer oder auch das Unbegrenzte. Die Kühnheit dieser Einfälle ist zu dieser frühen Zeit bemerkenswert. Aber die berühmteste Leistung des Thales war die Voraussage der Sonnenfinsternis von 585 v. Chr. (28. Mai 585 nach moderner Zeitrechnung). Die Voraussage war jedoch nicht so eindrucksvoll wie es sich anhört. Niemand war damals imstande, eine Sonnenfinsternis auszurechnen. Doch die babylonischen Astronomen hatten bemerkt, daß Sonnenfinsternisse im Abstand von achtzehn Jahren wiederzukehren pflegten, und Thales hatte diese Kenntnis von ihnen. Er sagte jedenfalls nur das Jahr der Sonnenfinsternis voraus.

Über die politische Ordnung in den Städten zu jener Zeit sind wir nur sehr unzulänglich unterrichtet. Ursprünglich bestand ein erbliches Königtum, das nicht lange währte. Seit dem 7. Jahrhundert erscheint in den meisten Städten eine einfache demokratische Ordnung mit einem Rat und Beamten, deren Aufgaben gesetzlich festgelegt waren. Zur gleichen Zeit war der Einfluß der reicheren Bürger und des Adels, der sich auf Abkunft von den alten Königen berief, zweifellos groß; mehrfach geriet die Macht in die Hände von Tyrannen. Das Wort »Tyrann« bezeichnet lediglich einen Alleinherrscher, dessen Herrschaftsrecht nicht erblich war. Er mochte die Macht für sich selbst gewonnen haben, er konnte auch vom Volk gewählt sein; seine Herrschaft konnte gut oder schlecht sein. Der allgemeine Lebensstandard war wahrscheinlich hoch. Die Bevölkerungszahlen waren bescheiden, nicht mehr als ein paar Tausend, und die meisten Bürger besaßen Sklaven. In der Lebenskunst waren die alten Griechen Meister.

Früh, wahrscheinlich schon um 800 v. Chr., bildeten die zwölf größeren jonischen Städte einen *Panjonischen Bund.* Das Küstengebiet wurde unter die zwölf Städte aufgeteilt; die kleineren Orte blieben bestehen, waren aber ohne politische Bedeutung. Der Bund hatte sein religiöses Zentrum im Panjonion auf dem Gebiet von Priene, aber dieser Bund beeinträchtigte in keiner Weise die Unabhängigkeit der einzelnen Städte; sie blieben frei, ihre eigene Politik zu verfolgen und untereinander zu hadern.

Die zwölf Städte waren:

Milet	*Ephesos*	*Teos*	*Phokaea*
Myus	*Kolophon*	*Klazomenae*	*Samos*
Priene	*Lebedos*	*Erythrae*	*Chios*

Ihnen wurde später *Smyrna* als dreizehnte zugerechnet.

Eine Anzahl von diesen Städten gründete zu jener Zeit – vorwiegend im 7. und 6. Jahrhundert v. Chr. – Pflanzstädte in verschiedenen Bereichen der Alten Welt. Am tatkräftigsten war in dieser Hin-

Smyrna. Blick von Kadife Kale auf die Stadt

1

2

Oben: Manisa (Magnesia am Sipylos). Die echte Niobe
Unten: Manisa (Magnesia am Sipylos). Taş Suret. Die falsche Niobe

sicht Milet. In der Propontis (Marmara-Meer) und an den Küsten des Schwarzen Meeres wuchs und blühte ein Kranz von milesischen Siedlungen. Am meisten bekannt waren Sinope, Amisos und Trapezos; sie haben ihre Namen etwas verändert behalten: Sinop, Samsun, Trabzon. Insgesamt soll Milet nicht weniger als neunzig Pflanzstädte gegründet haben.

Landeinwärts vom jonischen Bereich breitete sich Lydien aus mit der Hauptstadt Sardes; östlich schloß das Königreich Phrygien an. Im 8. Jahrhundert war Phrygien das mächtigere Staatswesen. Die Überlieferung von König Midas und seiner Fähigkeit, alles durch Berührung zu Gold werden zu lassen, ist ein Beweis für die reiche Blüte. Die Felsengräber Phrygiens mit ihren Schmuckfassaden und Inschriften bezeugen die hohe Entwicklung von Kunst und Schrifttum. Gegen Ende des 8. Jahrhunderts gelangte in Lydien eine neue Macht unter König Gyges zur Herrschaft, der plötzlich sein Gebiet nach Norden erweiterte und auch die Griechenstädte der Westküste angriff. Aber seine Pläne schlugen infolge eines Einbruchs nördlicher Barbarenstämme fehl, die für den größten Teil des 7. Jahrhunderts die Kultur Kleinasiens gefährdeten.

Dieses nördliche Fremdvolk waren die *Kimmerier*. Vertrieben aus ihrer Heimat an der Nordküste des Schwarzen Meeres wandten sie sich südwärts über den Kaukasus und überrannten Kleinasien. Das phrygische Königreich erlag ihrem Angriff und konnte sich nie wieder erheben. Sardes fiel in ihre Hand, und auch die griechischen Städte litten unter dem kimmerischen Ansturm. Die Gefahr eines neuen dunklen Zeitalters drohte. Die Befreiung verdankte Kleinasien dem Nachfolger des Königs Gyges, Ardys, der die Eindringlinge besiegte und ein für allemal vertrieb. Die Kimmerier verschwanden aus der Geschichte; ihr Name ist noch in der geographischen Bezeichnung »Krim« enthalten.

Von der kimmerischen Gefahr befreit, erneuerten die *Lyder* ihre Vorstöße gegen die griechischen Städte. Priene fiel an Ardys, Smyrna an seinen Nachfolger Alyattes. Schließlich bezwang Kroisos in der Mitte des 6. Jahrhunderts alle Griechenstädte mit Ausnahme von Milet. Lange vorher schon bestanden Beziehungen zwischen Griechen und Lydern, die von den griechischen Schriftstellern nie als Barbaren bezeichnet werden. Den Lydern schrieb man beispielsweise die Erfindung der Münzprägung zu. Kroisos

LESBOS
Mytilene
A → KAIKOS-FLUSS
B → Bakir Çayi
C → PYTHIKOS-FLUSS
D → Koca Çayi
E → Gediz Çayi
F → HERMOS-FLUSS
PERGAMON
Bergama
Soma
Kirkağaç
Dikili
PITANE
Çandarli
ELAEA
GRYNEION
MYRINA
Aliağa
Tempel
AEGAE
KYME
LARISA (?)
NEONTEICHOS (?)
TEMNOS
nach Akhisar
PHOKAEA
Grab
Eski Foça
MAGNESIA
Manisa
Taş Suret
nach Sardes
Menemen
Emiralem
SIPYLOS-GEB
Turgutlu
Kara Burun
MIMAS-BERG
LEUKAE
Altes Flußbett
Ada Tepe
Bayrakli
Belkahve
Karşiyaka
SMYRNA
Izmir
Bornova
Nif (Kemalpaşa)
»Sesostris«
OLYMPOS-BERG
Buca
DRAKO-BERG
CHIOS
Chios
Kap Burnu
Ildir
ERYTHRAE
MESATE
KLAZOMENAE
Bäder des Agamemnon
Çeşme
Ilica
Urla
Seydiköy
Cumaovasi

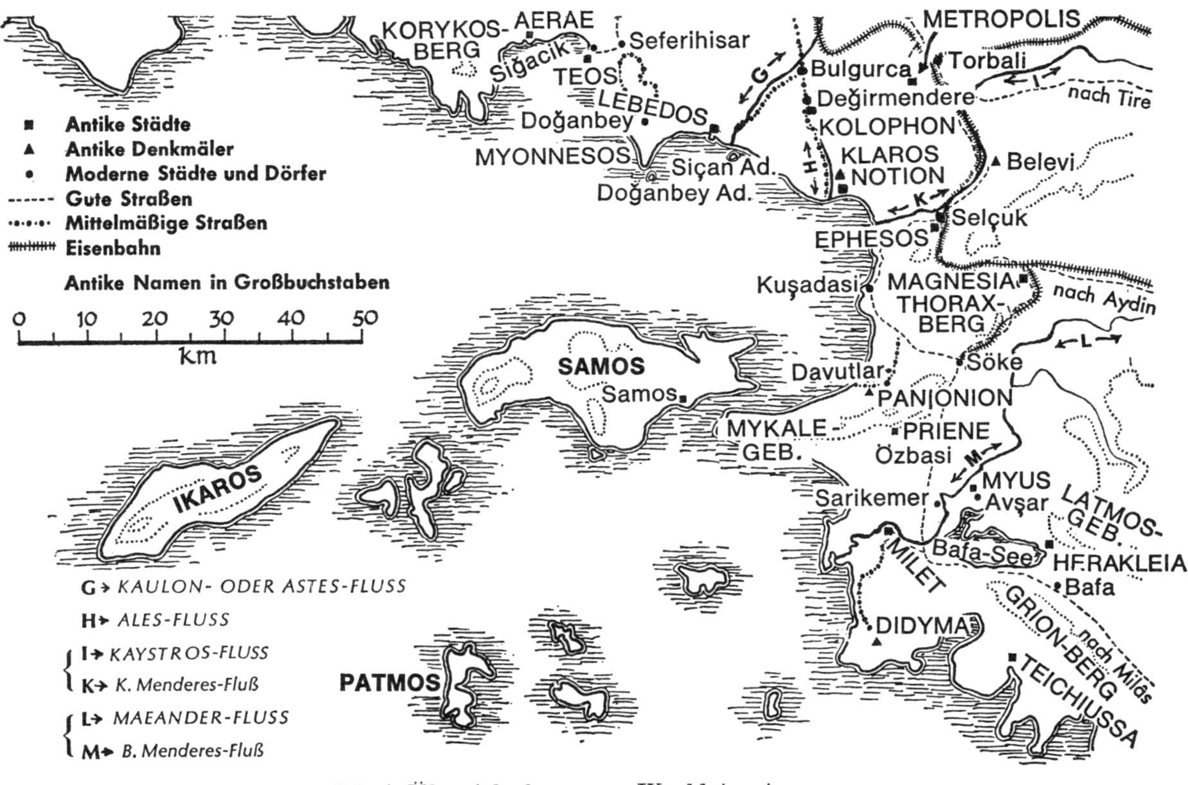

Abb. 1 Übersichtskarte von Westkleinasien

vornehmlich wurde, ungeachtet seiner feindlichen Unternehmungen, mehr als Freund denn als Feind betrachtet. Er stiftete Weihgeschenke an griechische Tempel und Orakel in Griechenland und Kleinasien. Die mit Reliefbildern geschmückten Säulenbasen, welche er dem Tempel der Artemis von Ephesos weihte, sind jetzt im Britischen Museum. Geschichtlich nicht verbürgt ist die Überlieferung, daß der athenische Gesetzgeber Solon den Lyderkönig zu einer Unterredung in Sardes aufsuchte.

Die Herrschaft der Lyder war von kurzer Dauer. Ein neuer Feind erschien in Kleinasien, bestimmt, für mehr als zwei Jahrhunderte das ostgriechische Leben zu überschatten. Es waren die *Meder* und *Perser*, die sich lange im Hintergrund gehalten hatten; ein Krieg zwischen den Medern und Lydern zu Beginn des 6. Jahrhunderts war unentschieden geblieben. Doch Kroisos faßte den Plan, sein Reich nach Osten auszudehnen. Er hatte den Zeitpunkt schlecht gewählt; denn Kyros der Große hatte kürzlich den medischen Thron gewonnen. Der Feldzug des Kroisos gegen die Perser führte zur völligen Katastrophe des Lyderreiches; Kyros drängte ihn nach Lydien zurück, schlug ihn vor Sardes und eroberte die Haupstadt 546 v. Chr.

Griechen und Perser standen sich nun zum erstenmal gegenüber. Kyros lehnte alle Freundschaftsangebote ab, und die Perser bliesen zum Angriff. Die Jonier waren hoffnungslos uneins und unfähig zu gemeinsamem Widerstand. Der Panjonische Bund war weder ein politisches noch ein militärisches Bündnis, und die Städte wurden leicht nacheinander erobert. Innerhalb weniger Jahre war ganz Kleinasien dem Perserreich einverleibt.

Die Perserherrschaft war in ihren Auswirkungen für die Griechen Kleinasiens nicht lästig. Das Land wurde unter Statthalter, Satrapen genannt, aufgeteilt. Die Aufgaben der Satrapen bestanden gewöhnlich darin, zu sorgen, daß die Abgaben ordnungsgemäß entrichtet wurden. Den Städten überließ man die Regelung ihrer eigenen Angelegenheiten. Die meisten Städte wurden von griechischen Tyrannen beherrscht, die sich bewährt hatten und vom Perserkönig unterstützt wurden.

Ein einziger Versuch wurde von den Joniern unternommen, ihre Unabhängigkeit wiederzugewinnen. Anstifter war, aus persönlichen Gründen, Aristagoras, der Tyrann von Milet. Im Jahre

499 v. Chr. vertrieben die Städte ihre perserfreundlichen Tyrannen – Aristagoras gab seine Stellung auf – und richteten Demokratien ein. Mit Hilfe von Athen, das zur wachsenden Macht in Griechenland wurde, stellten sie ein Heer auf und griffen den Satrapensitz Sardes an, der geplündert und verbrannt wurde. Aber wieder erwies sich das Fehlen jeglicher Einheit als verhängnisvoll. Der Aufstand wurde nur mit halbem Herzen vorangetrieben; die Plünderung von Sardes reizte nur den neuen König Darius zu energischen Gegenmaßnahmen. Die Griechen zogen sich in das Küstengebiet zurück. Es folgte die Niederlage in der Seeschlacht von Lade. Milet wurde besiegt und erobert. Der jonische Aufstand war zusammengebrochen (494 v. Chr.).
Nichtsdestoweniger führte das schlecht geplante und durchgeführte Wagnis indirekt zur Befreiung der Griechenstädte Kleinasiens. Die Rolle, die Athen bei dem jonischen Aufstand gespielt hatte, verleitete Darius zum Plan der Unterwerfung Griechenlands, den er schon einige Zeit gehegt hatte. Das Unternehmen schlug jedoch fehl; die Perser wurden 490 v. Chr. bei Marathon von den Athenern geschlagen. Nicht weniger erfolglos war der zweite Versuch, den Xerxes zehn Jahre später unternahm. Er führte zur Niederlage von Salamis und Platää. Das ungeheure Ansehen, das Athen in den Perserkriegen gewonnen hatte, brachte die Stadt aus der Gleichberechtigung mit Sparta zur Führerschaft in Griechenland. Athen wurde die unbestrittene Herrin der Ägäis. Die Griechen Kleinasiens stellten sich unter ihren Schutz. Es wurde ein Bündnis unter athenischer Führung mit dem Ziel geschlossen, die Freiheit gegenüber dem Perserreich zu behaupten.
Dieses Bündnis, bekannt als *Delisch-Attischer Seebund*, war dem Namen nach eine freiwillige Vereinigung und umfaßte fast alle griechischen und nichtgriechischen Städte an der ägäischen Küste. Jede Stadt war verpflichtet, Schiffe zu stellen oder eine entsprechende Ausgleichszahlung zu leisten. Xerxes, der sich von den Niederlagen in der fernen Hauptstadt Susa erholte, hatte nicht den Mut zum Gegenschlag, so daß das ursprüngliche Ziel des Delisch-Attischen Seebundes schnell erreicht wurde. Er hätte dann aufgelöst werden können; doch die Athener waren nicht willens, sich die Abgaben entgehen zu lassen, die alljährlich von den Mitgliedern aufgebracht wurden. Sie unterdrückten streng alle

Versuche, aus dem Bund auszuscheiden; der Seebund wandelte sich allmählich zu einem athenischen Herrschaftsbereich.
Die Beträge der Abgaben wurden in Athen auf Steindenkmälern verzeichnet, von denen viele erhalten sind. Sie unterrichten uns über den Wohlstand der verschiedenen Städte jener Zeit.
431 v. Chr. wurde Athen in den *Peloponnesischen Krieg* mit Sparta verwickelt. Als er siebenundzwanzig Jahre später mit dem vollkommenen Sieg Spartas endete, gelangte der Delische Seebund in die Hände des Siegers. Aber den Spartanern fehlte die Fähigkeit zur Seeherrschaft. Die Perser erschienen wieder an der Westküste von Kleinasien, und schließlich wurden im Königsfrieden von 386 v. Chr. alle Griechenstädte Kleinasiens dem Perserreich überantwortet.
In diese Periode fiel ein Ereignis, das, wiewohl ohne weitere Wirkung, seinerzeit den größten Eindruck machte. Im Jahre 401 v. Chr. bestieg Artaxerxes II. den persischen Thron. Sein jüngerer Bruder Kyros aber begehrte die Herrschaft für sich selbst. Er sammelte ein großes Heer, darunter 13 000 griechische Söldner und Freiwillige, und zog von Sardes aus, um seinen Bruder abzusetzen. Unter den Griechen war der Athener Xenophon, der uns einen eingehenden Bericht von dem ganzen Unternehmen hinterlassen hat. Langsam zog das Aufgebot durch Kleinasien in das Herz des Perserreiches. Endlich trafen die beide Heere bei dem Dorf Kunaxa in Babylonien aufeinander. In der Schlacht standen die griechischen Truppen kurz vor dem Siege, als Kyros fiel und seine asiatischen Kräfte flohen und zerstreut wurden. Die überlebenden 10 000 Griechen, auf sich selbst gestellt und führerlos, lehnten es ab, sich Artaxerxes zu ergeben, und faßten den Plan, nordwärts durch völlig unbekanntes Gebiet bis zum Schwarzen Meer durchzustoßen. Geführt von Xenophon selbst, überwanden sie alle Hindernisse und Gefahren, die Unwetter und Feindeinwirkung brachten; schließlich erreichten sie sicher die griechischen Küstenstädte am südlichen Schwarzmeerufer.
Für ein halbes Jahrhundert nach dem Königsfrieden lebten die kleinasiatischen Griechen ruhig und zufrieden unter persischer Herrschaft. Nur für eine kurze Zeit wurde der Friede gestört durch die Tätigkeit des Mausolos in Karien. Mausolos war persischer Satrap, hatte sich aber selbst zu einem unabhängigen Herr-

scher gemacht und das Bündnis der griechischen Inseln, der Verbündeten Athens, gewonnen. Er beherrschte damit die kleinasiatische Küste. Athenische Versuche, die Inseln wiederzugewinnen, wurden zurückgeschlagen, und einige Zeit lang sah es so aus, als ob Jonien in das karische Herrschaftsgebiet einbezogen werden würde. Aber Mausolos starb jung (353 v. Chr.). Seine Pläne blieben unerfüllt. Er war ein tatkräftiger und aufgeklärter Herrscher und reorganisierte die karischen Städte nach griechischem Vorbild. Sein Grab bei Halikarnassos, das *Mausoleum*, stand das ganze Altertum hindurch als *eins der sieben Weltwunder*.

Mit *Alexander dem Großen* eröffnete sich für Kleinasien und die ganze Welt eine neue Epoche. Das *Makedonenvolk* stand stammesmäßig zwischen den Griechen und den thrakischen Fremdstämmen, die als Barbaren bezeichnet wurden. Philipp hatte mit Heeresmacht die Anerkennung als Grieche gewonnen. So verkündete er seinen Plan, das vereinte Griechenland zu führen, um ein für allemal die persische Macht zu brechen. Zu diesem Zweck wurde er von den Griechen in Korinth als Oberbefehlshaber erwählt, doch fiel er kurz darauf durch Mörderhand. Die Verwirklichung seines Planes blieb seinem Sohn Alexander überlassen. An der Spitze seines Heeres von ungefähr 35 000 Makedonen und Griechen überschritt der junge König im Jahre 334 v. Chr. den Hellespont. Sein erstes Ziel war der Besuch von Troja, wo er seine Waffen der Göttin Athena weihte und einen Kranz auf das Grab des Achill niederlegte, den er als seinen Vorfahren betrachtete.

Die Eroberung des Perserreiches, die Alexander somit als Fortsetzung des Trojanischen Krieges erklärte, verlief außerordentlich schnell und erfolgreich. Ein erstes Treffen mit den persischen Kräften am Fluß Granikos, östlich von Troja, öffnete den Weg nach Kleinasien. Im gleichen Sommer und im darauffolgenden Winter überrannte Alexander die ganze Westküste zusammen mit Lykien und Pamphylien. Hier und da, in Milet und Halikarnassos, leisteten die persischen Garnisonen Widerstand, aber meist unterwarf sich das Land bereitwillig. Ein zweiter großer Sieg bei Issos im folgenden Jahr war das Vorspiel für die Eroberung von Syrien und Ägypten, und ein dritter bei Gaugamela im Jahre 331 v. Chr. führte zum endgültigen Zusammenbruch des Perserreiches. Der Großkönig Darius hatte an beiden Schlachten teilgenommen, war jedoch beide Male geflohen. Alexander drang zu den großen persischen Hauptstädten Susa und Ekbatana vor; riesige Schätze fielen in seine Hand. Darauf gelangte er, teils von den Ereignissen bestimmt, teils getrieben von seinem Eroberungs- und Entdeckungsdrang, weiter in die unbekannten Landschaften des Ostens. Nahe dem Pandjab wurde er zum Rückzug gezwungen, als sich seine Soldaten weigerten, den Feldzug fortzusetzen. Als er Babylon erreichte, erkrankte er tödlich und starb 323 v. Chr.

Alexander war durch Kleinasien durchgebrochen als ein Grieche gegen die Barbaren, um die Unbill zu rächen, die den Griechen von den früheren Perserkönigen angetan worden war. Aber als er die persische Kultur kennengelernt hatte, änderte er seine Auffassung, und er begann an ein Weltreich zu denken, in dem Europäer und Asiaten gleichberechtigt nebeneinander leben konnten, geführt von einem Herrscher, den alle Untertanen als ihren König betrachten sollten. Es war eine neue und kühne Vorstellung, die jedoch nur er selbst hätte verwirklichen können.

Seine Nachfolger folgten anderen Plänen. Nach Alexanders Tod hielten seine Generale ein Treffen in Babylon ab, um zu entscheiden, wie das weite neue Reich, das man gewonnen hatte, zu verwalten sei. Alexander starb zweiunddreißigjährig und hinterließ als mögliche Nachfolger aus seiner eigenen Familie nur einen geistesschwachen Halbbruder und einen noch ungeborenen Sohn. Zuerst war man geneigt, die Nachfolge beiden gemeinsam zu erhalten, aber sie waren beide nur Scheinfiguren und wurden bald ermordet. Die Macht war in den Händen der Generale, die nun daran gingen, die eroberten Gebiete unter sich zu teilen. Eine Generation lang stritten sie miteinander, bis sich schließlich drei Hauptreiche bildeten. Das dauerhafteste war das der *Ptolemaeer* in Ägypten; es behauptete sich unter einer Reihe von Herrschern, die alle den Namen Ptolemaios trugen, bis zur Zeit der Kleopatra. Das zweite Reich war das des Seleukos, der Syrien und zunächst auch die östlichen Gebiete des Perserreiches bis Indien erhielt; letztere fielen aber allmählich in die Hand verschiedener orientalischer Mächte. Die Dynastie der *Seleukiden*, unter den Königen mit Namen Seleukos oder Antiochos, dauerte bis zum Jahr 65 v. Chr., als Syrien römische Provinz wurde. Das dritte Reich war *Makedonien* einschließlich Griechenlands. Das nördliche Kleinasien entlang der Küste des Schwarzen Meeres, wohin Alexander niemals gekommen war, wurde von kleineren Königreichen beherrscht, die ursprünglich nicht griechisch und schon vor der makedonischen Eroberung errichtet waren; es handelte sich um die Königreiche Bithynien und Pontos. Diese behaupteten sich gegen jeden Widerstand bis in das erste Jahrhundert v. Chr., als sie ebenfalls in das römische Imperium eingegliedert wurden.

Westkleinasien gehörte eigentlich zu keinem der erwähnten Königreiche, doch wurde es zu verschiedenen Zeiten von allen begehrt. Nach Alexanders Tod fiel es an Antigonos. Aber seine Umtriebe brachten die anderen Generale gegen ihn auf. Er wurde besiegt und fiel in der Schlacht von Ipsos in Phrygien 301 v. Chr. Die Westküste gelangte danach in die Hand des Lysimachos, eines anderen Generals Alexanders, der das Gebiet behauptete, bis er 281 v. Chr. auf dem Schlachtfeld fiel und sein Land vom Seleukidenreich annektiert wurde.

Zu dieser Zeit erschien ein neuer Mann auf der geschichtlichen Bühne. Ein gewisser Philetairos, der sich in Pergamon im Besitz des Lysimachos-Schatzes sah, gebrauchte den Reichtum, dort eine neue Dynastie zu gründen[1]. Diese Attaliden-Dynastie, wie sie sich nannte, gewann rasch an Macht, und Pergamon wurde bald als gleichberechtigt neben den drei Hauptkönigreichen angesehen. Die Geschichte Westkleinasiens im nächsten Jahrhundert zeigt die Versuche der verschiedenen Könige, ihre Herrschaft darüber auszudehnen. Sie wurden eine Zeitlang im 3. Jahrhundert abgelenkt durch die Vorstöße der *Kelten*, europäischer Stämme, die sich im Innern Kleinasiens niederließen; ihre Züge, die zeitweise bis Milet reichten, setzten die Könige unter Druck, bis sie endgültig durch Attalos I. von Pergamon unterworfen wurden.

Wiewohl Alexanders Vision einer politischen Einigung der Menschheit nicht verwirklicht wurde, hatten seine Eroberungen dennoch das Gesicht der Welt verändert. Eine Folge war das mächtige Anwachsen des Reichtums, nachdem die gewaltigen Schätze der persischen Könige frei geworden waren. Eine weiterreichende Folge war die Durchdringung des Ostens mit griechischer Sprache und Kultur. Die hellenistischen Könige wetteiferten in der Grün-

[1] Siehe Seite 67 f

dung von neuen Städten nach griechischem Plan, die meist nach den Königen selbst oder ihren Verwandten benannt waren. So erklären sich die wiederholten Vorkommen von Namen wie Antiochia, Seleukia, Ptolemais und anderen auf der Landkarte Asiens. In diesen Städten war Griechisch die offizielle Sprache, und im 3. Jahrhundert war die ganze barbarische Welt eifrig damit beschäftigt, die Sprache eines Demosthenes und Platon zu erlernen.

Das Kulturzentrum der hellenistischen Welt war Alexandria in Ägypten. Die reiche, von den Ptolemaeern gesammelte Bibliothek, deren Bestand zwischen 400 000 und 700 000 Büchern geschätzt wird, brachte einzigartige Möglichkeiten für kritische literarische Untersuchungen. Wenn sich auch die Werke der alexandrinischen Dichter und Prosakünstler nicht mit denen der klassischen Zeit messen können, so bleiben doch die Erfolge der Mathematiker und Wissenschaftler eindrucksvoll. Euklids Geometrie, im frühen 3. Jahrhundert v. Chr. geschrieben, war noch in der Jugend des Verfassers ein schulmäßiges Aufgabenbuch. In dasselbe Jahrhundert gehört die Erfindung der ersten einfachen Maschine, die mit Dampfkraft betrieben wurde. Die alexandrinische Astronomie war erstrangig. Daß die Erde eine Kugel ist, war schon vor der Zeit des Aristoteles bekannt. Aber um 225 v. Chr. folgte Eratosthenes mit der Messung des Erdumfangs, den er auf einige 200 Meilen genau berechnete. Es gab natürlich Irrtümer in den Berechnungen, aber die Methode war richtig. Herakleides vertrat die Vorstellung von der täglichen Umdrehung der Erde und behauptete, daß Venus und Merkur Satelliten der Sonne sind. Aristarch ging einen Schritt weiter und vermutete, daß die Sonne der Mittelpunkt des ganzen Planetensystems sei. Hipparchos berechnete die Entfernung zwischen Mond und Erde als dreiunddreißigmal so groß wie der Erddurchmesser; die wirkliche Entfernung beträgt etwas über das Dreißigfache des Erddurchmessers. Seleukos glaubte, daß die Gezeiten auf der Wechselwirkung von Erde und Mond beruhten, und war auf dem besten Wege, das Gesetz der Schwerkraft zu entdecken. Doch konnten in den meisten Fällen die Theorien nicht exakt bewiesen werden; sie wurden demnach auch nicht allgemein angenommen und ruhten, bis sie in der Neuzeit wiederentdeckt wurden. Nicht immer war man sich darüber klar, daß die meisten der größeren Entdeckungen bis zur Neuzeit schon von den Wissenschaftlern in Alexandria vorweggenommen waren.

Gegen das Ende des 3. Jahrhunderts wurden die geschichtlichen Ereignisse mehr und mehr durch das Anwachsen der römischen Macht überschattet. Nicht, daß die *Römer* eifrig auf Eroberungen in Kleinasien aus waren; sie waren im Gegenteil zögernde Abenteurer im Osten des Mittelmeerraumes. Es war der ständige Ehrgeiz Antiochos' III. von Syrien, der zuerst ein römisches Heer über die Ägäis brachte. Spät freigeworden von ihrem Kampf mit den Karthagern unter Hannibal, legten sich die Römer mit Philipp V. von Makedonien an, den sie in offener Feldschlacht 197 v. Chr. besiegten. Einige Griechen, unzufrieden mit der ihnen von Rom auferlegten Ordnung, luden Antiochos ein, Griechenland zu befreien. Antiochos, der von dem an seinen Hof geflohenen Hannibal bedrängt wurde, nahm diese Aufforderung an. Nach glücklosem Kampf zog er sich nach Kleinasien zurück, wohin ihm ein römisches Heer folgte. 190 v. Chr. wurde er endgültig bei Magnesia am Sipylos, dem heutigen Manisa, geschlagen. Bei der Neuordnung, die dieser Entscheidung folgte, wurde der größte Teil Kleinasiens Eumenes II. von Pergamon überlassen, da die Römer keine Absicht zeigten, die Gebiete für sich zu behaupten. Dieser Zustand dauerte ein halbes Jahrhundert, bis der letzte König von Pergamon, Attalos III., seine Königsherrschaft dadurch beendete, daß er Rom als Erben einsetzte (133 v. Chr.).

Diesmal zögerten die Römer nicht. Sie unterdrückten rasch die Revolte eines Bewerbers namens Aristonikos und richteten die Provinz Asia ein. Rom war zu dieser Zeit eine Republik, überaus mächtig auf dem Schlachtfeld, aber nur leidlich ausgerüstet für die Verwaltung einer fernen Provinz. So wurde die Provinz Asia zunächst schlecht verwaltet. Der Oberbefehl lag in den Händen eines Statthalters, der gewöhnlich für ein Jahr mit proconsularischem Amt ernannt wurde; ihm stand ein Kreis von jüngeren Beamten zur Seite. In Verwaltungs- und Gerichtsangelegenheiten war sein Wort Gesetz. Einige wenige Statthalter waren ehrbare aufrechte Männer, doch die Mehrzahl sah in der Provinz hauptsächlich eine Quelle zur eigenen Bereicherung. Ein Statthalter war gesetzlich verantwortlich und konnte für Mißgriffe in Rom ge-

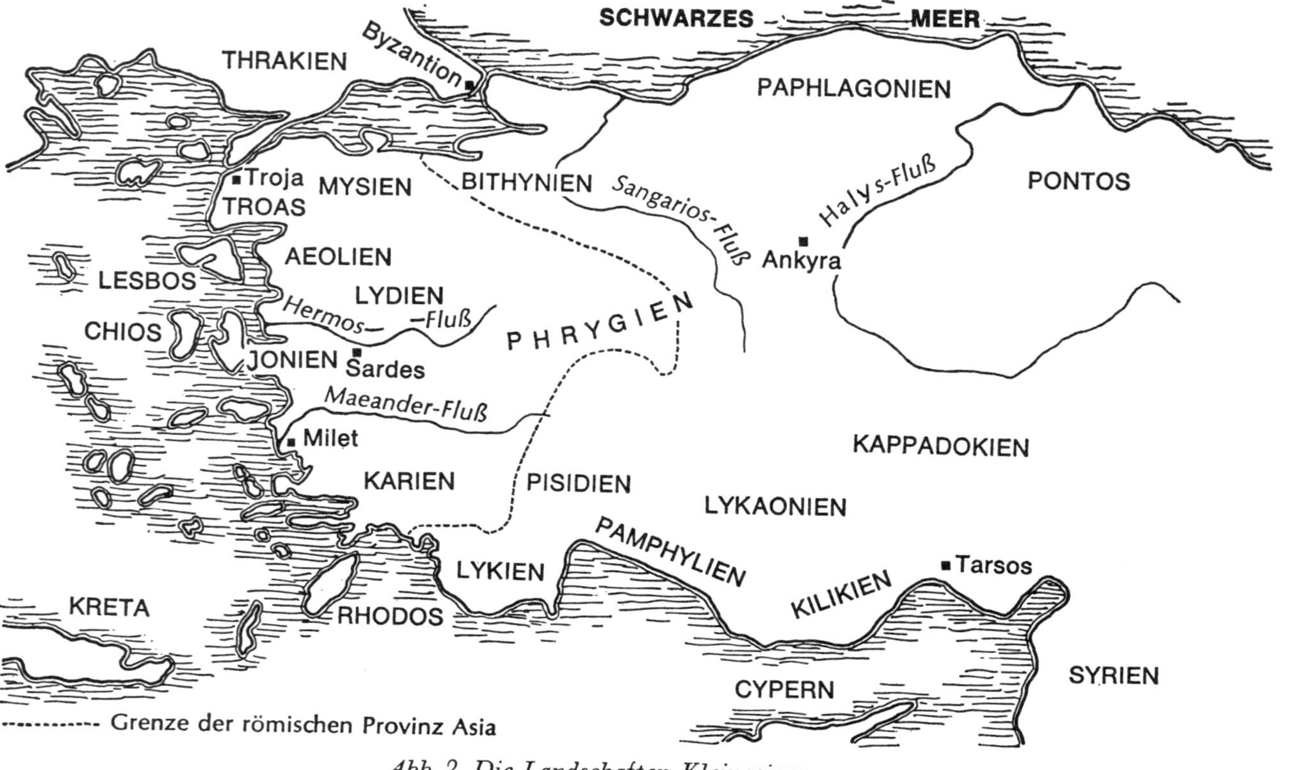

Abb. 2 Die Landschaften Kleinasiens

richtlich verfolgt werden; doch seine Richter waren Politiker, die sich eines Tages in der gleichen Situation befinden konnten, und ein Schuldspruch war kaum zu erreichen. Eine kluge Bestechung reichte gewöhnlich aus, den Statthalter sicherzustellen. Die politische Laufbahn in Rom war ein teures Unterfangen, und man pflegte die Auffassung, daß ein Statthalter drei Vermögen aus seiner Provinz holen müsse – eins, um seine Schulden zu bezahlen, eins, um seine Richter zu bestechen, und eins für sein Leben. Eine arge Heimsuchung für die Bevölkerung der Provinz war die Tätigkeit der Steuereintreiber. Die Steuern waren durch Gesetz festgelegt und wahrscheinlich nicht höher als die früheren Zahlungen an die Könige von Pergamon. Aber die Methoden der Steuereintreibung waren verhängnisvoll. Die Steuern wurden in Rom für einen Zeitraum von vier Jahren an die Meistbietenden der »publicani«, der Steuereintreiber, verpachtet. Man überließ es ihnen, das Geld für sich selbst einzuziehen, und jeder Überschuß galt als Reingewinn. So war es ihr Anliegen, so viel wie möglich herauszupressen. Wir hören wiederholt von Fällen, in denen die publicani versuchten, Land zu besteuern, das eigentlich nicht steuerpflichtig war, wie das Gebiet der »freien Städte«, oder die Einkünfte aus dem Fischfang und aus den Salinen der Tempel. Vereinzelt wurden ihre Forderungen von dem Statthalter abgelehnt, aber gewöhnlich waren sie zweifellos eine böse Prüfung für die Provinz.

Auch die römischen Kaufleute und Geldunternehmer fanden in der Provinz, wo sie sich in großer Zahl niedergelassen hatten, eine Erwerbsquelle. Viele in der Provinz, Stadtgemeinden wie Privatleute, steckten in kurzer Zeit tief in Schulden und waren gezwungen, ihre Zuflucht zu Anleihen zu nehmen. Die Sicherheit war gering, der Zinssatz sehr hoch.

Abgesehen von den Finanzverhältnissen mischte sich die römische Politik so wenig wie möglich in die Verwaltung der Städte ein. Überall wurden die täglichen Vorkommnisse vom Rat und der Gesellschaftsordnung der Städte überwacht, und nur in außergewöhnlichen Situationen nahm der römische Statthalter die Angelegenheiten in seine Hand, um Recht zu sprechen. Bestimmte Städte waren gesetzlich völlig unabhängig von der römischen Macht. Diejenigen, die unter den Königen frei gewesen waren, blieben frei als »Freunde und Alliierte« Roms. Sie waren nicht den Anweisungen des Statthalters unterworfen und von der Steuer ausgenommen. Dennoch fühlten sie sich als Teil der Provinz; die meisten besaßen einen Tempel und einen Kult der vergöttlichten Roma. In einigen Fällen war dieser Kult vor der Errichtung der Provinz gegründet worden. In einigen Städten saß der Statthalter auch zu Gericht; es handelte sich um Pergamon, Sardes, Smyrna, Ephesos und Magnesia.

Einen letzten Versuch, die Römer aus Kleinasien zu vertreiben, unternahm Mithridates VI., König von Pontos, ein Mann, der riesenhafte Körpergröße mit Tatkraft und Ehrgeiz verband. Als er sein Königreich auf Kosten von Nachbarstaaten vergrößern wollte, kam es zum Zusammenstoß mit einer Reihe von Kleinkönigen, die die Unterstützung Roms hatten. Als er sich stark genug für eine militärische Auseinandersetzung mit den Römern fühlte, marschierte Mithridates im Jahre 88 v. Chr. mit einem Heer in die Provinz ein, dessen Zahl auf eine Viertelmillion geschätzt wird. Infolge der Unzufriedenheit mit der römischen Verwaltung wurde er überall als Befreier begrüßt. Die römische Abwehr war schwach, und bald war die ganze Provinz in der Hand des Mithridates. Dann begann er mit unrühmlichen Maßnahmen. Er ordnete die Ermordung aller Römer und Italiker ohne Rücksicht auf Alter, Geschlecht und Stand an. Der Befehl wurde offenkundig mit Begeisterung ausgeführt. In der »Asianischen Vesper« sollen 80 000 Personen, Geldunternehmer, Kaufleute, publicani mit ihren Familien umgekommen sein. Noch nicht zufrieden mit diesem Vernichtungsschlag, entsandte Mithridates ein Heer zur Besetzung Griechenlands, das jetzt die römische Provinz Achaia war. Die Römer schritten zu energischer Gegenaktion und schickten ein Heer unter Sulla nach Griechenland. Die Streitkräfte des Mithridates wurden schnell vertrieben. Infolge politischer Veränderungen in der Heimat wurde Sulla von seinem Kommando abberufen und geächtet. Ein neues Heer unter dem Kommando des Flaccus wurde entsandt. Doch Flaccus wurde ermordet und sein Oberbefehl von seinem Untergebenen Fimbria übernommen. Sulla lehnte es ab, seinen Oberbefehl aufzugeben, so daß der Krieg gegen Mithridates nun von zwei Generalen geführt wurde, von denen keiner rechtmäßig im Amt war. Fimbria besiegte Mithridates in Kleinasien, und der Friede wurde im Jahre 85 v. Chr. unter der Bedingung unterzeichnet, daß Mithridates alle seine Eroberungen herausgeben und eine Entschädigung zahlen sollte, wenn er als König von Pontos anerkannt werden wollte. Fimbria, der sich scheute, nach Rom zurückzukehren, endete durch Selbstmord in Pergamon.

Zwölf Jahre später unternahm Mithridates einen anderen Versuch, die Römer zu vertreiben. Doch diesmal waren diese besser vorbereitet, und der König war nicht imstande, über Kyzikos hinaus vorzudringen. Die Römer ergriffen die Offensive und trieben Mithridates aus seinem Königreich. Mit Unterstützung des Königs Tigranes von Armenien war es Mithridates möglich, den Krieg bis zum Jahre 66 v. Chr. zu verlängern. Pompejus der Große wurde mit dem Oberbefehl beauftragt. Endgültig in der Feldschlacht besiegt, floh der König auf die Krim, wo er im Jahre 63 v. Chr. durch Selbstmord endete.

Der Sieg über Mithridates war nicht der erste Erfolg des Pompejus. Während des 2. und 1. Jahrhunderts v. Chr. war die Macht der Könige von Syrien stetig abgesunken. Piraten hatten sich an der Südküste Kleinasiens festgesetzt; sie störten die Schiffahrtswege und machten die Küsten der Provinz Asia unsicher. Im Jahre 67 v. Chr. schlug Pompejus die Seeräuber in einem glänzenden Feldzug von weniger als drei Monaten so entscheidend, daß sie keine ernste Gefahr mehr bildeten.

Aber die römische Republik geriet jetzt in einen Zustand innerpolitischer Spannungen und in Bürgerkriege, die Rom vor die Frage des Sein oder Nichtsein stellten. Pompejus, Caesar, Brutus, Antonius, Octavian und andere spielten ihre verschiedenen Rollen. Unter dem endgültigen Sieger Octavian, der den Titel eines Augustus annahm, wurde die Republik zum Imperium (27 v. Chr.). Für die Provinz Asien war dieser Wechsel von Vorteil. Zunächst blieb das Land für 300 Jahre völlig frei von Kriegswirren. Unter der Pax Romana konnten die Städte ihre Wirtschaft entwickeln, und die meisten von ihnen blühten auf. Der Wohlstand wuchs, die Bevölkerung nahm zu, so daß einige der größeren Städte fast eine Viertelmillion Einwohner hatten. Der Lebensstandard unter den Kaisern des 1. und 2. Jahrhunderts n. Chr. war höher denn je gewesen noch bis zur jüngsten Vergangenheit. Die Verwaltung blieb im wesentlichen unverändert. Ein neuer Statthalter kam alljährlich aus Rom, aber nicht jeder war gut. Doch war es jetzt eher möglich, Abhilfe gegenüber Ungerechtigkeit zu schaffen. Die Städte schlossen sich in der »Gemeinschaft von Asien« zusammen, so daß Klagen mit behördlicher Unterstützung vorgebracht werden konnten und meist erfolgreich endeten.

Die Gemeinschaft regelte alle Beziehungen mit der imperialen Verwaltung. Wichtig war der offizielle Kaiserkult. Augustus hatte der Vergöttlichung widerstrebt. Aber die Verehrung der Könige war allgemein im Osten üblich gewesen, und die Provinzvölker dachten über die Kaiser nicht anders als vorher über die Könige. Sie baten um Erlaubnis, den Kult einzurichten, und Augustus stimmte unter der Bedingung zu, daß der Kaiserkult mit dem der vergöttlichten Roma verbunden wurde, der lange bestanden hatte. Später folgte ein Kult des Augustus allein für alle Kaiser, die den Titel Augustus führten. Dieser Kaiserkult spielte eine wichtige Rolle beim Zusammenhalt des Reiches. Er gab der Bevölkerung in den verschiedenen Provinzen ein Gefühl der Partnerschaft untereinander und gegenüber Rom; man fühlte sich zu einem einheitlichen Ganzen gehörig.

Ein anderes Mittel mit der gleichen Wirkung war die Verleihung des römischen Bürgerrechts an hervorragende Vertreter der Provinzbevölkerung, die ihrer Stadt oder dem Reich treu gedient hatten. Dieses Privileg wurde hoch bewertet und erstreckte sich gewöhnlich auch auf die Angehörigen des Beliehenen. Ein Höhepunkt wurde im Jahre 212 n. Chr. erreicht, als Kaiser Caracalla das Bürgerrecht an alle Bewohner des Reiches verlieh, Männer und Frauen. Nur Sklaven waren ausgenommen.

Seit der Mitte des 1. Jahrhunderts n. Chr. war ganz Kleinasien in Form von Provinzen dem römischen Reich eingegliedert. Die meisten wurden von einem Legaten verwaltet, der vom Kaiser selbst bestimmt worden war. Asia und Bithynien wurden dem Senat zugewiesen, aber auch in diesem Falle hatte der Kaiser die letzte Gewalt. Während der ersten zweihundert Jahre unserer Zeitrechnung war die Provinzverwaltung im allgemeinen meist gut. Im dritten Jahrhundert sank sie ab. Die Bevölkerung, vorwiegend griechisch in den alten griechischen Städten, kleinasiatisch im Landesinnern, setzte die Verbindungen mit den römischen Kauf-

3

Oben: Smyrna
Die Bäder des Agamemnon, moderne Anlage

Unten: Smyrna
Grab des Tantalos

4

Links: Akkaya Grab oder Beobachtungsposten (?)

Rechts: »Eti Baba«. Hethitische Figur in der Karabel-Bergschlucht

leuten und den Geldverleihern fort, die sich auch in küstenfernen Orten niedergelassen hatten. Die Amtssprache war Griechisch, aber auch die altkleinasiatischen Sprachen waren weiterhin in Gebrauch. Die Inschriften waren fast alle griechisch. Lateinisch wurde offiziell in den Militärkolonien gesprochen, die die Kaiser aus Sicherheitsgründen errichtet hatten; aber auch in diesen waren griechische Inschriften üblich.

Die lange Dauer der Pax Romana brachte den Städten großen Wohlstand und Reichtum; andererseits nahm sie jeglichen Antrieb zu bewaffnetem Konflikt. Wenn einst die Hilfe oder die Feindschaft von Ephesos und Smyrna das Schicksal hellenistischer Könige bestimmen oder beeinträchtigen konnte, wurden die Städte nun dazu angehalten, nach Titeln und Ehren zu streben. »Erste und größte Metropole von Asia«, »Viermaliger Tempelaufseher der Kaiser« – solche Ehrungen wurden stolz in den Inschriften wiederholt. Diese Titel wurden persönlich vom Kaiser verliehen, und der Wetteifer danach war groß.

Athletische Wettbewerbe waren immer ein wichtiges Ereignis im griechischen Leben seit der Gründung der Olympischen Spiele im 8. Jahrhundert v. Chr. und nicht weniger unter römischer Herrschaft. Die großen Feste des klassischen Griechenlands wurden weiter gefeiert, und ein Sieg bedeutete noch immer die größte Ehre; jede große Stadt und viele der kleineren hatten aber nun ihre eigenen Festspiele, meist alle vier Jahre; sie wurden auch von den Gemeinschaften der Provinz im Namen der ganzen Provinz abgehalten. Es gab nicht nur athletische Wettbewerbe, sondern auch solche in Musik und Theater. Der Sport wurde in dieser Zeit berufsmäßig betrieben. Jeden Sommer liefen Scharen von Preisjägern von Ort zu Ort, um Geldpreise und Ehrenzeichen zu sammeln; für solche, für die keine Aussicht in Olympia, in Rom oder in der ›Gemeinschaft Asia‹ bestand, gab es eine Menge kleinerer Orte, an denen Siegespreise gewonnen werden konnten. Erfolgreiche Athleten wurden in ihrer Heimat gut behandelt, da auf diesem Gebiet der Wetteifer unter den Städten sehr scharf war. Blutige Sportspiele, von den Römern begünstigt, fanden weniger Anklang bei den Griechen. Zahlreich sind in Kleinasien die Theater und Stadien, aber Amphitheater nach römischem Vorbild sind selten.

Als ihr Wohlstand wuchs, verschönerten sich auch die Städte. Überall wurden an Stelle von kleinen hellenistischen Gebäuden größere und bessere Bauwerke von römischem Typus errichtet. Man baute Tempel, Theater, Marktanlagen und viele öffentliche Gebäude, die von reichen Bürgern finanziert wurden; denn die Reicheren waren eifrig dabei, untereinander möglichst auffällig im Dienst für ihre Stadt zu wetteifern. Mit Ausnahme der Plätze, an denen Grabungen ältere Baureste zutage brachten, stammen fast alle antiken Gebäude, die der Besucher heute sehen kann, aus der Zeit des römischen Imperiums.

Das 2. Jahrhundert unter den »guten« Kaisern von Trajan bis Marc Aurel war das Goldene Zeitalter. Im 3. Jahrhundert trat eine unaufhaltsame Verschlechterung ein. In dem halben Jahrhundert nach dem Tod des Severus Alexander im Jahre 235 n. Chr. zählte man nicht weniger als zwanzig Kaiser; viele waren nichtrömischer Abstammung und vom Heere gewählt, unfähig, ein Reich zu regieren, und nur bestimmt für eine kurze Regierungszeit und ein gewaltsames Ende. Die beständigen Kriege an den Grenzen des Reiches, wiewohl weit entfernt vom Boden der Provinz Asia, verarmten auch diese wie jede andere Provinz durch den ständigen Durchzug von Heeren und den Abfluß staatlicher Mittel. Die Entvölkerung, die gewöhnlich der Verarmung folgt, wurde verschärft durch gefährliche Seuchen, die die römische Welt über fünfzehn Jahre in der Mitte des Jahrhunderts heimsuchten. Gibbon schätzt, daß gegen Ende des Jahrhunderts die Hälfte der Bevölkerung dahingerafft war. Von 258 bis 262 litt Kleinasien außerdem unter dem wiederholten Einfall der *Goten*, deren Einbrüche bis in die Maeanderebene führten. Es war das erstemal seit den Tagen des Mithridates, daß fremde Heere in der Provinz Asia gesehen wurden.

Die folgenden Jahrhunderte brachten eine wechselvolle Entwicklung unter guten und schlechten Kaisern. Nicht alles war düster, aber allgemein herrschte die Tendenz eines beständigen Absinkens. Während des langen Friedens, als man nicht mehr an Verteidigung denken mußte, zogen die Bewohner der meisten Bergstädte aus Bequemlichkeit in die Ebene; in Kleinasien ist Pergamon ein augenfälliges Beispiel. Einige Siedlungen blieben in dieser Lage durch das ganze Altertum bis auf unsere Zeit. Aber als das städtische Leben seine Bedeutung verloren hatte, zogen die Leute in vielen Fällen in Dörfer nahe ihren Feldern. Überall lagen die Städte auf den Hügeln verlassen und verwachsen; sie verfielen mit der Zeit, und Witterungsschäden wie Erdbeben taten ein Übriges, um die Ruinen zu schaffen, vor denen wir heute stehen.

Der Aufstieg des Christentums und die faszinierende Auseinandersetzung zwischen dem frühen Christentum und dem römischen Imperium muß, so interessant sie ist, in unserem Zusammenhang im Hintergrund bleiben. Mit der Annahme des Christentums durch Konstantin und seiner Erklärung zur Staatsreligion begann eine neue Epoche, die außerhalb des Blickfeldes unseres Buches liegt.

*

Die Quellen für die Geschichte Kleinasiens im Altertum sind sehr verschieden. Antike Überlieferungen, Inschriften, Münzen und moderne Ausgrabungen steuern ihren Beitrag bei. Es mag nützlich sein, etwas über einige antike Autoren zu sagen, deren Namen wir auf den folgenden Seiten häufig begegnen.

Herodot wurde im frühen 5. Jahrhundert v. Chr. in Halikarnassos in Karien geboren. Er unternahm ausgedehnte Reisen, nicht nur in Griechenland und Kleinasien, sondern auch in Ägypten, in Persien, im nördlichen Schwarzmeerraum und in Unteritalien. Das Anliegen seines Werkes ist der Krieg zwischen Griechen und Persern, aber er leitet gern mit einer Fülle von Überlieferungen zu Land und Leuten ein, wo immer sich ihm eine Gelegenheit bietet. Er berichtet zu unserem Nutzen von vielem, was er selbst gesehen hat und was ihm andere mitgeteilt haben; im letzteren Fall überläßt er die Beurteilung der Glaubwürdigkeit dem Leser. Herodot wurde eine Zeitlang als ein gläubiger Nachbeter seiner Gewährsleute betrachtet; aber diese Bewertung ist nicht gerecht. Moderne Forschung hat gezeigt, daß bestätigt wurde, was unglaubwürdig erschien, und bewies die Zuverlässigkeit seiner Beobachtungen. In ihrer Vielfalt der Interessen ist Herodots Geschichte unübertroffen.

Strabo stammte aus Amaseia, dem modernen Amasya, und wurde in Nysa bei Tralles, dem heutigen Aydin, erzogen. Seine zur Zeit des Augustus geschriebene Geographie ist eine wichtige Beschreibung der ganzen alten Welt, von der er viel auf seinen Reisen gesehen hat. Die Bemerkungen zu jedem Ort sind natürlich kurz, aber die Beschreibung wird belebt durch geschichtliche Ergänzungen und Anekdoten. Er benutzte zuverlässige Quellen, und sein Wert als Autor kann nicht hoch genug eingeschätzt werden.

Plinius der Ältere (23–79 n. Chr.) sammelte in seiner Naturgeschichte eine Fülle von Überlieferungen verschiedener Art. Er beginnt mit einem geographischen Überblick über die bekannte Welt. Sein Werk ist eine unkritische Zusammenstellung von verschiedensten Nachrichten aus zweiter Hand und muß mit Vorsicht verwendet werden. Plinius bietet manchmal Überlieferungen aus verschiedenen Quellen, ohne zu vermerken, daß sie einander widersprechen. Dennoch bietet er uns eine große Menge an Informationen, die wir anderweitig nicht kennen würden.

Pausanias lebte im 2. Jahrhundert n. Chr. und schrieb einen Reiseführer durch Griechenland, ein sehr reiches und erläuterndes Werk über Mittelgriechenland und die Peloponnes. Es erstreckt sich nicht auf Kleinasien, aber da er aus Smyrna oder Magnesia am Sipylos stammte, macht er gelegentliche Bemerkungen über das Nachbargebiet. Insgesamt ist er ein wertvoller und höchst zuverlässiger Autor.

2. Smyrna (Izmir)

Smyrna gehört nach der antiken Überlieferung zu den reizvollsten Städten der Erde. Die geschützte Lage am Ende einer langen Meereszunge und ein leichter Zugang vom Landesinnern machen den Platz zu einem begünstigten Hafen. Fügen wir die natürliche Schönheit, die fruchtbare Bodenbeschaffenheit und ein hervorragendes Klima hinzu, so wundern wir uns nicht, daß die Stätte seit vorgeschichtlicher Zeit besiedelt wurde. Der jährliche Niederschlag ist 3–5 cm höher als bei uns, aber meistens in den ersten drei Monaten des Jahres. Die Sommer sind heiß und trocken, doch selten unangenehm. Die Sommertemperaturen betragen meist etwas über 32 ° C., aber die Hitze wird gewöhnlich durch eine frische Seebrise gemildert, den Imbat, der von vormittags bis zum Abend weht. Fehlt der Imbat, so sind die Bedingungen weniger erfreulich. Sommerregen sind selten.

Unmittelbar hinter der Stadt erhebt sich, von Häusern bedeckt, der beherrschende Hügel, im Altertum Pagos genannt. Die Türken nennen ihn Kadife Kale, »Samt-Schloß«. Die Aussicht ist hervorragend (Tafel 1). Vorn erstreckt sich der dreißig Meilen lange Golf, der vom Vorgebirge Kara Burun halb geschlossen wird, dem alten »zackigen Mimas«. Links erheben sich die Zwillingsberge der »Zwei Brüder«; sind sie bewölkt, so ist das ein sicheres Zeichen für Regenwetter. Dahinter liegt rechts der Sipylos, der Manisa Daği, bekannt durch die Überlieferungen von Tantalos und Niobe. Im Osten erscheint der Nif Daği, einer der neunzehn Berge, die im Altertum den Namen Olympos trugen.

Nach Westen bot sich im Altertum ein anderer Ausblick als

heute. Die heutige Nordküste des Golfs ist eine alluviale Anschwemmung des Hermosflusses (Gediz Çayi), der bis 1886 in den Golf gegenüber den »Zwei Brüdern« mündete. In diesem Jahr wurde ihm sein heutiger Lauf gegeben, der auch der antike gewesen zu sein scheint; denn Herodot sagt, daß die Mündung des Hermos nahe bei Phokaea, wie heute, liegt. Wann der Fluß sein Bett nach Süden verlegte, ist unbekannt; aber sicher ist, daß im Altertum die Küstenlinie weiter nach Norden verlief. Eine Karte von 1717 zeigt Menemen, das heute vierzehn Meilen vom Meer entfernt liegt, nahe an der Küste. 1764 schätzte Chandler die Entfernung zwischen Menemen und der Stadt auf drei Stunden. Die Veränderung sieht man am besten vom Kadife Kale. Der schiffbare Flußlauf in den Golf wurde schnell verengt; die Umleitung des Flusses erfolgte in diesem Zusammenhang.

Der flache Hügel des Pagos scheint von Natur aus bestimmt für die *Akropolis der alten Stadt*. Doch wurde Smyrna nicht hier gegründet. Die frühen griechischen Siedler wählten gewöhnlich zwei Arten von Plätzen: einen Hügel mittlerer Höhe nahe der See oder eine kleine Halbinsel, die mit dem Festland durch einen schmalen Hals verbunden war. Smyrna bot beide Möglichkeiten; letztere wurde für die Anlage der aeolischen Siedlung gewählt. Bei dem jetzigen Dorf Bayrakli liegt ein niedriger Hügel, heute Tepekule, früher Haci Muço genannt; er bildete im Altertum eine Halbinsel, da sich hier die Küste verschob. Hier ließen sich die Aeoler nieder, an der Stelle einer älteren einheimischen Siedlung seit dem 3. Jahrtausend. Der Platz wurde 1948/51 von der englischen archaeologischen Schule in Athen in Zusammenarbeit mit der Universität von Ankara ausgegraben.

Über das voraeolische Smyrna gibt es mehrere Überlieferungen. Die eine erzählt, daß die Stadt zusammen mit anderen Orten von den Amazonen gegründet wurde. Es ist möglich, daß wir hier eine undeutliche Erinnerung an das Hethiterreich[1] haben. Andere Berichte beziehen sich auf die Familie des Tantalos, den legendären König Phrygiens. Darüber soll mehr im nächsten Abschnitt gesagt werden. Nach einer weiteren Überlieferung wurde die Küste von Ephesos bis Phokaea vor den Aeolern von den Lelegern bewohnt;

[1] Siehe die Seiten 13 und 103

dieses undurchsichtige Volk wird von Homer im südlichen Teil der Troas angesetzt, in geschichtlicher Zeit in Karien. Keine dieser Überlieferungen wurde durch die Ausgrabungen bei Bayrakli bestätigt.

Über die Geschichte der frühgriechischen Stadt wissen wir nicht viel. Herodot erzählt, daß einige Jonier aus Kolophon vertrieben wurden und Zuflucht in Smyrna fanden. Diese Gastfreundschaft wurde schlecht belohnt, indem die Jonier die Stadt besetzten, während die aeolischen Bewohner außerhalb zu einem Fest weilten. Nach einer Übereinkunft wurden die enteigneten Bewohner von Smyrna von den anderen elf aeolischen Städten als Bürger aufgenommen, und die Jonier behielten die Stadt. Diese Überlieferung wird durch andere antike Autoren bestätigt. Der Wechsel vom Aeolischen zum Jonischen wird durch Scherbenfunde während der Ausgrabung erwiesen. Später ersuchte Smyrna um seine Zulassung zum Panjonischen Bund, doch die Jonier beharrten auf ihrem Entschluß, keine anderen Mitglieder neben den ursprünglichen Städten zuzulassen. Diese Ereignisse fallen in die Zeit um 800 v. Chr.

Im 7. Jahrhundert hatte Smyrna Anteil am allgemeinen Wohlstand Joniens, und die Stadt dehnte sich beträchtlich aus. Aber das ganze Land wurde durch die feindliche Haltung der Lyder beunruhigt. Die ersten Angriffe unternahm Gyges im frühen 7. Jahrhundert; sein Vorstoß gegen Smyrna war nur teilweise erfolgreich, denn er wurde zum Rückzug gezwungen. Aber ein zweiter Angriff gegen Ende des Jahrhunderts unter Alyattes führte zur Eroberung und zur Zerstörung der Stadt. Für die nächsten 300 Jahre lag Smyrna in Ruinen; nach Strabos Bemerkung hatte es dorfähnlichen Charakter[2]. Während der ganzen klassischen Zeit Griechenlands war Smyrna politisch unbedeutend.

Ob Strabo meint, daß die Stadt Dorfcharakter erhielt oder daß Smyrna während dieser langen Zeit aus einer Anzahl von Dörfern bestand, ist nicht klar; sicher ist nach den Grabungen von Bayrakli, daß der Platz niemals ganz verlassen wurde. Im späten 6. und dann wieder im 4. Jahrhundert war die Bevölkerung leidlich wohl-

[2] Strabo selbst spricht von 400 Jahren, entweder irrtümlich oder weil er fälschlich von Gyges' Angriff an rechnet.

habend, doch die Siedlung erhob sich niemals zum Rang einer Stadt. Der Delische Seebund im 5. Jahrhundert schloß Smyrna nicht ein. Der »Dorf-Periode« gehören Gräber und Befestigungsanlagen an der Nordseite des Hügels an (Vgl. S. 46).
Die Neugründung von Smyrna erfolgte unter Alexander. Nach der von Pausanias mitgeteilten Überlieferung stattete Alexander im Jahre 334 v. Chr. Smyrna von Sardes aus einen Besuch ab, um am Pagos zu jagen. Als er unter einer Platane am Heiligtum der beiden Göttinnen Nemesis rastete (die Bewohner von Smyrna verehrten nicht eine Nemesis sondern zwei), erschienen ihm die Göttinnen im Traum und baten ihn, an der Hügelstätte eine Stadt zu gründen und in ihr die Bewohner der früheren Siedlung aufzunehmen. Die Smyrnaeer sandten, getreu dem üblichen Brauch vor einer Stadtgründung, zum Orakel des Apollon von Klaros; der Gott antwortete:

»Drei- und viermal so glücklich werden die Menschen hier sein,
die auf dem Pagos am heiligen Meles-Fluß[3] bauen.«

Ermutigt und froh machten sie sich ans Werk. Alexander selbst hatte natürlich keine Zeit, um mehr als die Initiative zu wecken. Strabo erzählt, daß das neue Smyrna von Antigonos und nach ihm von Lysimachos gegründet wurde. Diese errichteten den größten Teil der Bauten, und auch Smyrna ist wie Rom nicht an einem Tag gebaut worden. Dennoch galt Alexander allgemein als Gründer, und die Siedlung bei Bayrakli hörte schon zu seinen Lebzeiten auf zu bestehen, wie die Ausgrabungen gezeigt haben. Eine kurze Zeit trug die neue Stadt den Namen Eurydikeia zu Ehren der Tochter des Lysimachos, Eurydike; aber nach wenigen Jahren gab man diesen Namen auf.
Im frühen 3. Jahrhundert wurde Smyrna auf Empfehlung der Ephesier als dreizehnte Stadt in den Panjonischen Bund aufgenommen. Während der schweren Zeit der hellenistischen Kriege behauptete sich das neue Smyrna als freie Stadt. Frei hieß sie, weil sie ihre Hilfe an Truppen und Geld jedem König leihen konnte, wie es ihr gefiel. Sie nahm zuerst die Interessen der Seleukiden wahr und wurde von Seleukos II. mit dem Titel »heilig und

[3] Meles siehe die Seiten 42 ff

unverletzlich« bedacht. Aber als die Macht von Pergamon wuchs, wurde Smyrna zum Untertan von Attalos I. Mit dem gleichen politischen Scharfsinn erkannten die Smyrnaeer als erste unter den ersten Griechenstädten Roms zukünftige Rolle als Herrin von Asien. 195 v. Chr. gründeten sie den ersten Tempel und den Kult der vergöttlichten Roma. Ihre Gesandten wirkten daran mit, die römischen Heere gegen Antiochos III. in den Osten zu bringen.
Nach der Niederlage des Antiochos bei Magnesia im Jahre 190 v. Chr. lebten die Smyrnaeer unbeschwert unter den Attaliden von Pergamon bis zur Einrichtung der Provinz Asia. Sie halfen dem Bewerber Aristonikos nicht und wurden von Rom als Freistadt ausgezeichnet. Als Mithridates auf dem Plan erschien, dürfte Smyrna ihn unfreiwillig zunächst eine Zeitlang unterstützt haben; denn die Münzen der Stadt tragen den Kopf des Herrschers. Wahrscheinlich hat diese mangelnde Loyalität der Stadt die »Freiheit« gekostet.
Smyrna teilte mit den anderen Städten die Leiden der Provinz zur Zeit der römischen Republik und das Aufblühen zur Kaiserzeit. Die Stadt war wegen ihrer Schönheit berühmt. Strabo nennt sie die schönste aller Städte, und andere antike Autoren pflichten ihm bei. Auch heutige Besucher sind von der Schönheit der Lage und der Umgebung begeistert. Aber das meinte Strabo nicht. Ihn reizte nicht die natürliche Lage, sondern die städtische Planung. Leider ist von den schönen Gebäuden, die die Stadt im Altertum schmückten, kaum etwas geblieben. Strabo erzählt, daß die Straßen teilweise gepflastert waren – eine Seltenheit in hellenistischen Städten –, aber daß die Baumeister die Drainagen vergessen hatten; bei Regenwetter waren die Straßen mit Abfall überschwemmt. Die moderne Stadt kann ein ähnliches Bild bieten, wie die Gerüche beweisen, denen man bei Alsancak an einem sommerlichen Nachmittag ausgesetzt ist. Abwässer werden in die Bucht abgeleitet; aber der vorherrschende Imbat verhindert, daß sie ins Meer weitergespült werden.
Ein von Strabo besonders erwähntes Gebäude Smyrnas war das *Homereion*. Er beschreibt es als Rechteckhalle mit einem Schrein und der Statue Homers. Viele Städte erhoben im Altertum den Anspruch darauf, Homers Geburtsstadt zu sein; das meiste Recht besitzt Smyrna. Homer wird mit dem Fluß Meles verbunden, und

der Meles war der Stadtfluß von Smyrna. Der Name Smyrna begegnet uns weder in der Ilias noch in der Odyssee; doch erscheint auch sonst keine jonische Stadt, mit Ausnahme von Milet, das die Dichtung eine Siedlung von Fremden nennt.
Die Identität des Melesflusses ist häufig erörtert worden. Nicht weniger als sechs Flüsse ergießen sich in die Bucht zwischen Bayrakli und dem Pagoshügel. Nur drei kommen in Betracht. Der ansehnlichste ist der Karawanen-Brücken-Fluß (Kemer Çayi oder Uzun Dere auf türkischen Karten), der zehn oder elf Meilen im Süden der heutigen Stadt entspringt und rund um den Pagoshügel in das Meer mündet, etwas über eine Meile von Alsancak. Dieser Fluß wird heute als Meles bezeichnet; doch ist diese Benennung sehr schwach begründet. Eine genaue Beschreibung des Meles bietet Aelius Aristides, ein ausgezeichneter Bürger Smyrnas, Redner und Schriftsteller und »eingebildeter Kranker«, der im 2. Jahrhundert v. Chr. lebte. Viele seiner überschwenglichen Schriften sind uns überkommen und werden auf den folgenden Seiten mehrfach genannt werden. Wenn wir dem Bericht des Aristides die Einzelheiten hinzufügen, die von anderen Autoren geboten werden, so ergibt sich folgendes Bild vom Meles.
Er entspringt einer Anzahl von Quellen nahe der Unterstadt und bildet unmittelbar einen runden See; mit einem Blick überschaubar, war er kurz, indem er in demselben Bereich entsprang und mündete. Er durchfloß schmutzig und trüb ein künstliches Bett. Seine Wassermenge veränderte sich weder im Sommer noch im Winter. Schon von der Quelle an war er schiffbar. Nahe der Quelle befand sich eine Höhle, wo Homer seine Epen geschrieben haben soll.
In dieser Beschreibung trifft nicht ein einziges Merkmal auf den Karawanen-Brücken-Fluß zu, der zwölf Meilen lang ist und von einem rauschenden Fluß im Winter zu einem kleinen Rinnsal oder trockenen Bett im Sommer wechselt; auch ist er nicht schiffbar. Aber die Beschreibung paßt gut auf den Fluß, der wenige hundert Schritt östlich des Karawanen-Brücken-Flusses in das Meer mündet. Dieser entspringt etwas landeinwärts aus zahlreichen Quellen und bildet plötzlich ein großes Becken, das *Halka Pinar (Rundquelle)* genannt wird; man bezeichnet es auch als ›*Bad der Diana*‹. Von hier fließt er in einem künstlichen Bett in einer Entfernung von

1300 Schritt ins Meer. Von den Quellen gut versorgt, verändert er sich kaum während der Jahreszeiten und behält im Winter wie im Sommer eine Temperatur von 24 ° C. Im vergangenen Jahrhundert wurde ›Dianas Bad‹ ein volkstümlicher Rastplatz während der Sommerabende. Heute sind die Quellen und ein Teil des Flusses in das Gelände der Wasserwerke von Izmir einbezogen; sie versorgen Izmir und Karşiyaka mit Wasser. Der Rundbrunnen ist heute ein viereckiger Teich, umgeben von vielleicht hundert Quellen. An einer Ecke des Teiches sind Grundmauern eines kleinen Gebäudes mit einer Apsis, die unter Wasser liegen; die Baureste erheben keinen Anspruch auf antiken Ursprung, aber in der Nähe befinden sich mehrere jonische Säulenbasen und Quaderblöcke.

Das Wasser des Teichs und des Flusses ist klar, doch wird der weitere Verlauf bis zum Meer durch Abwässer der Industrie verunreinigt. Der Name »Diana-Bäder« scheint nicht alt zu sein; wahrscheinlich wurde er dem Teich in verhältnismäßig junger Zeit gegeben wegen einer dort in der Nähe gefundenen Statue und eines weiblichen Kopfes, wobei man an Artemis gedacht hat. Halka Pinar ist ein schöner, von Bäumen umstandener Fleck; Besucher sind dort immer sehr gastlich willkommen.

Dieser Halka-Pinar-Fluß entspricht so bemerkenswert den alten Berichten, daß wir hier zweifellos den von Aristides und anderen Autoren beschriebenen Meles vor uns haben. Einige Gelehrte zweifeln, ob es sich auch um den Meles-Fluß der Frühzeit Smyrnas handelt und damit um den Meles Homers. Zwei Schwierigkeiten bestehen. Zunächst ist keine natürliche Höhle bei Halka Pinar, wo Homer geschrieben haben soll. Dann besagt eine Stelle in einem »Homerischen« Artemis-Hymnus, daß die Göttin »ihre Pferde tränken ließ am dicht mit Binsen bestandenen Meles und in Eile durch Smyrna und Klaros fort in das Rebengelände fuhr«. Weder der Verfasser des Hymnus noch die Abfassungszeit des Gedichtes sind bekannt. Aber wenn es heißt, daß Artemis auf ihrer Fahrt nach Süden an den Meles kam, bevor sie Smyrna bei Bayrakli erreichte, dann kann der Meles nur der Fluß sein, der von Norden kommt und in das Meer nahe Bayrakli mündet. Die Göttin mußte in diesem Falle über die Höhen der Yamanlar-Hügel[4] fahren.

[4] Siehe Seite 95

Wir dürfen demnach annehmen, daß der Name Meles auf Halka Pinar übertragen wurde, als die neue Stadt gegründet wurde. Siedler nehmen oft alte Namen mit sich. Aber die Übertragung auf einen Fluß, der nur zwei Meilen entfernt ist, ist unwahrscheinlich, und es ist eher anzunehmen, daß der fragliche Hymnus späten Ursprungs ist und sich auf das neue Smyrna bezieht. In diesem Falle entstehen keine Schwierigkeiten. Die »Höhle« an der Quelle des Meles war zweifellos künstlich und ist heute verschwunden. Wir können diesen Fall mit der »Höhle« bei Klaros vergleichen, die so lange jedes Suchen nach dem Orakel in die Irre führte[5].
Smyrna hat noch eine andere Beziehung zu Homer. Hier baute man nach der Überlieferung den berühmten Pramnischen Wein, das Getränk der Homerischen Helden. Neben dieser Überlieferung gibt es andere. Plinius sagt klar, daß der Pramnische Wein aus Smyrna kam, von einem Fleck nahe dem Tempel der Göttermutter. Wie wir bei Homer davon lesen, wird er nicht als Getränk verwendet, sondern als Gemisch mit Käse, Mehl und Honig. Er behauptete seinen Ruf auch noch später und wird weder als süß noch als dick beschrieben, sondern als trocken, wild und sehr schwer. Er war in Athen trotz seiner aphrodisischen Eigenschaften nicht beliebt.
Die Alten scheinen im allgemeinen süßen Wein vorgezogen zu haben, und sie mischten ihn meist mit Honig. Plinius sagt, daß süßer Wein, wiewohl schwerer im Geschmack, weniger berauschend sei als trockener. Die Verachtung moderner Weinkenner ist berechtigt, denn der Wein wurde merkwürdig behandelt. Man mischte ihn nicht nur mit Honig sondern auch mit Kreide und gepulvertem Marmor, und trank ihn gewöhnlich in einer faden Mischung mit Wasser. Meist gab man fünf Teile Wasser auf zwei Teile Wein. Das Verhältnis vier zu eins wurde als wässerig angesehen, halb und halb als sehr stark. Reinen Wein zu trinken, galt als barbarisch. Auch in Griechenland heutzutage versteht man unter Wein eine Mischung. Noch unverständlicher ist uns das Vermischen von Wein mit Meereswasser, wodurch man den Wein zu verschönen glaubte. Der geharzte Wein im heutigen Griechenland ist aus vorrömischer Zeit nicht bezeugt; er galt als Heilmittel

[5] Siehe Seite 193

für einen kranken Magen; man rühmte, daß die Nachwirkungen des Katzenjammers ausblieben. Die Höflichkeit forderte, daß das Wasser zuerst eingegossen wurde und dann der Wein. Aus der gleichen Zeit hören wir aus Athen, daß Wein gewöhnlich mit Wasser gemischt in den Straßen verkauft wurde. (Dieses eau rougie nahm in Wirklichkeit die Stelle von Limonade und anderen Erfrischungen der Neuzeit ein.) Alles in allem wundert man sich, daß die Alten solche Verfälschungen als Wein bezeichnen konnten. Das Leben in Smyrna zur Zeit des römischen Reiches verlief ohne große Ereignisse. Vom großen Erdbeben des Jahres 17 n. Chr. blieb die Stadt offensichtlich verschont, wiewohl es in der Nachbarschaft große Zerstörungen anrichtete. 178 litt Smyrna unter einem anderen Erdbeben, das den größeren Teil der Stadt verwüstete. Mit kaiserlicher Hilfe wurde sie wiederaufgebaut. Im Jahr 155 n. Chr. starb Polykarp, der Bischof von Smyrna, den Märtyrertod, im Jahr 250 n. Chr. Pionius. Beide erlitten den Tod im Stadion von Smyrna. Abgesehen von gelegentlichen Besuchen der Kaiser ist nichts in der Geschichte zu verzeichnen.

Die **Ausgrabungen von Bayrakli** brachten historisch wichtige Ergebnisse. Sie bewiesen zweifellos, daß *Tepekule der Platz des alten aeolischen Smyrna* ist. Es wurde die Überlieferung bestätigt, daß Smyrna zuerst aeolisch und später jonisch war. Gesichert ist auch als Tatsache die Zerstörung der Stadt durch Alyattes, den König von Lydien. Die ausgegrabenen Gebäude sind einfach; der moderne Besucher dürfte enttäuscht sein. Außer den Grundmauern eines Tempels aus dem 7. Jahrhundert ist wenig zu sehen. Die Kleinfunde sind erstrangig; die besten Stücke finden sich im Archaeologischen Museum im Kültür-Park. Bemerkenswert sind die Reste einer Kultstatue aus Terrakotta, außerdem ein Säulenkapitell von so ungewöhnlicher Form, daß man im Zweifel sein kann, ob es sich um eine Basis oder um ein Kapitell handelt. Am interessantesten ist die Westseite von Tepekule. Als die Ausgräber eine Tiefe von ca. 15 m unter Gipfelhöhe erreichten, fanden sie eine Schuttschicht des 7. Jahrhunderts. Ein großer Abschnitt, höher als die Stadtmauer, kann nicht als Schutthalde erklärt werden; es kann sich nur um das Siegesmonument handeln, das Alyattes nach der Eroberung der Stadt errichtete. Wir können nach den Grabungen

auch den Verlauf der Ereignisse während der Eroberung verfolgen. Eine Masse von Lehmziegeln an einer Stelle des Hügels kann nur vom oberen Teil der Mauer stammen, wo ein Einbruch erfolgt war. Andererseits zeigen verkohlte Holzreste, daß die Gegenmaßnahmen der Verteidiger einige Zeit lang erfolgreich waren. Während der »Dorf-Periode«, von der Zeit des Alyattes bis auf Alexander, war das Gebiet von Bayrakli, wie schon oben erwähnt wurde, keinesfalls verlassen. In diese Zeit gehören Baureste an der Nordseite des Hügels. Hinzuzurechnen ist das sogenannte *»Grab des Tantalos«*[6]. Von einigen Gelehrten der ältesten Vergangenheit von Smyrna zugewiesen, muß es nach seiner Bauweise nunmehr in das 6. Jahrhundert v. Chr. datiert werden. Es handelt sich wahrscheinlich um das Grab eines Stadtfürsten oder eines Adligen der Perserzeit. Unterhalb des Hügels nach Nordosten erstreckt sich eine *große Nekropole*, größtenteils eine Meile entlang dem Hügel. Es handelt sich vorwiegend um Hügelgräber, die eine gewisse Ähnlichkeit mit dem sogenannten Grab des Tantalos haben, jedoch bescheidener sind. Einige Reste sind noch zu sehen.
Auf der Höhe des größeren Hügels nordwestlich vom Tantalos-Grab ist eine befestigte Umfassung, die man früher als den Rest der Akropolis des alten Smyrna ansah. Neue Untersuchungen der Scherbenfunde und der Bauweise haben gezeigt, daß die Anlage in das 4. Jahrhundert v. Chr. gehört. Sie umfaßt ein Gebäude mit starken Umfassungsmauern, offenkundig ein befestigtes Haus, mit einem anschließenden offenen Hof und einer Anzahl leicht gebauter Häuser, die Schuppen oder Speicher waren. Die Gesamtanlage wird als Sitz eines einflußreichen Landbesitzers oder eines persischen Beamten angesehen.

Das neue Smyrna auf dem Pagos-Hügel unterschied sich sehr von der alten Stadt. Wie so oft im Falle ständiger Besiedlung ist nur ein kleiner Rest des hellenistischen und römischen Smyrna übriggeblieben. Die außergewöhnliche Ausdehnung der Stadt in den letzten zwanzig Jahren hat viel verschwinden lassen, was vorher noch sichtbar war. Von der Lysimachos-Mauer ist heute nichts mehr zu sehen. Die Burg Kadife Kale auf der Höhe des Hügels

[6] Siehe die Seiten 55 ff

stammt aus dem Mittelalter. Man hat behauptet, daß unter den Mauern noch hellenistische Reste liegen, doch kann man heute nichts davon feststellen. Die Auffassung von Cadoux, daß ein Turm der Südwestecke bis zu einem Drittel hellenistisch sei, scheint kaum gerechtfertigt. Über eine Viertelmeile westlich von der Burg, nahe der modernen Straße, erstreckt sich die große Mulde, die die Lage des *Stadion* bezeichnet, die Stätte des Märtyrertodes des Heiligen Polykarp, die heute gänzlich überbaut ist.

Abb. 3 Smyrna. Gewölberest im Theater

Vom *Theater* ist etwas mehr übriggeblieben. Man geht vom Bahnhof Basmahane durch alte enge Gassen vorbei an den Häusern, die die große Feuersbrunst des Jahres 1922 verschont hat. So gelangt man zu einer großen Mulde an der Seite des Hügels bei zwei Drittel seiner Höhe. Sie erstreckt sich vom Haus Nr. 985 des Hauptweges und ist ebenfalls überbaut; doch einige Reste des Theaters sind noch zu sehen. Auf der Westseite steht noch ein beträchtlicher Teil der Cavea, auch ist ein gewölbter Durchgang zu den Sitzreihen gut erhalten. Er verläuft unter dem Haus Nr. 11 und ist mit Erlaubnis des Eigentümers durch den Garten zugänglich. Dieser Durchgang, Vomitorium genannt, ist interessant wegen seiner Überdachung mit einem verzahnten Bogen. Diese Bogenform, die

Festigkeit und Sicherheit gegen Rutschen der Steine gewährt, ist recht selten im Altertum. Der vorhandene Rest des Theaters von Smyrna gehört zum Wiederaufbau nach dem verhängnisvollen Erdbeben des Jahres 178 n. Chr.; die verzahnte Bogenkonstruktion wurde zweifellos als Vorsichtsmaßnahme gegen weitere Erdstöße angewandt. Auch ein Teil des Bühnengebäudes steht noch, liegt aber jetzt unter den Häusern der Straßenfront. Wenn es ausgegraben werden könnte, würden wir eine stattliche Bereicherung der Denkmäler des alten Smyrna haben.

Die *Agora oder der Marktplatz der römischen Stadt*, von den Türken Namazgâh genannt, wurde wiederholt ausgegraben; der größere Teil ist jetzt freigelegt. Er bildet ein auffallendes Wahrzeichen der Stadt, wenn man auf sie von Kadife Kale hinunterblickt. Der rechteckige Mittelhof war wie gewöhnlich von Säulenhallen umgeben, von denen noch Teile der nördlichen und westlichen Halle ziemlich gut erhalten sind. Die nördliche Galerie auf Basilikagrundriß besaß in der Mitte einen jetzt verschwundenen Monumentaleingang und eine Art Exedra, die als Gerichtshof diente. Während der Ausgrabungen kamen Statuen des Poseidon und der Demeter sowie eine Anzahl Inschriften ans Licht.

Die sogenannten *Bäder des Agamemnon*[7] liegen 10 km westlich außerhalb der Stadt, eine halbe Meile südlich von der Hauptstraße nach Çeşme. Man verläßt 9,5 km nach Abfahrt vom Konak-Platz die Straße nach Çeşme und biegt rechts in Richtung Inziralti ein. Die bei der Kreuzung links abzweigende Straße führt zu den ›Bädern des Agamemnon‹. Der Name ist alt. Die Überlieferung erzählt, daß die Griechen im Verlauf des Feldzuges gegen Troja mit der einheimischen Bevölkerung nahe Pergamon kämpften. Die verwundeten Griechen wurden von einem Orakel aufgefordert, Heilung bei den warmen Quellen nahe der späteren Stadt Smyrna zu suchen. Die Quellen sollten vierzig Stadien oder etwas über vier Meilen von der Stadt entfernt sein. Diese Angabe ist untertrieben, aber die Stätte ist zweifellos richtig. Eine Anzahl von heißen Schwefelquellen entspringt in und um einen kleinen Fluß, der im Sommer austrocknet. Das Wasser mit einer Temperatur

[7] Auf dem Wegweiser ist aus Agamemnon Ağamemnun geworden. Etwas später wird er wahrscheinlich Memnun Aga heißen.

5

Oben: Pergamon
Das Asklepieion

Unten:
Pergamon
Rundbau im
Asklepieion

6

Oben:
Pergamon
Altar des Zeus

Unten: Kizil Avlu

von 71 ° C ist wirksam gegen Rheumatismus, Ischias, Gallensteine und Ekzeme. Heute ist ein Thermalbad eingerichtet, das von den Einheimischen versorgt wird. Aelius Aristides weilte oft hier und erzählt, daß hier Asklepios zuerst mit seinen Wunderheilungen begann. Von der alten Ausstattung ist nichts geblieben; die wenigen unansehnlichen Reste rings um die Quellen sind nicht antik (Tafel 3 oben).

3. Die Umgebung von Smyrna

Die Umgebung von Smyrna (s. Abb. 9) ist ungewöhnlich reich an kleinen alten Stätten und einzelnen Denkmälern, von denen einige an sich und wegen ihres hohen Alters sehr interessant sind. Zwei von ihnen reichen in die Zeit des hethitischen Großreiches des 2. Jahrtausends v. Chr. zurück. Es handelt sich um die einzigen Zeugnisse dieser Kultur nahe der Küste. Sie beweisen, daß die hethitischen Interessen oder Einflüsse sich weit nach Westen erstreckten.

Bei dem ersten Denkmal handelt es sich um eine *hohe Relieffigur* an einem steilen Berg in Straßennähe *bei Akpinar*, 6 km östlich von Manisa. Dargestellt ist *eine sitzende Frau* in einer Felsnische, die man in wenigen Minuten von der Straße her in steilem Anstieg erreichen kann. Die Arme sind auf der Brust gefaltet; die Füße scheinen auf zwei Buckeln zu ruhen, die man als Berge oder Stuhlbeine verstehen kann; die letztere Deutung ist wegen der Viereckform die wahrscheinlichere. Auf einer Leiste rechts außerhalb der Nische haben manche Gelehrte eine Hieroglyphenschrift vermutet; wenn sie einmal wirklich da war, so ist sie heute überhaupt nicht mehr zu entziffern. Die Türken nennen diese Figur Bereket Jlâhesi, also Göttin der Fruchtbarkeit, oder manchmal nur Taş Suret, die Steinfigur. Das Relief ist stark verwittert, der Kopf infolge Inkrustation deformiert. Allgemein herrscht Übereinstimmung, daß es sich um eine hethitische Arbeit handelt, wiewohl wir Relieffiguren in Vorderansicht in der hethitischen Kunst kaum begegnen. Dargestellt ist zweifellos eine weibliche Gottheit, wahrscheinlich die Muttergöttin, die die Griechen später unter dem Namen Kybele verehrten (Tafel 2 unten).

Auf den hethitischen Ursprung der Relieffigur hat bereits A. H. Sayce 1880 verwiesen; aber lange vorher und auch nachher wurde eine andere Deutung bevorzugt. Nach der alten Überlieferung war Niobe, die Tochter des Tantalos, die Mutter von sieben Söhnen und sieben Töchtern. Sie glaubte sich der Göttin Leto überlegen, die nur zwei Kinder, Apollon und Artemis, hatte. Daher töteten die Letokinder die vierzehn Kinder der Niobe mit Pfeilen; Niobe selbst wurde am Berge Sipylos (heute Manisa Daği) in Stein verwandelt, wo sie ihren toten Kindern beständig nachtrauerte. Als die Gelehrten zuerst das Reliefbild von Taş Suret kennenlernten, glaubten sie *die versteinerte Niobe* vor sich zu haben. Diese Überlieferung wird von Homer und von Sophokles erwähnt; wenn dies der einzige Beweis wäre, könnten wir annehmen, daß jene Autoren an Taş Suret gedacht haben. Daß sie von Niobe »allein auf den Bergen« und »auf der Höhe des Sipylos, wo stets Regen und Schnee fällt« sprechen, kommt ihnen als Dichtern zu; sie waren keine Geographen. Wir besitzen noch einen besseren Beweis, nämlich die Berichte von zwei Schriftstellern, die beide jenem Gebiet entstammen. So drückt sich Pausanias sehr deutlich aus. »Diese Niobe habe ich selbst gesehen, als ich den Sipylos bestieg; ich sah ganz nahe eine Felskuppe, die keinerlei Ähnlichkeit mit einer trauernden Frau hatte; aber wenn man sich etwas davon entfernt, wird der Eindruck einer niedergeschlagenen und weinenden Frau erweckt.« Quintus von Smyrna, der ungefähr 200 Jahre nach Pausanias schrieb, stimmt ihm zu: aus der Ferne gesehen erinnert das Felsgebilde an eine Frau, »aber wenn man sich nähert, sieht man nur einen Felsen, ein Bruchstück des Berges Sipylos«. Diese Beschreibungen passen nicht auf das Relief von Taş Suret, wenn man ihm entfernt gegenübersteht; erst in der Nähe stellt man das Bild einer Frau fest. Pausanias und Quintus beschreiben eine zufällige natürliche Felsbildung. Daß die Gelehrten angesichts dieser Beweisführung dennoch Taş Suret als das fragliche Gebilde ansahen, geht auf einen Irrtum zurück, dem die Altertumsforscher verfielen, bevor das ganze Gebiet ausgekundschaftet war. Noch 1938 konnte C. J. Cadoux schreiben: »Es ist kaum wahrscheinlich, daß sich die Niobe des Pausanias von der des Homer unterschied und daß letztere ein anderes Gebilde als das von Taş Suret war; alle Versuche, ein natürliches Felsgebilde in Niobeform zu entdecken, sind fehlgeschlagen.« Diese Feststellung traf den Kern der Sache, als Cadoux diese Zeilen schrieb; heute ist die Situation anders. Unmittelbar nach dem Erscheinen von Cadoux' Buch wurde *die wahre Niobe* von H. T. Bossert entdeckt. Sie befindet sich am südwestlichen Rande der Stadt Manisa, etwa 1 km vom Muraldiye-Platz entfernt. Vom Muraldiye-Platz aus fährt man bis zum Stadtviertel Çai Başi und biegt kurz vor einem vom Sipylos kommenden Flüßchen links ein. Nach wenigen Minuten zu Fuß erreicht man den etwa 20 m hohen Felsen am Eingang der Ak-Baldir-Schlucht. In knapper Entfernung vom Felsen zeigt sich eine Erscheinung, die auf dem Foto Tafel 2 oben wiedergegeben ist; der Leser erkennt unschwer die Gestalt einer weinenden Frau. Daß es sich dabei um die von Pausanias und Quintus beschriebene Figur der Niobe handelt, steht außer Zweifel.

Aber auch Taş Suret wird in der griechischen Literatur erwähnt. Pausanias teilt uns mit, daß die Magnesier am Sipylos »auf dem Felsen des Koddinos« ein Bild der Muttergöttin besaßen, älter als alle anderen. Man erzählte sich, daß es von Broteas, dem Sohn des Tantalos, gearbeitet worden sei. Hier kann es sich nur um das Relief von Taş Suret handeln. Als die Hethiter in Vergessenheit geraten waren, war es nur natürlich, daß die Figur mit dem Haus des Tantalos[1] verbunden wurde. Die Deutung als Muttergöttin dürfte das Richtige treffen.

Das andere hethitische Denkmal in der Umgebung von Smyrna ist das **Felsrelief von Karabel,** 37 km östlich von Izmir. Man fährt vom Konak-Platz 29 km bis Kemalpaşa. 2 km östlich von Kemalpaşa biegt man rechts in eine Straße ein, bis man nach 6 km einen Betonbogen erreicht hat. Dann geht man hinter dem Bogen links durch den Wald einen Felshügel hinauf; hier befindet sich etwa 200 m von der Straße entfernt ein Relief. Es ist überlebensgroß und stellt einen Krieger dar, der in der Rechten einen Bogen, in der Linken einen Speer hält, bekleidet mit einer kurzen Tunika und einer Spitzmütze. Zwischen Kopf und Speer sind einige verwaschene Hieroglyphen, die nicht leicht zu entziffern sind. Die beigegebene Zeichnung zeigt, was der Verfasser zu lesen glaubte[2].

[1] Zu Tantalos vgl. die Seiten 55 ff

Abb. 4 Karabel.
Hethitische Inschrift

Die Relieffigur ist von gleichem Stil und ähnlicher Ausführung wie die hethitischen Denkmäler in Zentralanatolien; sie stellt wahrscheinlich einen Kriegsgott dar. Die Türken nennen das Relief ›Eti Baba‹, den hethitischen Vater (Tafel 4 rechts).
Die Kriegerfigur von Karabel ist auch von besonderem Interesse im Hinblick auf eine Überlieferung bei Herodot, der von Sesostris, dem ägyptischen Pharao des 19. Jahrhunderts v. Chr., erzählt. »Es gibt zwei Felsbilder dieses Königs in Jonien, das eine an der Straße von Ephesos nach Phokaea, das andere am Wege von Sardes nach Smyrna. Beidemal ist es ein männliches Reliefbild von viereinhalb Ellen Höhe. In der Rechten hält es die Lanze, in der Linken einen Bogen, und dem entspricht die übrige Rüstung. Auf der Brust, von der einen Schulter zur anderen, ist eine Inschrift in den Hieroglyphenzeichen der Ägypter eingehauen, die besagt: ›Dieses Land haben meine Schultern erobert‹.« Als das Karabelrelief von den europäischen Gelehrten um 1840 entdeckt wurde,

[2] Unter dem Vogel kann man bei entsprechender Beleuchtung und mit einiger Phantasie den Umriß eines Tieres erkennen, das einem nach links blickenden Hunde ähnelt.

wurde es als Darstellung des Sesostris gedeutet. Der Verbleib des anderen blieb rätselhaft, bis 1875 eine zweite Figur in der Karabelschlucht gefunden wurde, etwa 180 m unterhalb der ersten. Diese Figur war in einen abgestürzten Felsen gehauen, wahrscheinlich nach dem Absturz; sie ähnelt, wiewohl sehr zerstört, der anderen ganz offenkundig. Jetzt ist sie ganz verschwunden, wahrscheinlich wurde sie bei der Straßenanlage 1927 zerstört.
Nach diesen Entdeckungen besteht kein Zweifel, daß Herodot über diese beiden Figuren berichtet hat, die beiderseits der über den Karabel-Paß führenden Straße standen. Es ist klar, daß dieser Ort nicht an der Straße von Smyrna nach Sardes liegt, sondern vier Meilen südlich davon. Herodots Bericht läßt vermuten, daß er an zwei Stellen je an einer anderen Straße gedacht hat. Darin dürfte ein sicheres Zeugnis dafür liegen, daß Herodot die Relieffiguren nicht selbst gesehen und seinen Gewährsmann falsch verstanden hat. Daraus ergibt sich noch eine andere Ungenauigkeit in der Beschreibung. Sie besteht in der Verwechslung der rechten und der linken Hand mit ihren Waffen; verwechselt wurden die linke Hand der Figur und die rechte Seite des Betrachters, was wiederum auf mündliche Berichterstattung deutet. Herodots Gewährsmann wollte sagen, daß die beiden Relieffiguren beiderseits der Straße gestanden haben, die aus ephesischem Gebiet nach Phokaea führte, nahe der Straße, die diejenige nach Sardes kreuzte. Aber Herodot verstand ihn falsch und glaubte an je eine Figur an jeder der beiden Straßen.
Der Fehler in der Deutung ist leicht zu verstehen. Herodot schrieb die Figuren den weiträumigen Eroberungen des Sesostris zu, die bis nach Thrakien geführt haben sollen, aber ungeschichtlich waren. Da die Griechen nichts von den Hethitern wußten, war es nur verständlich, daß die Relieffiguren mit dem vermeintlichen ägyptischen Eroberer verbunden wurden. Sesostris soll in den von ihm eroberten Gebieten Gedächtnisstelen errichtet haben, von denen Herodot annahm, daß sie den König selbst darstellten; da dies bei den Felsbildern nicht der Fall ist, haben wir einen weiteren Grund für die Annahme, daß er sich auf einen fremden Gewährsmann stützte[3].

[3] Siehe Seite 276

So bleibt die Frage, wie ein Weg aus dem ephesischen Bereich nach Phokaea durch die Karabel-Schlucht führen konnte. Der natürliche Weg von Ephesos nach Phokaea verläuft über Smyrna; aber vom Tire-Tal, das zum ephesischen Gebiet gehört, ist die Route nicht so einleuchtend. Man kann dabei an eine Stelle denken, an der der Hermos durchwatet werden mußte, da im 5. Jahrhundert v. Chr. dort keine Brücke war. Diese Stelle scheint das heutige Emiralem gewesen zu sein[4]. In diesem Falle führte die Route über den Karabel-Paß und dann in westlicher Richtung; sie verlief weiter nördlich von Belkahve und vereinigte sich dann nördlich mit der Straße von Smyrna über den Yamanlar Daği[5]. Lag die Furt höher als Emiralem, konnte zweifellos die leichtere Route gewählt werden, die sich östlich und nördlich an den Hängen des Sipylos hinzog und durch Magnesia führte.

Das Gebiet um den Sipylos ist mit den frühen Überlieferungen von Tantalos und Pelops verbunden; sie führen in die Zeit, bevor die Griechen in Kleinasien Fuß faßten. Einige Gelehrte nehmen an, daß die Namen Tantalos und Sipylos von den hethitischen Königsnamen Tudhaliyas und Suppiluliumas abzuleiten sind; aber nach der griechischen Überlieferung war Tantalos ein Phryger, und auch Sipylos wurde in sehr früher Zeit als phrygisch angesehen. Tantalos war ein Liebling der Götter und wurde von ihnen einmal zu einem Gastmahl eingeladen. Dabei wollte er die Erkenntniskraft der Götter prüfen; er schlachtete seinen Sohn Pelops und setzte ihn gekocht den Göttern auf einem Tisch vor. Die Götter entdeckten sofort die Greueltat mit Ausnahme der Demeter, die, ganz in Gedanken an ihre geraubte Tochter Persephone versunken, geistesabwesend ein Stück von der Schulter aß. Pelops wurde wieder zum Leben erweckt, und Tantalos wurde für diese Untat, oder eine andere, in die Unterwelt zu den Qualen verbannt, die wir mit seinem Namen verbinden. Von Durst gequält, stand er in einem See; doch das Wasser wich zurück, sobald er daraus trinken wollte. Pelops zog später vom Sipylos über die Ägäis nach der Peloponnes, die von ihm ihren Namen erhielt.

Pausanias, in diesem Gebiet beheimatet, brachte besondere Voraus-

[4] Siehe Seite 95
[5] Siehe Seite 95

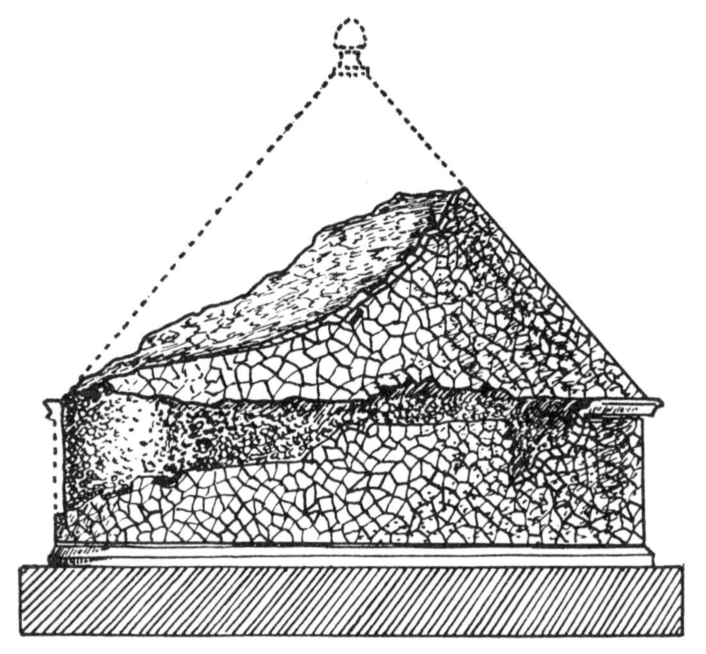

Abb. 5 »Grab des Tantalos« 1835

setzungen mit, uns von diesen Überlieferungen etwas mitzuteilen. »Es gibt bis auf den heutigen Tag Hinweise dafür, daß Pelops und Tantalos in meinem Lande regiert haben. Ein See ist nach Tantalos benannt und sicher auch ein Grab, außerdem ein Thron des Pelops auf dem Sipylos, auf der Spitze über dem Heiligtum der Mutter Plastene.« An anderer Stelle bemerkt er, daß er selbst das Grab des Tantalos am Sipylos gesehen habe, daß es sehenswürdig sei, und daß er weiße Adler bemerkt habe, die den See des Tantalos umkreisten. Andere Schriftsteller berichten, daß am Sipylos eine Stadt namens Tantalis oder Sipylos oder Idea lag, die durch ein Erdbeben zerstört und von einem See überschwemmt wurde. Diese Überlieferung ist Aristoteles bekannt und lebt bei späteren Autoren weiter.

Seit der Erforschung des Landes in neuerer Zeit hat man viele Anstrengungen unternommen und viele Worte verwendet, diesen Berichten auf den Grund zu gehen und sie zu deuten. Für die

Abb. 6 Grundriß eines Rundbaues (»Grab des Tantalos«)

Stadt und den See des Tantalos ergaben sich keine befriedigenden Resultate; das ganze Problem wurde dadurch kompliziert, daß man nicht wußte, ob man den Yamanlar Daği mit einem Teil des Sipylos gleichsetzen kann. Es gibt nämlich in der Nähe der Spitze des Yamanlar Daği einen kleinen tiefen See, umgeben von Kiefern und erreichbar auf einer Straße vom Yamanlar-Sanatorium. Er heißt Karagöl. Daß dort aber auch eine Stadt lag, ist höchst unwahrscheinlich; dennoch ist es möglich, daß es sich um den See des Tantalos handelt, wie er zur Zeit des Pausanias hieß. Die Adler, die Pausanias sah, sprechen dafür, daß der See sehr hoch lag.

Bei der Identifizierung der anderen Stätten, des Tantalosgrabes, des Pelopsthrones und des Heiligtums der Mutter Plastene, teilen sich die Meinungen; die ›Smyrnaeer‹ suchen diese Stätten alle am Yamanlar Daği, die ›Magnesier‹ in der Nähe von Manisa.

Der Begründer der smyrnaeischen Auffassung war der Franzose

Texier, der 1835 Smyrna besuchte. Seine Aufmerksamkeit fesselte ein gut gebautes Rundgrab oberhalb des Dorfes Bayrakli. Er nannte, wie auch die Bewohner des Gebietes, das Grabmal *Grab des Tantalos*. Es stand damals 12 m hoch, ursprünglich 27 m. Es bestand aus einer runden Einfassung und einer Außenmauer aus polygonalem Mauerwerk, überragt von einem kegelförmigen Dach. In der Mitte befand sich die Grabkammer aus regelmäßigem Mauerwerk, das gegen die Decke hin vorkragte; den oberen Abschluß bildete ein Deckstein. Von der Grabkammer liefen Zungenmauern zur Umfassung, ausgefüllt mit kleinen Steinen. Dieses stolze Bauwerk wurde von Texier vorsätzlich abgetragen, um die Bauweise zu erkunden; das Vorhaben war unverzeihlich. Was heute noch übrig ist, ist der untere Teil der Umfriedung, die Grabkammer und die Steinmasse. Daß das Grabmal als das des Tantalos bezeichnet wurde, ist nicht zu leugnen. Wahrscheinlich hieß es schon in der Zeit des Pausanias so. Die Verbindung mit Tantalos ist freie Erfindung. Wie schon oben erwähnt, hängt es mit den Resten der Nekropole zusammen, die sich unterhalb erstreckt. (Tafel 3 unten).

Die beiden anderen Denkmäler, der *Thron des Pelops* und das Heiligtum der Mutter Plastene, gehören zusammen. Der Thron stand oberhalb des Heiligtums. Die Vertreter der smyrnaeischen Überlieferung suchen die Denkmäler inmitten des Yamanlar, in der großen Mulde an der Südseite des Berges. Nahe über dem Dorf Sancakli, auf einem Hügel, der früher Ada Tepe genannt wurde, lag eine befestigte Umfassung, die zwei Bergspitzen umgab. Die südliche von ihnen ist an einer Ecke abgeschnitten und bildet eine gegen den Himmel offene Kammer[6]. Diese Kammer wurde als *das Heiligtum der Mutter Plastene* identifiziert, und bis heute heißt die Stelle »Heiligtum der Kybele«, da Plastene ein gleichbedeutender Name für Kybele, die Göttermutter, ist. Der Thron des Pelops wurde danach etwas höher gesucht und in einem auffallenden Felsen zwischen Ada Tepe und der Bergspitze gefunden; von unten gesehen zeigt der Fels eine gewisse Ähnlichkeit mit einem nach hinten abgeschrägten Sitz. 1945 wurde die »Kammer«

[6] Siehe die Seiten 64 f

Abb. 7 »Grab des Hl. Charalambos«

bei Ada Tepe vom Verfasser zusammen mit Rüstem Duyuran, dem Direktor des Museums von Izmir, ausgegraben; sie erwies sich als Zisterne. Die ganze Anlage war wahrscheinlich ein befestigter Vorposten. Die erwähnten Deutungen sind also hinfällig; andere können nicht gegeben werden.
Nach der Auffassung von Magnesia liegen alle erwähnten Denkmäler in einem kleinen Bereich östlich von Manisa.
Etwas über eine Meile östlich von Taş Suret, am Fuß des Sipylos und am Übergang zur Ebene, liegt ein bemerkenswertes, wenn nicht *einzigartiges Felskammergrab.* Davor befindet sich eine Plattform, die man über mehrere Stufen erreicht. Eine Tür führt in zwei hintereinander angelegte Felskammern. Beide sind flach, abgesehen von einem schmalen »Pfeiler« für das Haupt des Verstorbenen. Über der Tür weicht die Fassade zurück und folgt dem Verlauf des Berges. Um die ganze Anlage ist ein Felsgraben als Begrenzung des Denkmals und als Schutz gegen Regenwasser gezogen. Dieses Grab führte früher den Namen »Grab des Heiligen Charalambos«, scheint aber jetzt keinen Namen zu haben. Es ist zweifellos sehr alt und kann *das von Pausanias erwähnte Grab des Tantalos* sein.

Abb. 8 »Thron des Pelops«

Das beste Beweisstück für die magnesische Auffassung ist das Heiligtum der Mutter Plastene. Dieses Heiligtum wurde endgültig durch die Entdeckungen des Jahres 1887 als römisch bestimmt; es liegt in der Ebene, eine Stunde östlich von Manisa und fünfzehn Minuten von Taş Suret. Man fand zwei Inschriften, die die Mutter Plastene nennen. Wenn wir nicht annehmen wollen, daß das Heiligtum verlegt wurde, ist jede Lokalisierung in der Nachbarschaft von Smyrna ausgeschlossen. Da die Inschriften ungefähr gleichzeitig mit Pausanias sind, kann das Heiligtum, das er erwähnt, in dieser Zeit an keiner anderen Stelle gelegen haben. Es ist daher sehr wahrscheinlich, daß die Mutter Plastene und die Göttermutter, deren Bild (Taş Suret) von Broteas gearbeitet wurde, miteinander identisch sind. Das Heiligtum, für das an der steilen Bergseite kein Platz war, lag etwas entfernt in der Ebene.
Der Thron des Pelops muß daher am Sipylos nicht weit von dieser Stelle gesucht werden; eine einleuchtende Identifizierung ist möglich. Zwei Drittel des Weges von Taş Suret bis zu dem Grab des Heiligen Charalambos befindet sich eine tiefe Spalte auf der Bergseite, Yarikkaya genannt. Westlich davon, etwa 270 m hoch und zugänglich nur durch einen gefährlichen »Kamin«, liegt ein inter-

essanter und sicherlich alter Platz. Er dehnt sich an der Steilseite des Felsens etwas über 130 m in der Länge aus mit einem halben Dutzend Zisternen und den Unterbauten von Häusern, die vielleicht einmal mit Luftziegeln aufgemauert waren. Ganz oben auf einem abgestuften Felsen ist ein Einschnitt, der an einen großen Sitz erinnert. Es handelt sich ursprünglich wahrscheinlich um einen Altar, aber angesichts der Form und der Lage kann die Stelle im Altertum als Thron des Pelops bezeichnet worden sein. Die Reste des Platzes wurden für die oben erwähnte Stadt Tantalos beansprucht; sie reichen jedoch dafür nicht aus.

In allen Punkten haben daher die »Magnesier« die besten Argumente.

Die anderen Stätten in der Umgebung von Smyrna haben militärischen Charakter. Sie stehen mit der von Alexander gegründeten neuen Stadt in Beziehung und bilden einen festen Ring von äußeren Verteidigungsposten.

Am wichtigsten ist **Belkahve,** wo die Hauptstraße von Smyrna nach Sardes den Paß zwischen der Ebene von Bornova und Turgutlu kreuzt; unmittelbar über der Straße links liegt ein auffälliger Hügel. Die Westseite ist steil, der beste Anstieg von Süden und Osten. Die Kuppe ist von einer *Ringmauer* umgeben, die man leicht verfolgen kann, aber meist nur in einer Spur. Von der Kuppe aus verlaufen zwei Innenmauern zur Ringmauer, so daß eine innere Umfriedung gebildet wird. Nahe der Kuppe ist eine Grube, die wahrscheinlich als Wasserbehälter gedient hat. An verschiedenen Stellen der Anlage sind mehr als ein Dutzend viereckige Vertiefungen in den Felsen geschlagen; sie enthielten einst Stelen mit Inschriften, von denen sich eine im Museum von Izmir befindet; sie erinnert an die Stiftung von goldenen Kränzen durch die Verteidiger an ihren Befehlshaber und seine Familie. Eine aus dem gleichen Grunde errichtete Stele befindet sich noch an Ort und Stelle auf einem Stein im Zuge der Ringmauer nahe der Nordostecke, die wegen der Verwitterung kaum zu lesen ist. Wahrscheinlich standen in allen Vertiefungen Stelen mit Inschriften gleicher Bestimmung. Die zwei erwähnten stammen aus dem Ende des 2. Jahrhunderts v. Chr., und die zahlreichen *Scherbenfunde* rund um die Kuppe weisen in dieselbe Zeit. Aber der Platz

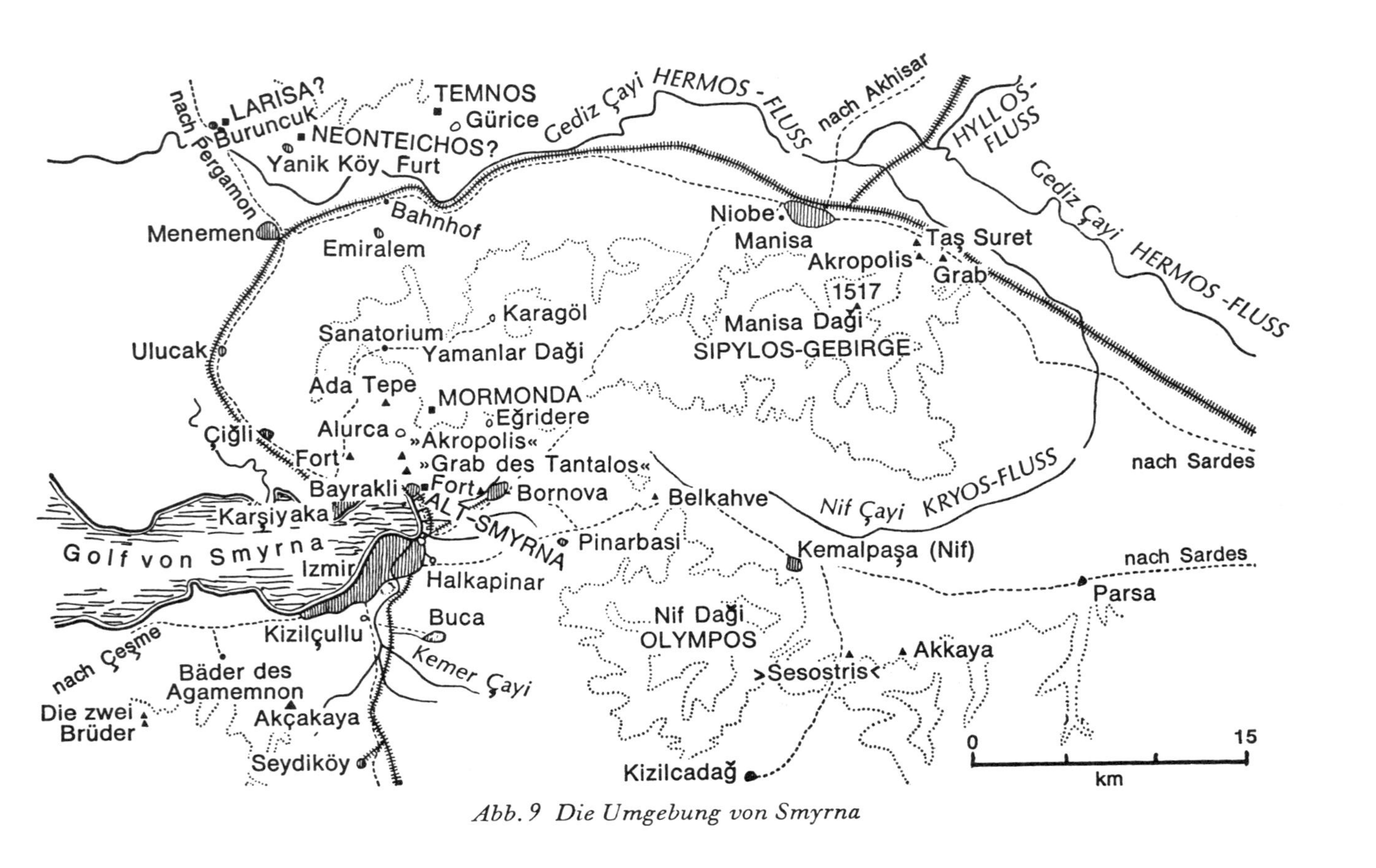

Abb. 9 Die Umgebung von Smyrna

wurde in früherer Zeit angelegt. An der Westseite führt eine steile Bergschlucht abwärts; sie ist am unteren Ende von einer starken, fast 6 m dicken Mauer versperrt, die sehr alt aussieht. In der Mauerfüllung fanden sich archaische Scherben, die in die Zeit des frühen Smyrna bei Bayrakli gehören. Der Platz, der den Zugang von Osten beherrscht, ist ein Schlüsselpunkt, so daß sein Besitz unentbehrlich war für die Bewohner von Smyrna.

Die Belkahve-Befestigung wurde von zwei anderen Stützpunkten gesichert; einer war gegen Osten, der andere gegen Westen gerichtet. Über sechs Meilen südöstlich von Kemalpaşa am Fuß des Mahmut Daği, dem alten Berg Drako, hinter dem Dorf Kizilka, erhebt sich ein hoher Fels von weißlichem Aussehen, *Akkaya* genannt. Hoch oben befinden sich eine Reihe von Felsabarbeitungen; an der Südseite einer glatten Felswand sind Inschriften angebracht von ähnlichem Datum und ähnlichem Inhalt wie die auf Belkahve. Von der Höhe aus hat man einen weiten Ausblick und überblickt die Hauptstraße nach Sardes und nach Osten. Die Nordseite fällt steil ab, ist aber leicht zu ersteigen; an ihr befindet sich ein interessantes Felsdenkmal, dessen Zweck noch erörtert wird. Rohe Stufen führen hinauf zu einer Doppelkammer, die durch einen Mittelpfeiler geteilt wird; an der Hinterwand befindet sich eine Bank. An der Fassade, beiderseits des Pfeilers, sind Schräglinien als Giebelzierde eingeschnitten. Rechts findet sich nur eine Linie. Auf der linken Seite verläuft ein enger Graben für Regenwasser in dem abfallenden Felsen. Diese Anlage ist verschiedentlich als Ausguckposten verstanden worden, oder, mit größerer Wahrscheinlichkeit, als Grab. Da die Grabkammer fehlt und die Vorrichtungen für eine Bestattung unzulänglich sind, hat man daran gedacht, daß die Grabkammer unvollendet geblieben war. Die Zeitstellung ist schwer zu bestimmen (Tafel 4 links).

Die nördlichen Zugänge nach Smyrna wurden ähnlich von einer *Befestigungsgruppe* verteidigt, von denen die wichtigste *bei Ada Tepe* liegt. Diese Anlage befindet sich auf einem steilen Hügel nahe über dem Dorf Sancakli, wohin ein Weg in zweieinhalb Stunden von Karşiyaka durch das Dorf Alurca (früher Gövdelin) führt. Die Burganlage heißt jetzt Sancakli Kalesi. Der Hügel erhebt sich mit zwei Felskuppen, die durch einen Grat verbunden sind. Der südliche bildet eine Schere über 30 m hoch, leicht erkennbar von Smyrna; er heißt Ölöm Kayasi, der Fels des Todes. Der höhere Teil des Hügels ist von einer Ringmauer umschlossen, verschieden im Stil und in der Ausarbeitung. Der besterhaltene Teil ist das polygonale Mauerwerk im Westen; Verlauf und Stil sprechen für hellenistische Zeit. Auf der Höhe des südlichen Gipfels befindet sich ein enger Wasserbehälter, und an der Ostecke liegt ein viereckiger Behälter, 6 x 3,6 m groß, dessen Grund eine Zisterne aus regelmäßigem Mauerwerk bildet. Das ist die Stätte, an der früher das Heiligtum der Mutter Plastene vermutet wurde [7]. Die Zisterne wurde durch einen Graben gefüllt, der vom Wasserbehälter oben herabführte. Es ist unsicher, wann diese Befestigungsanlage errichtet wurde; aber aus dem Scherbenbefund ergibt sich, daß sie vorwiegend in hellenistischer Zeit besetzt war. Fast 400 m hoch über dem Meeresspiegel angelegt, halbwegs zwischen der Küste und dem Yamanlar Daği, beherrscht sie die Zugänge über die Berge im Norden.

Die Befestigungen von Ada Tepe und die von Belkahve wurden durch *zwei Hilfsstützpunkte* gesichert. Der eine von ihnen, heute *Çobanpinari* genannt, liegt auf einem steilen Hügel unmittelbar über Alurca im Osten; er ist klein und vermittelt keinen Eindruck. Der andere liegt niedriger, nahe der modernen Straße von Karşiyaka zum Sanatorium. Fünfundvierzig Minuten Fußweg von Soğukkuyu entfernt, zwischen der Straße und dem Flußbett, liegt ein kleiner Hügel, bekrönt von einem ansehnlichen Haufen weißen Felsgesteins. Hier finden sich zahlreiche Einschnitte und ein Brunnen, der tief in den Felsen eingelassen ist. Der Platz ist von einer Mauer eingeschlossen, die heute zu Geröll verfallen ist. Die Lage ist schlecht und war wohl als Kasernenplatz wie Bornova genutzt.

Im Süden war Smyrna lediglich durch eine einzige Befestigung geschützt. Es ist *Akçakaya* in den Bergen, fünf oder sechs Meilen südwestlich vom Stadtzentrum. Auf dem Gipfel des Hügels finden sich Reste einer Ringmauer, Hausgrundmauern und eine Zisterne. Von oben hat man über eine Entfernung von zwei Meilen einen Überblick über die Hauptroute südlich von Smyrna; sie entspricht

[7] Siehe Seite 58

7

Oben:
Pergamon
Kizil Avlu,
doppelter
Flußtunnel

Unten:
Pergamon
Heiligtum der
Demeter

8

Oben und unten
Pergamon
Theater

der heutigen Hauptstraße und der Eisenbahnführung. Die Anlage ist sehr ähnlich der von Ada Tepe, aber durch Kalksteinbrenner sehr zerstört. Unterhalb der Stätte befindet sich ein großer Kalkofen, der nicht mehr gebraucht wird. Hier kann man beobachten, daß die Türken nur selten für die Zerstörung antiker Denkmäler verantwortlich gemacht werden können; sie geht vielmehr zu Lasten der Griechen.

4. Pergamon (Bergama)

Unter allen antiken Stätten Westkleinasiens ist Pergamon schon nach seiner Lage die eindrucksvollste. Unvergeßlich bleibt der erste Anblick, wenn man sich von Süden nähert. Smyrna auf dem Pagos liegt zwar herrlich, aber Pergamon wirkt machtvoll und majestätisch. Es ist eine Königsstadt. Etwa 400 m hoch erhebt sich der Burgberg zwischen zwei Flußbetten, Nebenflüssen des Kaikos. Steil, allseitig abfallend bis auf einen Zugang bildet Pergamon einen Städtetypus, der im Altertum bevorzugt wurde. Athen bietet ein ähnliches Beispiel. Weil Pergamon vom Meer entfernt liegt, wurde es von den Frühgriechen im Zeitalter der Kolonisation nicht besiedelt und spielte auch bei dem großen Aufschwung in der archaischen Zeit keine Rolle. Scherbenfunde während der Ausgrabungen beweisen, daß dort eine Siedlung seit dem 8. Jahrhundert lag; aber sie war nicht griechisch. Die Entfernung von der Küste ist auch der Grund dafür, daß Pergamon nicht in das Attische Seebündnis des 5. Jahrhunderts einbezogen wurde.
Pergamon erscheint in der Geschichte im Jahre 399 v. Chr., dem Todesjahr des Sokrates in Athen. In diesem Jahr verhandelten die Spartaner, noch ganz im Hochgefühl ihres Sieges über die Athener, mit den Persern über den Besitz der kleinasiatischen Westküste. Xenophon, der wohlbehalten von seinen Abenteuern im Innern Persiens zurückgekehrt war, entschloß sich, seine Dienste dem spartanischen Befehlshaber anzubieten. Pergamon war der Verhandlungsort. Die Stadt befand sich in den Händen der Nachkommen eines Griechen, der die Stadt bei dem Vorstoß des Darius im Jahre 490 v. Chr. verraten hatte; für seinen Verrat wurde er

vom Großkönig mit Ländereien in der Nachbarschaft belohnt. Seine Familien-Angehörigen, wiewohl persische Untertanen, waren in Wirklichkeit unabhängige Herrscher in ihrem Bereich und unterstützten die griechischen Soldaten bei ihrem Kampf gegen Persien.

Danach hört man nichts von Pergamon bis zur Zeit nach dem Tode von Alexander dem Großen. Als Lysimachos Westkleinasien in die Hand bekam und sich im Besitz eines ungeheuren Reichtums an Beutegut sah, verwahrte er einen Teil seines Schatzes in Pergamon. Man schätzt den Besitz auf 9000 Talente, denen heute etwa hundert Millionen Mark entsprechen würden. Als Wächter für seinen Schatz bestellte er einen Mann aus Paphlagonien namens Philetairos. Als Lysimachos 281 v. Chr. gefallen war, kam das Gebiet in die Hand des Antiochos, des Königs von Syrien. Philetairos blieb jedoch in seiner Stellung als Schatzwächter; kein ernsthafter Versuch wurde unternommen, ihn zu vertreiben.

Von diesem Zeitpunkt an beginnt das Aufblühen von Pergamon als Macht in der hellenistischen Welt. Philetairos lebte bis 263 v. Chr.; er verwandte seine ganze Kraft darauf, seine Stellung zu stärken. Sein Reichtum kann nicht als unrechtmäßig bezeichnet werden, da Lysimachos keinen Erben hinterlassen hatte. Der Rechtsanspruch des Philetairos war so gut wie der eines anderen. Er machte vorsichtig von seiner neuen Macht Gebrauch. Mit Hilfe von stattlichen Geschenken und Geldzuwendungen gewann er, wenn es nötig war, die Gunst der Nachbarstädte und pflegte ein gutes Verhältnis zu Antiochos; gleichzeitig stattete er seine Stadt mit Tempeln und anderen neuen Gebäuden aus.

Eumenes, der Adoptivsohn und Nachfolger des Philetairos, war so imstande, eine wohlgeordnete und festgegründete Herrschaft zu übernehmen. Eumenes wird zu den ersten Königen von Pergamon gezählt, aber in Wirklichkeit nahmen weder er noch Philetairos diesen Titel an. Er erweiterte das Stadtgebiet, doch sonst erinnert wenig an ihn. Eine Inschrift besagt, daß die Bevölkerung von Pergamon ihm göttliche Ehren zukommen ließ; auch alle seine Nachfolger wurden, wie es bei hellenistischen Königen üblich war, zu Lebzeiten verehrt.

Auf Eumenes folgte im Jahre 241 v. Chr. sein Adoptivsohn Attalos, dessen vierundvierzigjährige Regierungszeit eine Folge von

Kriegen und Schlachten ist. Sein Ruhm gründet sich vor allem auf den großen Sieg über die Kelten im Jahre 230 v. Chr. Diese Kelten waren ein Zweig des großen europäischen Volkes, das im vorausgehenden Jahrhundert nach Osten gezogen war. Nach Kleinasien hatte sie 279 v. Chr. Nikomedes eingeladen, der König von Bithynien, der Söldner für seine privaten Unternehmungen brauchte. Er hatte den Kelten Wohnsitze in jenem Gebiet Kleinasiens angewiesen, das seitdem den Namen Galatien trug. Einmal seßhaft geworden, wurden die Kelten zur Plage für alle. Viele griechische Städte hatten unter ihren Angriffen zu leiden, da sie ein wildes, kriegerisches Volk waren; gegen ihre Vorstöße konnte man sich nur durch Lösegelder schützen. Auch Philetairos und Eumenes hatten sich freigekauft, doch Attalos fühlte sich stark genug, jede Abgabe zu verweigern. Dieser Einkommenquelle beraubt, gingen die Kelten daran, die verweigerten Abgaben selbst einzutreiben. Es kam zur Schlacht, in der Attalos siegreich blieb; die Kelten wurden von der Westküste vertrieben. Wie bei vielen berühmten Kämpfen wuchsen die Legendenbildungen um diese Schlacht. Man erzählte sich, daß die Truppen des Attalos bei der Aussicht auf einen Kampf mit den schrecklichen Barbaren in Furcht geraten waren; als das Opfer vor der Schlacht stattfand, verkündete der Priester, daß die Worte »Sieg für den König« in rätselhafter Weise in die Eingeweide der Opfertiere geschrieben waren. Ermutigt durch diesen Beweis himmlischer Gunst, fochten die Truppen des Attalos heroisch gegen ihre übermächtigen Feinde. Man erzählte später, Attalos habe die Worte mit Tinte in Spiegelschrift auf seine Hand geschrieben; während der Opferschau habe er sie auf die Opferleber gedrückt.

Nach diesem hervorragenden Erfolg nahm Attalos die Titel eines Königs und Retters an. Einen großen Teil seiner Regierungszeit füllten mit wechselndem Erfolg die Kämpfe zwischen Westkleinasien und den Königen von Syrien aus. Zeitweilig war er der mächtigste Herrscher im Osten, aber am Ende seiner Regierung war sein Königreich nicht größer als zu Beginn. Gegen Ende des 3. Jahrhunderts begannen sich die Römer in Griechenland festzusetzen; Attalos wurde ihr Verbündeter. In dieser Eigenschaft war er mit dem ersten Vorstoß der Römer nach Kleinasien verbunden. Ein Orakel hatte den Römern die Weisung erteilt, die

Muttergöttin von Pessinus nach Rom zu bringen; da sich die Römer noch nicht in Kleinasien befanden, baten sie Attalos um seine Hilfe. Er nahm dieses Ansinnen freundlich auf und händigte den Römern den heiligen Stein aus, den man für eine Darstellung der Muttergöttin hielt.

Wiewohl Attalos seinem Nachfolger Eumenes II. kein größeres Gebiet hinterließ als er selbst geerbt hatte, so hatte er Pergamon doch zu einer Macht gemacht, mit der gerechnet werden mußte. Außerdem hatte er das Wohlwollen der Römer auf seiner Seite. Eumenes sollte daraus Nutzen ziehen. Als die Römer in den Krieg mit Antiochos dem Großen von Syrien verwickelt wurden und ihn in der Entscheidungsschlacht bei Magnesia 190 v. Chr. geschlagen hatten, standen sie dem Problem seiner Besitzungen in Kleinasien gegenüber und übereigneten die meisten von ihnen dem Eumenes. Zu diesem Zeitpunkt erreichte das Königreich Pergamon seine größte Höhe an Macht und Wohlstand. Pergamon genoß das Wohlwollen der Römer, die sich selbst nicht mit Gebieten in Kleinasien belasten wollten. Eumenes hatte nun das gesamte Gebiet der Westküste bis zum Maeander im Süden in seiner Hand und das Zentrum der Halbinsel bis zum heutigen Konya hin.

Eumenes gebrauchte wie Perikles in Athen den Reichtum dazu, seine Hauptstadt zu verschönern. Die Stadt hatte bisher nur den oberen Teil des Gipfels eingenommen, oberhalb des heutigen Parkplatzes. Eumenes dehnte den Bereich hügelabwärts aus und umschloß das Ganze mit einer Mauer. Dieses Unternehmen forderte künstliche Terrassen in langer Flucht. Zu dieser Zeit wurden nicht nur die untere Agora und das große Gymnasion gebaut, sondern auch im älteren Teil der Stadt die berühmte Bibliothek und der Zeusaltar.

Alle Herren von Pergamon waren begeisterte Förderer der Kultur auf allen Gebieten. In der bildenden Kunst erhielt die Plastik den ersten Rang. Es entstand ein selbständiger Pergamener Stil, wofür der »Sterbende Gallier« und der Fries des Zeusaltares beispielhaft sind. Die Attaliden machten große Stiftungen an die Philosophenschulen von Athen und zogen viele berühmte Dichter, Philosophen und Gelehrte an ihren Hof. Über die berühmte Bibliothek wird unten noch zu sprechen sein. Derart gewann Pergamon einen Ruf, der mit dem von Athen oder Alexandria konkurrierte.

Eumenes wurde von seinen Nachbarn nicht in Ruhe gelassen, sich an dem neuen Glanz in Frieden zu freuen; er mußte sein Gebiet nicht nur gegen die Kelten verteidigen, sondern auch gegen Pharnakes, den König von Pontos, und Prusias, den König von Bithynien. Letzterer wurde von Roms altem Feind Hannibal unterstützt. Da begründete Befürchtungen auf einen Angriff durch Perseus von Makedonien hinwiesen, half er den Römern in ihrem Kampf gegen ihn. Pergamenische Truppen nahmen an der Entscheidungsschlacht von Pydna im Jahre 168 v. Chr. teil, die das makedonische Königreich beendete. Gegen Ende der Regierung des Eumenes kühlte sich das Verhältnis zu den Römern ab, deren Gunst sich mehr dem Bruder Attalos zuwandte. Nach langer Krankheit starb Eumenes 159 v. Chr.

Attalos II. war schon über sechzig, als er seinem Bruder auf den Thron folgte. Er betrieb eine feste Politik und unternahm nichts, ohne sich mit den Römern in Verbindung zu setzen. Seine einundzwanzigjährige Regierungszeit war eine Folge von Kriegen. Sein unruhigster Gegner war Prusias von Bithynien, der vorübergehend bis zu den Außenbezirken von Pergamon vordringen konnte. Wir wissen, daß er eines Tages im Asklepieion opferte und am nächsten Tag die Statue des Asklepios entführte. Das römische Eingreifen beendete 154 v. Chr. diesen Krieg. Acht Jahre später halfen die pergamenischen Truppen bei Korinth den Römern bei dem Unternehmen, das die Freiheit Griechenlands auslöschen sollte. Nach dem Tode Attalos' II. folgte ihm sein gleichnamiger Neffe.

Attalos III. zeigte sich während seiner kurzen fünfjährigen Regierungszeit völlig anders als seine Vorgänger. Er soll grausam und mißtrauisch und beim Volk unbeliebt gewesen sein. Selten verließ er seinen Palast, sondern widmete sich ernsten Studien der Wissenschaften; er zog Heil- und Giftpflanzen als Lieblingsbeschäftigung und probierte sie an überführten Verbrechern aus. Zoologie, Landwirtschaft und Metallkunst beschäftigen ihn; sein Buch über den Ackerbau wurde von römischen Sachkennern geschätzt. Diesem einseitigen Bild des letzten Herrschers von Pergamon widersprechen die Inschriften, die beweisen, daß er vorübergehend auch das Schlachtfeld nicht scheute und auch einen Sieg über einige ungenannte Feinde errang. Seine letzte Überspanntheit zeigte sich am Ende. Als er 133 v. Chr. starb, vermachte er sein ganzes Königreich den Römern. Man hat für diese aufsehenerregende und beispiellose Tat verschiedene Gründe vermutet. Was auch immer der König gedacht haben mag, sein berühmtes Vermächtnis war nichts anderes als die Schlußfolgerung aus dem Gang der Ereignisse. Der römische Einfluß war während der letzten drei Regierungsjahre stetig gewachsen, die unfreiwillige Annexion Westkleinasiens durch die Römer war unausweichlich geworden. Attalos tat nicht mehr als den Prozeß zu beschleunigen.

Die Römer sollten ihre Erbschaft nicht ohne Kampf antreten. Ein gewisser Aristonikos, der für einen außerehelichen Sohn Eumenes' II. gehalten wurde, machte ihnen ihre Ansprüche streitig. Er sammelte ein großes Söldnerheer und trotzte den Römern mit beachtlichem Erfolg drei Jahre lang; auch besiegte er den gegen ihn entsandten Konsul. 130 v. Chr. wurde er geschlagen und gefangen nach Rom gebracht.

Das Königreich der Attaliden wurde daraufhin zerstückelt. Die Randgebiete wurden an geeignete Provinzen angegliedert, während der Kern die römische Provinz Asia bildete. Die Provinz umfaßte den westlichen Küstenbereich, also Mysien, Lydien, Jonien, Karien und einen Teil von Phrygien, umschloß somit alle Gebiete, die in diesem Buch behandelt werden.

Pergamon selbst blieb eine freie Stadt, wie es Attalos gewünscht hatte. Aber die Freiheit in der römischen Provinz sollte nicht so lange währen wie man geglaubt hatte. Als Mithridates, der König von Pontos, die Provinz im Jahre 88 v. Chr. angriff und sich selbst als Befreier der Griechenstädte vom römischen Joch bekannte, verband sich Pergamon sehr rasch mit ihm und diente ihm vorübergehend als Hauptquartier. Bedenkenlos beteiligte man sich am Blutbad unter den Italikern, wobei auch die Heiligkeit der Tempel mißachtet wurde. Es war der letzte Versuch der Stadt, eine von Rom unabhängige Rolle zu spielen; seitdem war die politische Geschichte von Pergamon die der römischen Provinz Asia.

Die Stadt der Attaliden ist noch nicht vollkommen ausgegraben; von den erhaltenen Gebäuden steht kein einziges in seiner ursprünglichen Größe. Dennoch ist es nicht schwer, sich ein Bild von der Stadt zu machen. Sie war auf einer Reihe von kunstvoll errichteten Terrassen erbaut. Die *große Mauer Eumenes' II.* ist am besten auf dem äußersten Gipfel des Burgberges zu sehen, wo sie in eindrucksvoller Höhe in regelmäßigem Quaderwerk verläuft.

Den *Zugang zur oberen Akropolis* bildet das **Königstor**, von dessen flankierenden Türmen nur noch die Grundsteine erhalten sind. Hinter dem Tor breiteten sich bis zur höchsten Stelle der Akropolis die **Königspaläste** aus, von denen ebenfalls nur noch Reste geblieben sind. Unmittelbar hinter dem Königstor liegen die Ruinen der berühmten **Bibliothek** von Pergamon. Sie stand hinter dem *Athenatempel;* die Verbindung ist keinesfalls zufällig, da Athena die Göttin der Weisheit war. Die Bibliothek umfaßte insgesamt fünf Räume, wahrscheinlich aber mehr. Von diesen kann man allein den östlichsten als Bücherei erkennen, da die anderen Räume nicht bis zur genügenden Höhe erhalten sind. Auf drei Seiten verläuft eine Steinbank, ungefähr 90 cm hoch und breit. Zwischen ihr und den Mauern ist ein Zwischenraum von etwa 45 cm. In der vierten Mauer befand sich die heute nicht mehr sichtbare Tür und ihr gegenüber an der Wand, aus der Steinbank ausgespart, die Statue der Athena. Eine Reihe von Löchern in der Wand hielt die Haspeln oder Haken, mit denen die Bücherregale aus Holz befestigt waren. Die Regale standen in dem Zwischenraum zwischen den Mauern und der Bank, die den unteren Teil der Regale überschnitt. Die Steinbank hatte den Zweck, Besucher von den Büchern fernzuhalten, wogegen sie von den Bibliothekswärtern erreicht werden konnten. So erklären die Ausgräber die ungewöhnliche Einrichtung dieses interessanten Raumes.
Die Bücher bestanden in klassischer Zeit aus einem fußbreiten Papyrusstreifen, der um einen Stab gerollt wurde. Der Leser hielt die Rolle in beiden Händen, entrollte mit einer Hand und wickelte während des Lesens wieder ein. Wenn dieses Verfahren auch für das Durchlesen eines Werkes geeignet war, für andere Zwecke war es völlig ungeeignet, beispielsweise um einen Hinweis zu finden. Zweifellos erklärt sich daraus, daß die Zitate des einen Schriftstellers bei einem anderen oft so ungenau sind. Die Einführung von Büchern mit Seiten, Kodex genannt, verdanken wir den Königen von Pergamon.

Bücher sammeln war bei den Attaliden zur Manie geworden. Eumenes II. und sein Nachfolger durchkämmten das Königreich nach Werken aller Art und brachten sie, mit und ohne Bezahlung, in die Hauptstadt. Der Arzt Galen, selbst ein Pergamener, sagt, daß Handschriften gefälscht wurden, um die königliche Sucht nach Büchern und noch mehr Büchern zu befriedigen. Wir erfahren, daß die Eigentümer der kostbaren Bibliothek des Aristoteles in Skepsis in der Troas sich weigerten, sie zu übergeben; sie versteckten sie unterirdisch. So gelangten Motten und Feuchtigkeit an die Bücher, deren beschädigter Zustand die Lücken im Werk des Aristoteles erklärt. Die Ergebnisse der Sammelwut waren eindrucksvoll. Die Pergamener Bibliothek soll insgesamt 200 000 Bücher gehabt haben. Wenn diese Überlieferung zu Recht besteht, müssen wir einen beträchtlichen Anbau annehmen. Das Fassungsvermögen des oben beschriebenen Raumes wurde auf etwa 17 000 Bücher geschätzt.
Der einzige Rivale für eine Bibliothek von diesen Ausmaßen war die Bibliothek von Alexandria in Ägypten; die Rivalität scheint in der Tat scharf gewesen zu sein. Ägypten war die Hauptquelle für den Papyrus. Der römische Schriftsteller Varro erzählt uns, daß Ptolemaios, eifersüchtig auf die wachsende Sammlung in Pergamon, den Papyrusexport verbot. Da die Könige von Pergamon nicht länger auf Papyrus schreiben lassen konnten, wählten sie zu diesem Zweck Häute, wie es die Jonier schon lange vor ihnen getan hatten. Von diesem »Pergamener Papier« kommt unser Wort Pergament. Da Häute dicker und schwerer als Papyrus waren, waren sie weniger geeignet für Rollen; man verwendete sie vorzugsweise für Bücher mit Seiteneinteilung. Dieser neue Büchertyp war teurer, erfreute sich aber bald allgemeiner Beliebtheit. Mehrere Jahrhunderte hindurch bestanden beide Bücherarten gleichzeitig nebeneinander. Aber die größere Bequemlichkeit des Kodex verdrängte die Papyrusrollen. Die Entwicklung des Papiers in der Neuzeit ermöglichte, den Vorteil beider Arten zu nutzen.
Die Rivalität zwischen den beiden großen Bibliotheken erlosch, als die Pergamener Bibliothek Antonius übergeben wurde; er übereignete sie Kleopatra, die andere Dinge im Kopf hatte als Bücher zu lesen. Die Bücher gelangten nach Alexandria, wo sie in verringertem Bestand bis in das 7. Jahrhundert n. Chr. bewahrt wur-

den. Dann ordnete Kalif Omar oder sein Stellvertreter Amr ibn el-Ass die endgültige Zerstörung der Bibliothek an, weil man glaubte, daß jedes mit dem Koran unvereinbare Buch gottlos sei.

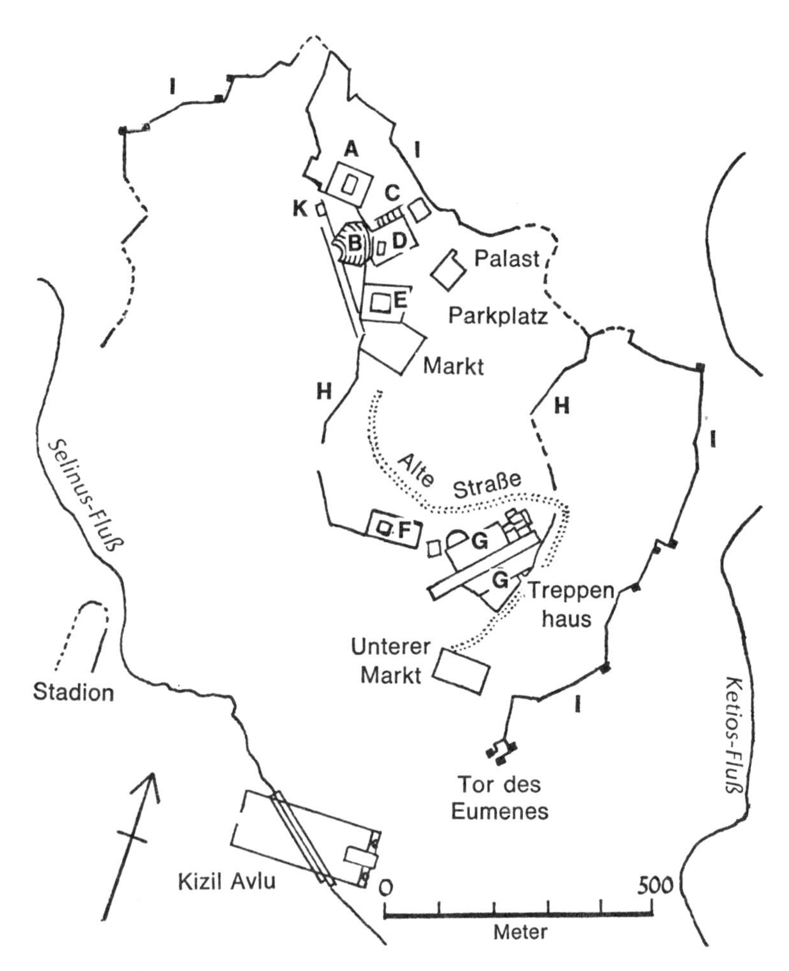

Abb. 10 Plan von Pergamon

A Tempel des Trajan / B Theater / C Bibliothek / D Athena-Heiligtum E Zeusaltar / F Demeter-Heiligtum / G Gymnasion / H Innere Stadtmauer I Äußere Stadtmauer / K Jonischer Tempel

Etwas unterhalb der Höhe des Burgberges stand als ebenfalls berühmtes Denkmal der **Zeusaltar.** Man sieht heute an Ort und Stelle nur noch die Grundmauer; aber es sind genug Bildwerke und Architekturstücke gefunden worden, die das Bauwerk insgesamt wiederherzustellen gestatten würden. Der Grundriß von 36,44 x 34,20 m bildet ein großes Viereck mit Mauerkreuzen, das an eine Waffelform erinnert, wie ein moderner Autor schreibt. Darauf stand eine feste Plattform, die wir auch als Podium bezeichnen können, an die 6 m hoch. Auf drei Seiten war dieses Podium von einer Mauer begrenzt, die vierte Seite öffnete sich nach Westen in einer breiten Freitreppe. Auf den Umfassungsmauern stand eine Säulenhalle, die einen Innenhof bildete; hier befand sich der Altar. Die Außenmauer des Podiums war mit dem berühmten Fries geschmückt, der den Kampf zwischen den Göttern und Giganten darstellt; die Reliefblöcke, in einer späteren Mauer verbaut, sind jetzt wieder im Berliner Pergamon-Museum aufgestellt. Der Fries mit der Gigantenschlacht versinnbildlicht die Verteidigung der Kultur durch die Pergamener Könige gegen die Kelten. Ein zweiter Fries schmückte die Innenmauer der dem Hof zugewandten Säulenhalle. Er stellt die mythische Geschichte des Telephos dar, der in diesem Gebiet zur Zeit des Trojanischen Krieges herrschte und später als Vorläufer der Pergamenischen Könige erwählt wurde. Dieser Altar mit seinem Fries ist ein Meisterwerk der pergamenischen, vielleicht der ganzen hellenistischen Kunst (Tafel 6 oben).

Man hat vermutet, daß dieser Altar des Zeus der Thron des Satans in der Geheimen Offenbarung ist, erwähnt im Brief an die Kirche von Pergamon. »Ich weiß, Du wohnst dort, wo der Thron des Satans ist«. Aber diese Vermutung ist recht unwahrscheinlich. Der Satan der Apokalypse, der Feind der Christenheit wird nicht so sehr durch die alte griechische Religion vertreten als vor allem durch die römische Macht, die zu dieser Zeit einen schweren Stand gegenüber dem Christentum hatte, und durch den römischen Kaiserkult. Wenn sich der Thron des Satans auf ein einzelnes Gebäude in Pergamon bezieht, dann mehr auf den Tempel der Roma und des Augustus; aber wahrscheinlich meinen die Worte nichts anderes als einfach »wo der Hauptsitz der römischen Staatsmacht ist«.

Nahe dem Zeusaltar liegt das **Griechische Theater,** die sehenswerteste Anlage im heutigen Pergamon. Es ist in die Steilseite des Burgberges hineingebaut und nach Südwesten orientiert. Gewöhnlich umfaßt der Zuschauerraum in einem griechischen Theater etwas mehr als ein Halbrund, in einem römischen Theater genau ein Halbrund; in Pergamon bildet er der Bodenbeschaffenheit entsprechend weniger als einen Halbkreis. Dafür dehnt er sich in außergewöhnlicher Höhe aus; er hat siebenundachtzig Sitzreihen, die durch zwei Diazomata in drei horizontale Abschnitte geteilt werden (Tafel 8 oben und unten).
Unmittelbar am Fuß des Theaters erstreckt sich eine lange Terrasse, so daß das *Bühnengebäude* auf der Terrasse steht. Die älteste Theateranlage in der Frühzeit des Attalidenreiches hatte als Bühnengebäude nur eine vorübergehende Holzkonstruktion; sie war nur für die Aufführungen bestimmt und wurde beseitigt, wenn das Theater nicht gebraucht wurde. Dem Holzbau dienten die Pfostenlöcher, die ein auffälliges Merkmal des Theaters in seinem heutigen Zustand sind. In der spielfreien Zeit wurden sie mit Decksteinen verkleidet. In jener Zeit gab es keine Bühne; die Aufbauten für die Aufführung befanden sich auf dem Boden der Orchestra. Um die Mitte des 2. Jahrhunderts v. Chr. wurde das Bühnengebäude aus Holz durch ein ständiges Steingebäude ersetzt mit einer Bühne, die die alten Pfostenlöcher verdeckt, ohne sie zu zerstören. Später wurde das Bühnengebäude aus Stein in römischer Zeit erneuert und vergrößert. Von diesem Steinbau ist nur noch sehr wenig vorhanden.

Der beachtliche **Jonische Tempel** am Nordende der Theaterterrasse ist verhältnismäßig gut erhalten. Die Mauern stehen noch hoch an, und die Steinstufen vor der Fassade sind noch an ihrer alten Stelle. Von den Säulen und der Bauornamentik sind beachtliche Reste übriggeblieben. Der heutige Tempel ist ein Nachbau aus römischer Zeit; der ursprüngliche Tempel geht jedoch zurück in das 2. Jahrhundert v. Chr. Wir wissen nicht, welcher Gottheit er geweiht war, da sich von der Weihinschrift lediglich fünf Buchstaben gefunden haben. Vorgeschlagen wurden Asklepios, Zeus und die vergöttlichten Könige von Pergamon; der enge Zusammenhang zwischen Tempel und Theater legt jedoch eine Weihung an Dionysos nahe, zu dessen Ehren Theateraufführungen stattfanden. Der Tempel wurde einmal stark durch Feuer zerstört und wurde wahrscheinlich dem römischen Kaiser Caracalla wiedergeweiht. Reste der zweiten Weihung wurden während der Ausgrabungen gefunden. Die Schriftzeichen auf den Treppen der Westseite waren Steinmetzzeichen, die die richtige Lage der Blöcke beim Aufbau anzeigen sollten; sie waren der Sicht durch die aufliegenden Steine entzogen. Der Altar des Tempels stand wie gewöhnlich vor dem Gebäude an der untersten Stufe. An der Südostecke befindet sich ein merkwürdiger kegelförmiger Stein, heute unter der Erde, mit einer tiefen Aushöhlung an der Oberfläche; sie mag einen Pflock für das Anbinden der Opfertiere gehalten haben.

Etwas unterhalb des Burgberges befindet sich der Bezirk der Demeter. Man kann ihn von Osten durch ein *Propylon* aus der Zeit Eumenes' II. betreten. Stufen führten in das Heiligtum. Die Säulen des Propylon sind ungewöhnlich. Sie haben das seltene Blatt-Kapitell, das anderswo nur in archaischer Zeit gefunden wurde und in hellenistischer Zeit nicht mehr üblich war; die Schäfte sind flach gearbeitet, nur unten kanneliert. Die gewöhnliche Form der Basis fehlt. Am Westende des Bezirks liegt der **Tempel der Demeter** mit dem Altar vor dem Gebäude. Tempel und Altar stammen aus den Tagen des Philetairos, zu dessen Zeit der Bezirk außerhalb der Mauer lag. Die Weihinschrift kann man noch lesen. An der Nordseite des Heiligtums verläuft ein langes Gebäude, dessen westlicher Teil eine Säulenhalle ist, während der östliche Teil neun Reihen von Steinsitzen enthält; sie gewährten Platz für über tausend Leute. Ähnliche Sitze wurden in der Einweihungshalle des Heiligtums der Demeter von Eleusis in Attika gefunden; sie dienten der Einführung in die heilige Schau der Mysterienriten. Dasselbe war zweifellos in Pergamon der Fall (Tafel 7 unten).

Die Eleusinischen Mysterien bildeten einen wichtigen Bestandteil der Orphischen Religion, die in klassischer Zeit stark mit dem offiziellen Olympischen Kult konkurrierte. Ihre Lehre bezog sich vor allem auf das Leben im Jenseits. Vielen Menschen erschien die überlieferte Auffassung vom Hades als kalter und freudloser Aufenthaltsort der Verstorbenen ungenügend, und man glaubte, mittels eines Kultrituals in Verbindung mit körperlicher und seelischer Reinigung sich ein besseres Los nach dem Tode sichern zu können.

Das Kultritual wurde vor allem mit Demeter verbunden, deren Name wahrscheinlich die Mutter Erde bezeichnet; die feierliche Einweihung war ein Hauptakt. Niemand durfte teilnehmen, der unter einem Fluch oder im Zustand der Befleckung stand; nicht nur freie Bürger, auch Frauen und Sklaven waren zugelassen. Die Einzelheiten des Zeremoniells wurden, außer vor den Eingeweihten, geheimgehalten, und die Mysterien sind heute noch rätselhaft. Rituelle Reinigung spielte eine wichtige Rolle; wir wissen auch, daß bestimmte Handlungen aufgeführt wurden und heilige Gegenstände gezeigt wurden. Es ist unwahrscheinlich, daß ein genaues Dogma gelehrt wurde, da Dogmenlehre in der griechischen Religion abgelehnt wurde.

Am Weg vom Demeterbezirk liegt das **Große Gymnasion,** eines der schönsten Beispiele seiner Art in der griechischen Welt. Es gliedert sich in drei Teile, von denen sich jeder auf einer eigenen Terrasse befindet. Diese wurden, wenn auch nicht ausschließlich, jeweils der Jugend zugewiesen, worunter vor allem das Alter zwischen 19 und höchstens 30 Jahren verstanden wurde. *Die oberste Terrasse*, die der jungen Männer, ist bei weitem die größte von den drei Anlagen. Es handelt sich um einen offenen Rechteckhof, der auf drei Seiten von einer Säulenhalle umgeben war. Es war die Palaestra, bestimmt für Ringkämpfe und andere athletische Übungen. Längs der Nordseite befinden sich drei gutgebaute Räume. Der westlichste von ihnen hat die Form eines kleinen Theaters; es handelt sich um einen Vorlesungsraum, der jedoch nicht für Aufführungen bestimmt war, wie das Fehlen der Bühne zeigt. Das Gymnasion in einer alten Stadt diente nicht nur Körperübungen, sondern auch als Schule und Universität; es war üblich, berühmte Redner von anderen Städten zu Vorlesungen einzuladen. Ein solcher konnte in das Vorlesungstheater von Pergamon leicht tausend Besucher ziehen.
Der anschließende Raum nach Osten ist der größte. Es handelt sich um die *Zeremonialhalle*, die für feierliche Preisverteilungen und ähnliche offizielle Anlässe gebraucht wurde. Östlich reiht sich ein anderer Raum an, der nach einer Inschrift dem Kaiserkult in römischer Zeit diente; es war eine Art von Schulkapelle. Östlich der *Palaestra* findet sich eine *ausgedehnte Badeanlage* von gewöhn-

lichem römischen Typus. Das Wasser dafür und für andere Zwecke floß in Röhren von den Bergen im Norden und wurde durch Druck auf den Burgberg geleitet. Diese Anlage wurde zuerst von Eumenes II. im 2. Jahrhundert v. Chr. geschaffen und ist in ihrer Art sehr eindrucksvoll in einer Zeit vor den römischen Wasserleitungen. Die kleineren Räume um die Palaestra dienten als Schulräume und Ankleideräume. Einer von ihnen enthielt Wasserbecken. Längs der Südseite der oberen Terrasse verläuft ein langes, enges, ursprünglich unterirdisches Gebäude, dessen Zweckbestimmung wir nicht kennen; es diente aber wahrscheinlich nicht den Athleten.

Die Mittelterrasse ist nicht so ausgedehnt wie die obere und hat weniger Merkmale. An der Mitte des Ostendes liegen die Grundmauern eines Tempels, der einer oder zwei Gottheiten geweiht war, welche in allen Bereichen der griechischen Welt als Schutzherren für die Tätigkeit im Gymnasion galten; es waren Herakles und Hermes. Entlang der Nordkante dieser Terrasse war ein langes schmales Gebäude, das wie die ähnliche Anlage an der Südseite der oberen Terrasse angelegt war. Es war zweistöckig. Das Untergeschoß bildet eine lange Passage mit kleinen Räumen am östlichen Ende. Darüber befand sich im ersten Stock ein bedecktes Stadion, Xystos genannt, bestimmt für Innenübungen während des Winters. Das eigentliche *Stadion*, wo die Spiele im Sommer abgehalten wurden, lag in der westlichen Unterstadt zwischen dem Fluß und dem Amphitheater; an dem langgestreckten Hügelzug sind jedoch keine Reste mehr zu erkennen.

Die unterste Terrasse ist noch kleiner und hat Dreieckform. Sie besaß keine Gebäude und war ein einfacher Spielplatz für die Knaben. Nahe dem Ostende befindet sich ein stattlicher bedeckter Treppengang, gut erhalten, der zur mittleren Terrasse führt. Der alte Weg auf den Burgberg führt am Anfang dieses Treppengebäudes vorbei. Da die untere und die mittlere Terrasse keine Unterrichtsräume hatten, müssen Knaben und Jünglinge in den Räumen der oberen Terrasse unterrichtet worden sein. Die drei Terrassen bildeten ein einziges großes Gymnasion.

Die **Unterstadt von Pergamon** wird heute zum größten Teil von der Stadt Bergama eingenommen. Die eindrucksvollste Ruine in der modernen Stadt ist die *Ziegelsteinruine* des sogenannten *Kizil*

Avlu, der Roten Halle; es handelt sich um ein Monument römischer Größe, das wegen seiner Anlage und wegen seines beachtlichen Umfangs bemerkenswert ist. Der Kernbau (58 x 26 m) besteht aus der großen, ursprünglich dreischiffigen Halle oder dem Tempel, der noch gut erhalten ist. Die Seitenschiffe besaßen Emporen. Das Mittelschiff war durch eine halbrunde Apsis über einer Krypta abgeschlossen; südlich und nördlich neben dem Bau befanden sich zwei kuppelbedeckte Rundbauten, die als Thermen dienten. Von den Säulenstellungen ist kaum noch etwas übrig, aber inmitten jedes Hofes ist ein langes, schmales Badebecken, dem einst durch Röhren heißes und kaltes Wasser zufloß. Vor der ganzen Anlage erstreckt sich der riesige Hof (260 x 110 m), der heute sehr überbaut ist. Die Mauer mit dem Eingangstor kann noch zwischen den Häusern an der Hauptstraße ausgemacht werden. Bemerkenswert ist, daß dieser Vorhof über dem Fluß Selinus erbaut ist, der in einem gewölbten Doppeltunnel darunter fließt; das Gewölbe erfüllt noch heute seinen Zweck (Tafel 6 unten, 7 oben).

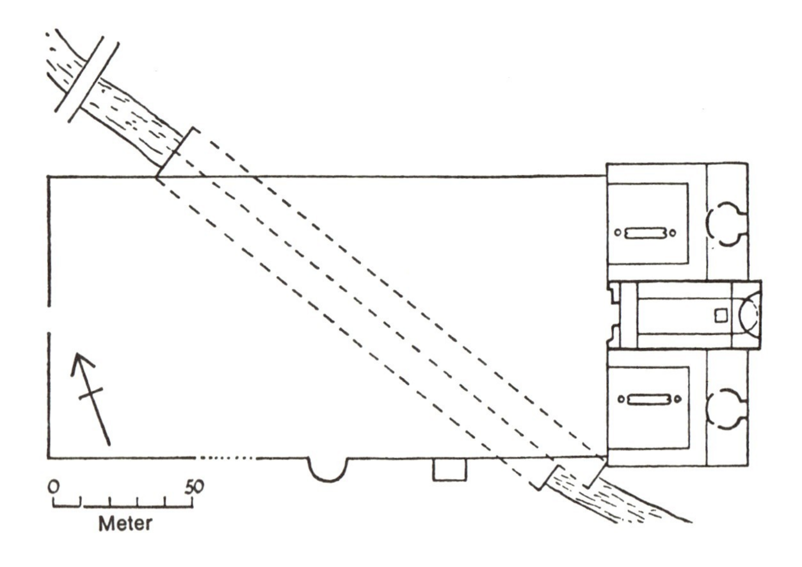

Abb. 11 Plan von Kizil Avlu

9

Oben: Myrina Öteki Tepe im Hintergrund

Mitte: Hierapolis Tumulusgräber in der Nekropole

Unten: Elaea Antiker Kai

10

Oben: Pitane
Venezianisches
Kastell

Unten: Phokaea
Taş Kule,
Grabmal
an der Straße
nach Eski Foça

Dieses riesige Gebäude war zweifellos ein *Heiligtum*, aber es fehlt jeder Beweis dafür, welcher Gottheit es gehörte. Die drei Schiffe deuten wahrscheinlich auf mehrere Götter; gewisse ägyptische Anzeichen an Statuen, die südlich davon gefunden wurden, ließen die Vermutung aufkommen, daß es sich um die ägyptische Trias Isis, Serapis (auch Sarapis) und Harpokrates handelt. Das Gebäude stammt wahrscheinlich aus dem 2. Jahrhundert n. Chr. Im Mittelschiff wurde später eine Kirche eingerichtet; zu ihr gehört der heutige erhöhte Fußboden.

DAS ASKLEPIEION

Zu den anziehendsten Stätten von Pergamon gehört das Asklepieion. Es liegt im Südwesten außerhalb der Stadt und ist von deutschen Archaeologen bewundernswert ausgegraben worden. Während des Druckes dieses Buches dauerten die archaeologischen Untersuchungen noch an. Hier kann sich der Besucher mehr als an anderen Plätzen unmittelbar in das Altertum einfühlen (Taf. 5 ob.). Die Heilkunst stand wie so vieles im Leben der Antike – öffentliche Versammlungen, Schauspiel und Sport – unter göttlichem Schutz. Für die alten Griechen war die Religion ein wesentlicher Bestandteil des täglichen Lebens. Viele Götter hatten Heilkraft, doch nicht alle. Aber der Heilgott par excellence war Asklepios. In der Ilias ist Asklepios noch kein Gott, sondern ein menschlicher Arzt, dessen Söhne Podaleirios und Machaon als Sanitätsoffiziere im Heere vor Troja dienten. Kaum vor dem 5. Jahrhundert wurde sein Kult in das Olympische Pantheon aufgenommen. Einmal angenommen, wurde der Kult bald volkstümlich; in späterer Zeit kennen wir über 200 Heiligtümer des Asklepios in allen Teilen der Welt. Das größte und berühmteste befand sich in Epidauros auf der Peloponnes; von hier wurde der Kult durch einen dankbaren Patienten nach Pergamon gebracht. In römischer Zeit gewann das Pergamenische Asklepieion eine Bedeutung, die an die von Epidauros heranreichte. Unser ständig kranker Freund Aristides war ein häufiger Besucher. Mehrere seiner Schriften sind unmittelbar damit verbunden; in seinen Erzählungen von den wunderkräftigen Kuren, die Asklepios in seinem Falle durchführte, gibt er uns ein anschauliches Bild.

Die in Pergamon und an anderen Orten geübte Heilkunst war eine merkwürdige Mischung von Irrationalem und praktischer Medizin. Das Hauptmerkmal war die Inkubation, der Tempelschlaf: der Kranke schlief im Tempel und erwachte gesund oder teilte seine Träume den Priestern mit, die ihm eine mehr oder weniger aufwendige Behandlung vorschrieben. Waren die Träume ungenau, wie es bei Aristides oft der Fall ist, so blieb die Deutung den Priestern überlassen, die als Ärzte wirkten; es gab auch nichtgeistliche Ärzte, die mit ihrem Rat zu helfen bereit waren. Galen, der berühmteste Arzt des Altertums nach Hippokrates, stammte aus Pergamon und wirkte im Asklepieion, was ihm großen Ruhm einbrachte. Die vorgeschriebene Behandlung scheint insgesamt sehr einfühlsam gewesen zu sein und stellt der Heilkunst ein gutes Zeugnis aus, wenn wir berücksichtigen, wie beschränkt das medizinische Wissen im Altertum war. Sie bestand hauptsächlich aus drei Teilen: Diät, heiße und kalte Bäder sowie Übungen. Ein charakteristisches Beispiel bietet der Fall eines Mannes aus Mylasa, der mit Verdauungsstörungen zu Asklepios nach Epidauros kam. Er wurde auf Diät gesetzt mit Brot und Käse, Petersilie und Lattich, Milch und Honig. Außerdem mußte er barfuß gehen, täglich eine Strecke laufen, sich mit Lehm beschmieren und sich mit Wein abreiben, bevor er ein heißes Bad nahm. Die Behandlung war erfolgreich; seine dankbare Weihinschrift ist als Zeugnis auf uns gekommen.

Sich mit Lehm zu beschmieren, war auch in Pergamon üblich. Aristides erzählt uns, daß er in einer kalten Winternacht auf göttliche Anweisung mit Lehm beschmiert dreimal um den Tempel rennen mußte, um danach den Lehm an der heiligen Quelle abzuwaschen. Es war so kalt, daß man auch in Kleidern unmäßig fror; von zwei Freunden, die ihn freiwillig begleiteten, kehrte einer sogleich um, während der andere in einen Krampf verfiel, so daß er ins Bad zurückgebracht werden mußte, um sich aufzuwärmen. Die Konstitution des Aristides muß außergewöhnlich gut gewesen sein, trotz seiner ständigen Krankheit, wenn wir den Kuren glauben dürfen, denen er sich unterziehen mußte. Bei einer anderen Gelegenheit forderte ihn Asklepios nach vierzig Tagen Frost auf, aufzustehen und sich nur mit einem Leinenschurz bekleidet an der Quelle draußen zu waschen. Es war schwierig, Wasser zu finden, da alles gefroren war und selbst das Wasser vor dem Wasserspeier zu Eis wurde. Dennoch führte er den göttlichen Befehl aus und spürte die Kälte weniger als andere. Als er einmal mitten im Winter in Smyrna war, erschien ihm der Gott im Traum und befahl ihm, zum Fluß außerhalb der Stadt hinabzugehen und zu baden. Die Kälte war diesmal so streng, daß die Kiesel des Flußbettes gefroren waren; aber als er sich in die tiefste Stelle des Flusses gestürzt hatte und dort eine Zeitlang geschwommen war, fühlte er eine aufsteigende Wärme in sich, die den ganzen Tag anhielt. Die erstaunten Zuschauer konnten sich nicht enthalten, laut die Größe des Asklepios zu preisen.

Aristides war sehr beeindruckt von der offensichtlich widersprüchlichen Natur der Kuren. Er muß in Pergamon eine recht bekannte Erscheinung gewesen sein. Die Priester erkannten zweifellos besser als er selbst, wieviel seine Konstitution aushalten konnte und wie eingebildet seine Unpäßlichkeiten waren. Andere Behandlungsweisen, die ihm sehr widerspruchsvoll erschienen, bestanden im Trinken von Schierlingsaft oder von Kreidewasser; Verstopfung kurierte man durch eine Hungerkur. Man erzählte sich von dem Sophisten Hermokrates aus Phokaea, daß er einmal vor dem Kaiser vortrug, der so erfreut war, daß er ihn nach einer Entlohnung fragte. Hermokrates antwortete, daß er nach der Weisung des Asklepios ein Rebhuhn, gedämpft in Weihrauch, essen solle. Weihrauch war schwer zu bekommen, und er wollte den Kaiser um eine entsprechende Unterstützung bitten. Aristides erzählt uns auch, daß Asklepios einmal im Traum einen Boxer Tricks gelehrt habe, um einen stärkeren Gegner zu überwinden.

Viele der dem Asklepios zugeschriebenen Heilungen sind reine Wundererzählungen. In Epidauros standen im Heiligtum des 4. Jahrhunderts v. Chr. Marmorinschriften mit Berichten über die vollzogenen Heilungen; einige sind uns überkommen. Wir lesen von einer Frau, die fünf Jahre schwanger war; sie schlief im Heiligtum und schenkte beim Erwachen am Morgen sofort einem fünfjährigen Sohn das Leben. Eine andere Frau kam nach Epidauros in der Hoffnung auf Nachkommenschaft. Von Asklepios in einer Vision nach ihrem Anliegen befragt, gab sie zur Antwort, sie wünsche ein Kind zu empfangen. Weitere Wünsche verneinte sie und betonte, sie wünsche sich nichts anderes auf der Welt. Danach wurde sie schwanger und blieb drei Jahre lang in diesem Zustand. Als der Gott wieder erschien, machte er sie darauf aufmerksam, daß sie auf seine Frage hin nichts von der Geburt gesagt habe. Das Thema des unbedachten Wunsches war im Altertum weit verbreitet, wie die Geschichte von Midas zeigt, der alles, was er berührte, zu Gold werden lassen wollte, oder die Überlieferung von Tithonios, der sich ewiges Leben ohne ewige Jugend wünschte. Ergötzlich ist in Epidauros die Geschichte von einem gewissen Pandaros. Es handelt sich offenkundig um einen Sklaven, der auf der Stirn tätowiert war; er kam zu Asklepios mit der Bitte, ihn davon zu befreien. Während der Nacht wickelte der Gott ein Band um seinen Kopf und forderte ihn auf, es am Morgen zu entfernen und im Tempel niederzulegen. Am nächsten Morgen sah man, daß die Tätowierung auf die Bandage übergegangen war. Kurz danach kam ein Freund des Pandaros namens Echedoros, der ähnlich tätowiert war, mit dem gleichen Anliegen; er brachte Geld vom dankbaren Pandaros mit der Weisung, es dem Gott in seinem Namen zu stiften. Dieser Verpflichtung kam Echedoros schnöderweise nicht nach. Als der Gott ihm in der Nacht erschien und ihn fragte, ob er nicht Geld von Pandaros erhalten habe, leugnete er. Als Antwort auf sein Anliegen, die Tätowierung zu entfernen, nahm der Gott die von Pandaros geweihte Binde und band sie um den Kopf des Echedoros mit der Aufforderung, sie am Morgen zu entfernen und sich im heiligen Wasserbecken zu spiegeln. Als er entsprechend gehandelt hatte, fand er die Binde frei von den Tätowierungszeichen, dafür aber zusätzlich die Zeichen des Pandaros auf der eigenen Stirn.

Diese Erzählungen wurden von den Priestern gesammelt und weitergegeben; sie sind nicht so zuverlässig wie die Weihinschriften geheilter Patienten. Wenn jemand aber die Erzählungen als mythisch betrachten will, so muß er sich in acht nehmen. So erging es einem Mann, der nach Epidauros mit einer verdorrten Hand kam. Er las bei seinem Rundgang durch das Heiligtum die Wunderheilungen, spottete über sie und erklärte sie für unmöglich. Um ihn zu überzeugen, heilte Asklepios seine Hand, bestrafte ihn aber damit, daß er sein Leben lang den Namen »Zweifler« tragen mußte; der Fall wurde auf einer Stele verzeichnet.

Der Kult des Asklepios mag teilweise an Lourdes erinnern. Aber wie die Ergebnisse auch erzielt wurden, ob durch Autosuggestion, Gläubigkeit oder vernünftige ärztliche Maßnahmen, sie waren sehr volkstümlich. Eine wichtige Rolle spielte dabei sicherlich die enge Begegnung mit der Gottheit. Das Asklepieion war kein Kurort, noch weniger ein Krankenhaus, sondern ein Heiligtum öffentlicher Religion, das allen offenstand, kranken und gesunden Menschen, Bürgern oder Fremden. Aristides erzählt uns mehr als einmal, daß die ihm verordnete besonders unwürdige Behandlung durch den Gott vor einer großen Zahl von Zuschauern erfolgte und viel Unterhaltung lieferte.

Natürlich konnten nicht alle Patienten über Nacht geheilt werden, auch nicht nach einer Reihe von Tagen; oft waren verlängerte Kuren notwendig. Ein Jahr scheint die gewöhnliche Zeit gewesen zu sein. Wir wissen nicht, wo die Patienten wohnten. Für schwere Fälle war eine Unterbringung am Ort erforderlich; aber die Ausgrabungen haben bisher kein Gebäude gesichert, das eindeutig diese Zweckbestimmung hatte. Patienten, die sich nicht bewegen konnten, wurden vielleicht in den Inkubationsräumen gelassen. Gegen die Gefahr der Langeweile in weniger schweren Fällen hatte man gute Abhilfe; das Heiligtum besaß ein Theater und eine Bibliothek. Langeweile gab es kaum. Täglich war das Heiligtum voll von Patienten und Zuschauern. Wir müssen uns gelehrte Männer wie Galen und andere vorstellen, alle begleitet von einer Zuhörergruppe, auf und ab gehend, die Priester wohlwollend zugänglich allen und jedem, und schließlich die Patienten im Gespräch miteinander. In einer Gesellschaft mit Sklaven gab es genügend Muße, und die Griechen wußten sie zu nutzen.

Die **Ruinen des Asklepieion,** wie sie heute nach den Ausgrabungen stehen, gehören vorwiegend in die große Wiederaufbauzeit des 2. Jahrhunderts n. Chr. Aus älterer Zeit ist nur der ursprüngliche Kern der Anlage geblieben, der heilige Brunnen, die Grundmauern des Tempels und die Inkubationsräume östlich und südlich davon. Die letzten Ausgrabungen haben ältere Gebäude freigelegt; doch muß die Veröffentlichung abgewartet werden. Die meisten Reste stammen aus der Zeit des Aelius Aristides; doch die von ihm erwähnten Gebäude sind nicht gesichert.

Man betritt das Heiligtum wie im Altertum durch das Eingangstor, die *Propylaeen.* Ein *heiliger Weg* führte von der Unterstadt zum Torgebäude; ein gutes Stück dieser Straße ist kürzlich freigelegt worden. Unmittelbar rechts gegen Norden befand sich die *Bibliothek.* Es handelt sich um einen Viereckraum mit Wandnischen. In der mittleren Nische der Ostseite stand eine Statue des Kaisers Hadrian, des Schutzherrn der Bibliothek; die anderen Nischen enthielten Bücher. Eine Fensterreihe über den Nischen spendete das notwendige Licht, so daß man lesen konnte. Es gibt keine Anhaltspunkte dafür, daß es sich um eine medizinische Bibliothek handelte; eher war es eine Sammlung klassischer Werke zum Gebrauch für die Patienten. Die Statue war wie das ganze Gebäude wahrscheinlich von einer Frau namens Flavia Melitena gestiftet worden.

Anschließend an das Propylon liegt auf der anderen Seite der *Rundtempel des Zeus-Asklepios,* der Haupttempel des Bezirks. Nur die untersten Steinreihen sind geblieben; die Ausführung ist bemerkenswert (Tafel 5 unten). An der östlichen Außenwand befand sich eine Treppe, über die man auf das Dach gelangen konnte. Vorn war eine Treppe symmetrisch zu der des Propylon angelegt. Die Identifizierung des Asklepios mit Zeus ergibt sich zwangsläufig aus Aristides. Er erklärt, die Macht Asklepios sei groß, vielfältig und allumfassend, vergleichbar mit der des Zeus selbst. In diesem Tempel stiftete Aristides einen Dreifuß zum Gedächtnis an eine von ihm zu Ehren des Gottes veranstaltete Choraufführung. Jeder der drei Füße trug ein goldenes Bild: des Asklepios, der Hygieia und des Telesphoros. Der Dreifuß stand unter der rechten Hand des Gottes. Hygieia, die personifizierte Gesundheit, und Telesphoros, der Vollender, über den später noch mehr gesagt werden soll, waren kleinere Gottheiten, die mit Asklepios verbunden waren.

Im Norden, Westen und Süden war das Heiligtum mit Säulenhallen ausgestattet. Diese sind ein ständiges Wahrzeichen griechischer öffentlicher Architektur; sie boten Schutz gegen die Sonne im Sommer und gegen den Regen im Winter. Am besten erhalten ist die *nördliche Säulenhalle,* wo die jonischen Säulen nach der Grabung wieder aufgestellt worden sind. Die ersten zehn Säulen, ursprünglich mit jonischen Kapitellen, wurden wahrscheinlich durch das Erdbeben des Jahres 178 n. Chr. zerstört und durch Säulen mit Viereckbasis und Kompositkapitell ersetzt.

Im Westen dieser Säulenhalle liegt ein kleines *Theater*. Es hat die Halbkreisform, die für römische Anlagen dieser Art typisch ist. Der Zuschauerraum ist durch Treppen in fünf keilförmige Abschnitte und horizontal durch einen Umgang, das Diazoma, gegliedert. Eine »königliche Loge« nimmt drei Reihen des Mittelabschnittes ein. Das *Bühnengebäude* stand ursprünglich drei Stockwerke hoch und hatte vorn eine über einen Meter hohe Bühne. Eine Inschrift verzeichnet, daß das Theater Asklepios und Athena Hygieia geweiht war. Es faßt über 3500 Zuschauer; da die Patientenzahl zu keiner Zeit so groß gewesen sein kann, muß es allgemein zugänglich gewesen sein.

Die *westliche Säulenhalle* war ähnlich wie die nördliche; doch ist nichts von ihr erhalten. In der Mitte der Halle befand sich ein Tor, von der Stufen zu einem noch nicht ausgegrabenen Gebäude führten[1].

Die zweistöckige *südliche Säulenhalle* ist ganz zerstört. Sie war durch einen Unterbau gestützt, der das abschüssige Gelände ausglich. An der Südwestecke der Säulenhalle befindet sich ein interessantes Beispiel für eine *antike Latrine*. Der größere, für Männer bestimmte Raum war mit über dreißig Marmorsitzen ausgestattet; in der Mitte der Decke war ein Licht- und Luftloch gelassen mit korinthischen Säulen an den Ecken. Diese aufwendigen Latrinen sind charakteristisch für diese Periode. Wiewohl sie weniger privat erscheinen als wir heute wünschen, sind sie schön gebaut und hervorragend ausgestattet. Der Frauen-Raum ist kleiner und weniger prächtig.

Den *Mittelpunkt des Heiligtums* und des Kultes bildet *der heilige Brunnen*. Er lag in einem einfachen Gebäude und wurde durch eine Rohrleitung aus einer Quelle gespeist. Die Patienten gingen nicht ins Wasser, sondern schöpften es zum Baden, aber mehr noch zum Trinken. Aristides ist begeistert von der Heilkraft des Wassers und widmet eine ganze Schrift seinem Lob. Er berichtet, daß der Brunnen immer voll war, kalt im Sommer und warm im Winter; durch das Baden wurden Augenleiden geheilt, Erkrankungen der Brust, Asthma und Fußleiden durch Trinken auskuriert. Ein-

[1] Vor der Drucklegung kam die Nachricht, daß die Ausgrabung begonnen hat; es handelt sich um das Gymnasion des Heiligtums.

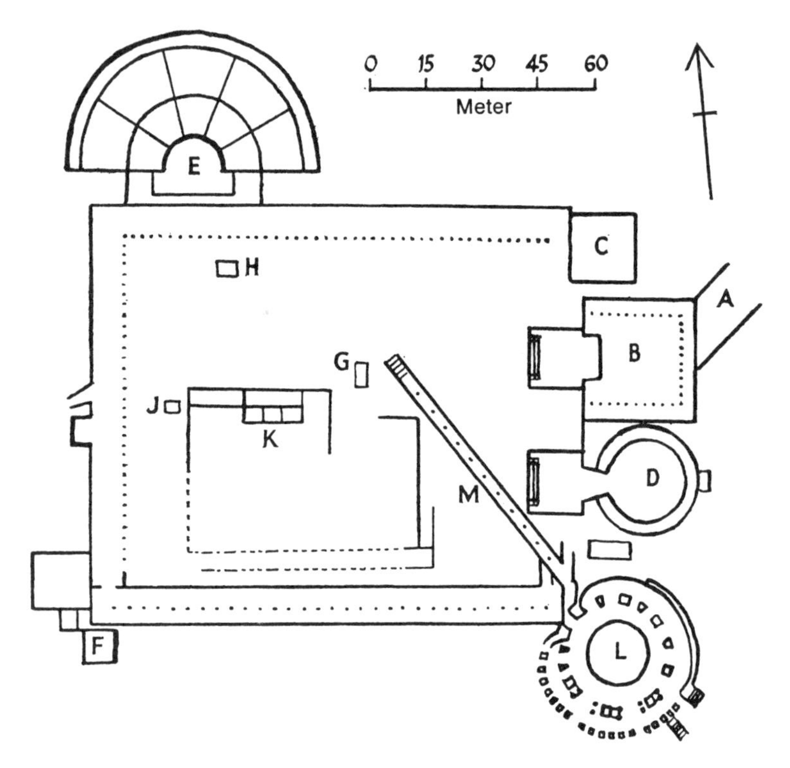

Abb. 12 Plan des Asklepieion von Pergamon

A Heilige Straße / B Propylon / C Bibliothek / D Tempel des Zeus-Asklepios E Theater / F Latrine / G Heilige Quelle / H u. J Quellen / K Inkubationsräume / L Rundbau / M Unterirdischer Gang

mal erlangte ein Tauber, der das Wasser trank, seine Sprache wieder. Das Brunnenwasser war nicht heilig in der Weise wie in Delos, weil man es nicht berühren durfte, sondern heilig in dem Sinn, daß es mit des Gottes Hilfe allen nützte, die davon Gebrauch machten.

Es gab noch *zwei andere Quellen* in dem Heiligtum, die beide eine Rolle bei Erkrankungen spielten. Eine liegt nahe dem Theater (H auf dem Plan). Sie besaß eine Marmoreinfassung ohne Dach und wurde wahrscheinlich von Patienten benutzt, denen eine Kaltwasser-Behandlung verschrieben war. Die andere (J auf dem Plan) lag vor der Mitte der Westseite; es handelt sich um einen Felsschacht, der ursprünglich überdacht war. Im Winter und bei Regenwetter sammelte sich Lehm um diese Stelle. Die Ausgräber vermuten, daß sich die Patienten mit dem Lehm einrieben, den sie dann im Becken abwuschen. Wenn dies der einzige Zweck des Beckens war, so muß die Lehmkur sehr beliebt gewesen sein, da die nach unten führenden Stufen tief abgetreten waren.

Nahe dem heiligen Brunnen auf der Südseite lagen die *Inkubationsräume*. Nur die Grundmauern sind übriggeblieben, und wir können die Einzelheiten der Anlage nicht rekonstruieren. Die Inkubation war ein strenges Ritual; Einzelheiten erfahren wir aus einer verstümmelten Inschrift. Die Heilsuchenden mußten sich vor dem Eintreten waschen und weiße Kleider tragen, doch ohne Gürtel und Ringe. Sie mußten auch opfern. In Pergamon brachte man offensichtlich ein weißes Schaf, mit Olivenzweigen geschmückt, dar. In Athen spricht Aristophanes von Opferkuchen.

1958 nahmen die deutschen Ausgräber wieder ihre Arbeit im Mittelteil des Heiligtums auf. Die Versuchsgräben, die sie zogen, blieben offen; doch ist es für den Besucher nicht leicht, sich ein Bild zu machen. Sie brachten mehr als eine Überraschung. Unter den hellenistischen Inkubationsräumen liefen Mauern schräg zur allgemeinen Nord-Süd-Orientierung; nach ihrer Bauweise sind sie nicht älter als das frühe 4. Jahrhundert v. Chr. Der Befund läßt zusammen mit Figuren und Scherben vermuten, daß die Anlage des Asklepieion im 4. Jahrhundert nicht die erste war. Die Ausgräber vermuten, daß sich hier der Kult einer weiblichen Gottheit befand, da sich Terrakottafiguren einer sitzenden Frau fanden. Diese gehören einer späteren Zeit an, so daß der frühe Kult neben dem Asklepiosdienst bestanden haben muß. Die Frage ist jedoch noch nicht geklärt.

Eine überraschende Entdeckung brachte die Ausgrabung einer Anzahl von *Gräbern* im Bereich der Inkubationsräume. Einige enthielten noch Skelette, darunter eins mit einer beträchtlichen Schwellung des Oberschenkels. Die Vermutung ist berechtigt, daß diese Gräber Patienten gehörten, die im Heiligtum während der Behandlung starben und schnell, vielleicht heimlich, an Ort und Stelle begraben wurden.

Auf dem Felsboden nördlich von den Inkubationsräumen lagen *drei kleine Tempel*, von denen nur noch geringe Spuren vorhanden sind. Sie gehörten *Asklepios*, dem Retter, der *Hygieia* und dem *Apollon* der glücklichen Niederkunft, dem Vater des Asklepios. Es handelt sich um die Tempel, um die Aristides dreimal lehmverschmiert gelaufen ist. In oder bei dem Tempel der Hygieia lag der heilige Schrein des Telesphoros, eines Kindergottes, der mit Asklepios zuerst in Pergamon verbunden wurde, dann auch an anderen Stätten. Er spielte eine bedeutsame Rolle im Heilkult: Aristides erwähnt, daß Telesphoros, d. h. der Priester des Telesphoros, ihm einmal einen Balsam gab zum Einsalben. Bei anderer Gelegenheit wurde Aristides im Traum mitgeteilt, daß er zur Ausheilung seines Körpers ein Stück abschneiden und Telesphoros weihen müsse; da diese Anweisung mit Schmerzen verbunden war, entschied der Priester, es würde eine Weihung des Fingerringes genügen; sie würde von gleicher Wirkung sein wie das Opfer des Fingers selbst. Die Geschichte scheint überzeugend glaubwürdig.
In der Südostecke des Heiligtums lag ein zweiter *Rundbau*, nach dem Theater am besten erhalten. Er war zweistöckig und bestand aus einem Untergeschoß und einem Erdgeschoß. Die Kelleranlage setzte sich aus drei konzentrischen Mauern zusammen, in die Nischen und Wannen eingelassen waren. Zum Obergeschoß führte eine Treppe.
Dieses Gebäude wird von keinem antiken Schriftsteller erwähnt, und seine Bestimmung kann nicht mit Sicherheit ausgemacht werden. Es kann kaum zum großen Plan des Wiederaufbaus gehört haben, dessen Symmetrie dadurch gestört wird. Man hat ihm den Namen ›Tempel des Telesphoros‹ gegeben, sicherlich zu Unrecht, da sich der heilige Schrein des Telesphoros an anderer Stelle im Heiligtum befand. Es ist auch nicht bewiesen, daß es überhaupt ein Tempel war. Kaum zu bezweifeln ist, daß das Gebäude dem Heilkult diente, weil sich Waschanlagen im Untergeschoß befinden und die Anlage mit dem Bereich des heiligen Brunnens durch einen *unterirdischen Tunnel* verbunden ist. Dieser Tunnel ist außergewöhnlich gut erhalten, mit Treppen auf beiden Seiten; das Licht fällt durch eine Reihe von verschließbaren Luken in der gewölbten Decke ein. Die Ausgräber vermuten, daß er entweder dem Personal des Heiligtums diente oder als kühler Raum für die

Patienten im Sommer; vielleicht bot er einen gewöhnlichen Durchgang für Patienten bei schlechtem Wetter, um von dem Rundgebäude zu dem heiligen Brunnen zu gelangen. Vermutlich war das runde Gebäude, vor allem sein Untergeschoß, dazu bestimmt, einen Aufenthaltsraum für ständige Patienten bei heißen oder regnerischem Wetter zu schaffen. Eine gepflasterte Terrasse im Süden könnte kranken Besuchern gedient haben, die Sonne und Luft genießen wollten, ohne mit dem Volk im Hauptheiligtum in Berührung zu kommen. Der örtliche Führer behauptet, daß der Patient allein durch den dunklen und unheimlichen Tunnel gehen mußte, während durch die Lichtschächte ein Priester ihm zuflüsterte: »Fürchte dich nicht; du begibst dich zur Heilung«. Für diese interessante Erklärung haben wir keinen antiken Gewährsmann.

Zweimal im Mithridatischen Krieg erscheint das Asklepieion von Pergamon in der Geschichte. Als der König das Blutbad unter den Römern befohlen hatte, nahmen die in Pergamon wohnenden Italiker ihre Zuflucht im Heiligtum; doch wurden sie rücksichtslos niedergemetzelt, als sie sich an den Götterstatuen festhielten. Etwas später kam der römische Befehlshaber Fimbria, der wegen seiner Vergehen nicht nach Rom zurückkehren konnte, in den Bezirk des Asklepios und stürzte sich in sein Schwert. Er traf aber nicht richtig und mußte einen Sklaven rufen, das blutige Werk zu vollenden.

Ende des 3. Jahrhunderts nahm das Heiligtum durch ein Erdbeben schweren Schaden. Diese Katastrophe und der Aufstieg des Christentums zerstörten das Asklepieion so schwer, daß es nicht wiederhergestellt wurde. Zweihundert Jahre später wurde es noch als Weltwunder gerechnet. Die Liste dieser Weltwunder hatte zu jener Zeit die Siebenzahl überschritten; daß man das Asklepieion einbezog, ist ein Zeugnis für seinen einstigen Glanz.

Zwischen Akropolis und Asklepieion liegen noch die **Trümmer des Amphitheaters;** es ist das einzige seiner Art in dem Bereich, den dieses Buch umfaßt. Das Amphitheater war seinem Namen nach ein Doppeltheater, eine runde oder mehr ovale Anlage mit einer Arena in der Mitte und Sitzreihen ringsum. In Pergamon ist es quer zu einer Schlucht über einem Bachbett angelegt. Von den

Ziegelbauten, die die Sitzreihen trugen, stehen noch Restmassen; die zwei einen Teil der Stufenreihen tragenden Gewölbe sind noch zu erkennen. Amphitheater wurden mehr für die brutalen Veranstaltungen von den Römern bevorzugt, vor allem für Gladiatorenkämpfe, Kämpfe zwischen wilden Tieren oder wilden Tieren und Menschen. Man erwartete, daß viel Blut floß. Zum Ergötzen der Zuschauer wurden Bären, Löwen, Panther und andere exotische Tiere, z.B. Krokodile, aus der weiten Welt eingeführt. Gelegentlich überflutete man die Arena, um Seegefechte vorzuspielen und andere Schaustellungen zu geben. Für diesen Zweck war der Fluß in Pergamon recht geeignet. Diese blutigen Veranstaltungen gefielen den Griechen nicht; aber unter römischem Einfluß war es unausweichlich, daß auch dieser Geschmack übernommen wurde. In den griechischen Städten dienten während der Römerzeit viele Theater und Stadien dem Zweck der Amphitheater.
Ein Netzwerk von Suchgräben nahe dem Amphitheater wurde von den deutschen Ausgräbern in erfolglosem Forschen nach dem *Nikephorion* angelegt, einem wichtigen Pergamener Heiligtum, wo regelmäßig ein großes Fest mit Spielen abgehalten wurde. Stattdessen kamen zahlreiche Privathäuser und mehrere öffentliche Bauten zutage, aber sie verdienen nicht die Aufmerksamkeit des Besuchers.

Außerhalb der Stadt Bergama im Süden, östlich der Hauptstraße, liegt der große **Grabhügel Maltepe.** Der Hügel, 20 m hoch und 170 m im Durchmesser, war ursprünglich von einer Mauer umgeben, von der stellenweise noch einige Füllsteine stehen. An der Nordseite, aber nicht in der Achse der Anlage, führt ein 70 m langer, 3,15 m breiter und 4,45 m hoher Gang in den Hügel; es handelt sich um ein mit Quaderwerk ausgemauertes Gewölbe. Es endet in einem nach rechts und links laufenden Quertunnel, der zu drei Grabkammern führt. Hier wurden Reste von Sarkophagen gefunden. Dieser Teil ist sehr sorgfältig gebaut und ebenfalls überwölbt. Die Anlage ist völlig dunkel; es empfiehlt sich, starke Taschenlampen mitzunehmen. Zuerst wurden die rechtwinklig aufeinanderstoßenden Gänge mit den Grabkammern gebaut; danach folgte die Erdaufschüttung über der Gesamtanlage. Auf der Höhe des Grabhügels stand ein Denkmal, aber die verbliebenen Reste erlauben keine Rekonstruktion. Das großartige Bauwerk wurde lange Zeit für die Begräbnisstätte der Könige von Pergamon gehalten. Aber der Mörtel, der in allen Teilen erkennbar ist, spricht für römische Zeit. Wahrscheinlich gehört die Anlage in das 2. oder 3. Jahrhundert n. Chr. Da jede Inschrift fehlt, können wir nicht sagen, welche reiche vornehme Familie hier ihren Begräbnisplatz hatte.

Eine halbe Meile südöstlich liegt ein anderer Hügel, **Yiğma Tepe** genannt. Hier ist die Ringmauer erhalten. Die hohe Qualität des Mauerwerks spricht für ein *Königsgrab*. Doch wurde der Hügel bisher nur oberflächlich untersucht.

5. Aeolien zwischen Smyrna und Pergamon

Aelius Aristides unternahm einmal eine Wagenfahrt von Smyrna nach Pergamon. Er folgte einer Route, die nicht viel von der heutigen Hauptstraße abweicht. Es ist daher gerechtfertigt, ihn auf diesem Wege zu begleiten. Sein Bericht ist lebhaft und detailliert; beabsichtigt war, die wunderbare Wirkung der Ratschläge des Asklepios auf seine Gesundheit zu rühmen.

»Eines Sommers hatte ich Magenstörungen. Ich litt vom ersten Tage an, schwitzte viel und fühlte mich schlaff wie ein Lappen. Wenn ich aufstehen wollte, mußten mir zwei oder drei Mann aus dem Bett helfen. Der Gott wies mich an, Smyrna zu verlassen, wo ich damals war, und so beschloß ich, mich nach Pergamon zu begeben. Als die Wagen fertig waren, war es Mittag und sehr heiß. Ich zog es vor, meine Diener mit dem Gepäck vorauszuschicken und den Nachmittag wegen der Hitze in der Vorstadt zu verbringen. Mein Plan war, die erste Nacht in Myrina zu bleiben; aber bezaubert von dem Reiz des Platzes und auch einiger Geschäfte wegen, verbrachten wir eine ganze Weile in der Vorstadt, so daß wir erst gegen Sonnenuntergang ein Gasthaus in der Nähe des Hermos erreichten.«

Wo die »Vorstadt« lag, die Aristides so reizvoll fand, wird nicht gesagt. Aber da sie wahrscheinlich auf der Stadtseite nach Pergamon lag, ist man versucht, sie bei den Quellen des Meles bei Halka Pinar zu vermuten. Es gibt noch heute in Smyrna keinen reizvolleren Platz, einen heißen Nachmittag zu verbringen.

Zwischen hier und dem Hermosfluß macht Aristides keine näheren Angaben, so daß dieser Teil seines Weges unklar bleibt. Im 2. Jahrhundert n. Chr. führte die Hauptstraße von Smyrna nach Norden wie heute rund um den Westteil des Yamanlar Daği. Ein Meilenstein bei Ulucak ist davon geblieben. Aristides beschreibt bei anderer Gelegenheit eine Reise in dieser Richtung, wobei er die Stadt zur Linken sehen konnte, wahrscheinlich von einem Ort zwischen Bayrakli und Karşiyaka. Fraglich ist, wo er den Hermosfluß überschritt. Wie schon oben erwähnt wurde, floß der Fluß im Altertum fast genau in seinem heutigen Bett; aber zur Zeit des Aristides gab es da keine Brücke und die Wagen mußten durch eine Furt. Es fragt sich, wo der äußerste Punkt dafür war. Nach den Untersuchungen von Professor J. M. Cook und dem Verfasser gibt es eine auch für Wagen das ganze Jahr hindurch geeignete Furt nahe der Bahnstation von Emiralem, aber unterhalb dieser ist keine andere Furt bekannt.

Nahe der neuen Trägerbrücke erscheint der Fluß gewöhnlich sehr ungeeignet für eine Furt. Wenn ähnliche Bedingungen im Altertum vorlagen, mußte die Hauptstraße einen beachtlichen Umweg in die Schlucht von Manisa machen, und einzelne Reisende zogen dann zweifellos den Weg über den Yamanlar Daği vor. Dieser ist viel kürzer, schließt aber eine starke Steigung ein, und es ist keinesfalls sicher, ob er für Fahrzeuge geeignet war. Die englischen Ausgräber von Alt-Smyrna fanden *Spuren eines alten Fahrweges* in der Nachbarschaft von Bayrakli nach dem Dorf Eğridere, und von dort offensichtlich, doch noch nicht ausprobiert, über den Kamm des Yamanlar und abwärts am See von Karagöl zu dem Fluß nahe Emiralem. Wahrscheinlich führte auch ein Weg im Westen des Yamanlar-Tales entlang der Strecke bis zum heutigen Sanatorium. Die oben erwähnte kleine Befestigung neben der Straße[1] läßt vermuten, daß man diese Route nahm. Es ist zweifelhaft, ob einer von diesen Wegen schneller für ein Pferdefuhrwerk war, und wir dürfen daher annehmen, daß Aristides die untere Route durch Ulucak und Menemen nahm.

Der größte Teil der Straße nach Menemen verlief an der Küste. Sie wurde 129 v. Chr. gebaut, als man die Provinz Asia einrichtete,

[1] Siehe Seite 64

und dann in den Jahren 75 und 103 n. Chr. erneuert, so daß sie Aristides in verhältnismäßig gutem Zustand vorfinden mußte. Menemen ist kein antiker Ort; wir kennen auch keinen anderen auf dieser Strecke. Im 1. Jahrhundert n. Chr. lief eine Fähre entlang der Küste. Chandler fand 1764 einen regen Verkehr zwischen Smyrna und dem Gebiet von Menemen vor.
Bei Sonnenuntergang langte Aristides im Gasthaus an der Hermosfurt an, wahrscheinlich nicht weit von Emiralem. Die Entfernung von Smyrna beträgt ungefähr 40 Kilometer.

»Ich war unschlüssig, ob ich hineingehen sollte; als ich sah, wie unerträglich widerwärtig die Räume waren, entschloß ich mich zur Weiterreise, zumal meine vorausgefahrenen Diener nicht zur Verfügung standen. Als wir den Fluß überschritten, war es schon sehr dunkel; wir hatten einen leichten Kohlenbrenner, so daß ich mich sehr wohlfühlte. Als wir spät abends in Larisa ankamen, war ich sehr froh, daß wir unsere Gepäckwagen noch nicht eingeholt hatten; denn das Gasthaus war nicht besser als das letzte, und es gab dort auch nichts, so daß wir die Reise fortsetzten.«

Larisa ist ein häufiger Name auf antiken Karten. Zehn Orte hießen so. Drei davon lagen an der Westküste Kleinasiens, in der Troas, in der Aeolis und in Jonien. In Betracht kommt hier die eine der ursprünglichen zwölf Städte des Aeolischen Bundes; sie war vor Ankunft der Griechen die Hauptstadt des Gebietes. Sie hatte die Ehre, zu den wenigen Städten an der Westküste zu gehören, die von Homer genannt werden. In der Ilias befanden sich unter den Bundesgenossen der Trojaner »die kriegsliebenden Pelasger, die rund um das fruchtbare Larisa wohnten«. Ihr Führer Hippothoos fiel vor Troja, »fern von dem fruchtbaren Larisa«. Da das Larisa in der Troas verhältnismäßig nahe Troja liegt, glaubten bereits antike Schriftsteller, daß unser Larisa gemeint sei, und einige moderne Gelehrte pflichteten bei. Die Existenz einer Stadt Larisa in diesem Gebiet im 2. Jahrtausend v. Chr. ist nicht bezeugt. Die Pelasger waren nicht allein die Bewohner dieses Gebietes. Dieser Name wurde von den Griechen der Vorbevölkerung in vielen anderen Bereichen gegeben, nicht nur in Kleinasien, auch in Griechenland selbst und auf den Ägäischen Inseln. In Larisa hielt sich die Überlieferung von einem der pelasgischen Herrscher, Piasos. Die-

11

Links: Teos
Antiker Kai mit
Ankerstein

Rechts: Pitane
Archaische
Statue, jetzt im
Museum von
Bergama

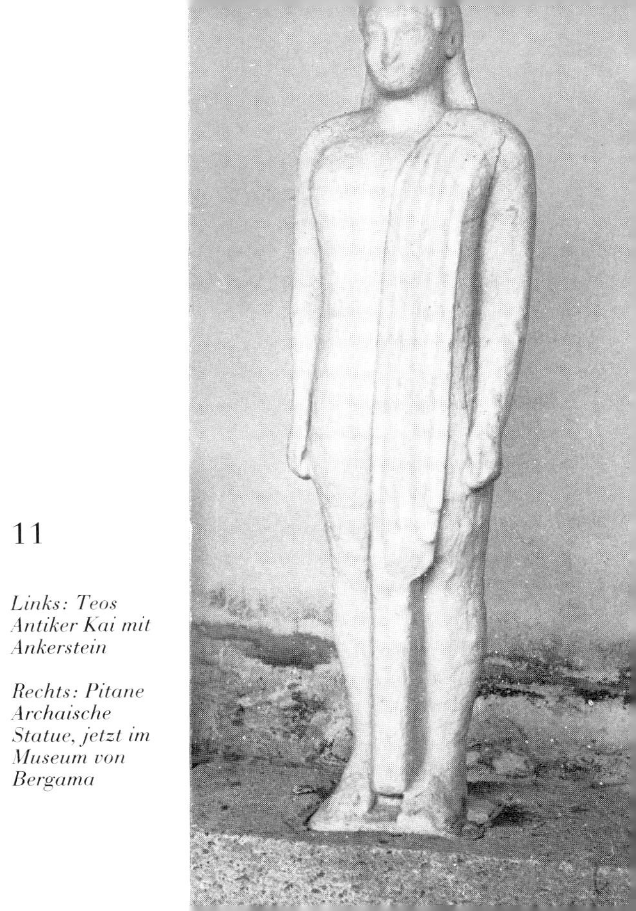

Links: Larisa. Stadtmauer
Rechts: Teos. Blick vom Theater

12

ser soll sich in seine eigene Tochter verliebt und ihr Gewalt angetan haben. Aber das Mädchen rächte sich; sie erwischte ihn eines Tages, als er sich über ein Faß Wein neigte, schwang ihn an den Fersen hoch und ertränkte ihn.

Als die aeolischen Griechen nicht lange nach dem Trojanischen Krieg ankamen und sich niederzulassen wünschten, fanden sie sich den Pelasgern gegenüber; diese beherrschten das Gebiet von Larisa, wiewohl sie von den Opfern vor Troja erschöpft waren. Daher bauten die Griechen, wie Strabo uns mitteilt, einen Stützpunkt drei oder vier Meilen von Larisa entfernt. Sie nannten ihn Neonteichos, Neuburg. Von hier aus operierten sie und drängten Larisa zurück, nachdem sie die Stadt Kyme gegründet und mit der Bevölkerung der Gegend besiedelt hatten. Sowohl Kyme wie Larisa gaben sie den Beinamen Phrikonis nach dem Berg Phrikion in ihrer griechischen Heimat. Kurz darauf schlossen sich die verschiedenen griechischen Kolonien in Aeolien, einschließlich Smyrna, zum Aeolischen Bund zusammen. Er hatte wie der Jonische Bund ursprünglich zwölf Mitglieder; aber Smyrna ging, wie oben erwähnt, bald in die Hände der Jonier über.

Während der folgenden Jahrhunderte lebten die Aeoler anders als die Jonier, nämlich ungestörter, da sie den Lydern und Persern keinen Widerstand leisteten. Larisa erscheint höchstens zweimal in der Geschichte. 546 v. Chr. siedelte Kyros nach seinem Sieg über Kroisos einige ägyptische Bundesgenossen des Lyderkönigs in der Stadt an, die deswegen auch den Namen »ägyptisches Larisa« führte. In den Delischen Seebund war Larisa zweifellos stets eingeschlossen. Ihr wurde eine unbestimmte Summe als Abgabe auferlegt; aber es fehlt jeder Beweis, daß diese auch immer wirklich bezahlt wurde. Die Stadt scheint mit dem Herzen nicht sehr bei der griechischen Sache gewesen zu sein, und im Jahre 399 v. Chr. gehörte sie zu den wenigen, die dem spartanischen Befehlshaber Thibron Widerstand leistete, als er die Griechenstädte gegen die Perser zu verteidigen kam. Sie allein widerstand erfolgreich. Thibron versuchte die Wasserversorgung zu unterbinden; aber die Bürger verteidigten sich so hartnäckig, daß er sich zum Rückzug gezwungen sah.

Als Alexander erschien, unterwarf sich ihm die ganze Aeolis ohne Gegenwehr. Als das Attaliden-Reich von Pergamon gegründet wurde, bildete die Aeolis einen mehr oder weniger beständigen Teil. Aber einmal während der hellenistischen Zeit ging es mit der Existenz von Larisa als unabhängiger Stadt zu Ende. Vielleicht fiel Larisa den Kelten 279 v. Chr. zum Opfer und wurde nicht wieder aufgebaut. Strabo nennt die Stadt verlassen, und Plinius schreibt, als habe die Stadt nie existiert. Dennoch ergibt sich aus anderer Quelle, daß der Ort noch im 2. Jahrhundert v. Chr. bestand und ein ärmliches Rasthaus besaß. Wir müssen uns Larisa in dieser Zeit als Dorf oder Kleinstadt, abhängig von Kyme, vorstellen.

Zwischen der Furt durch den Hermos und Kyme erwähnt Aristides Larisa als einzigen Ort. Wenn wir annehmen, daß die Furt bei Emiralem lag, stehen uns zwei antike Ortschaften zur Verfügung, bei Yanik Köy und Buruncuk. Letzteres wurde überzeugend als das alte Larisa erkannt und von deutschen Archaeologen 1902 und 1932/34 ausgegraben. Yanik Köy kann dann nur Neonteichos sein, von wo aus Larisa angegriffen und erobert wurde. Diese Auffassung stimmt mit den Entfernungen überein, die uns Strabo überliefert; sie betrug zwischen Kyme und Larisa siebzig Stadien oder acht Meilen, zwischen Larisa und Neonteichos dreißig Stadien oder dreieinhalb Meilen.

Neuerdings ist diese Auffassung wieder in Frage gestellt worden. Professor Cook glaubt jetzt, daß Larisa bei Yanik Köy lag, während Buruncuk wahrscheinlich Kyllene war, eine kleine aeolische Stadt, von der nur wenig überliefert ist. Das Problem kann hier nicht in voller Breite erörtert werden, aber es ist bemerkenswert, daß die Ausgrabungen bei Buruncuk nichts ergaben, was für Larisa sprach, keine Inschriften, keine einzige Münze von Larisa und keine griechischen Vasenscherben aus der Zeit vor 800 v. Chr. Yanik Köy ist noch nicht ausgegraben, so daß wir keine Vergleichsmöglichkeiten haben. Professor Cook hat darauf hingewiesen, daß Strabos Entfernungsangaben in diesem Bereich gewöhnlich unterschätzt werden; er lenkt die Aufmerksamkeit auf eine Stelle in dem Werk ›Das Leben Homers‹, dessen Autor und Zeit wir nicht kennen; es ist auch ohne historischen Wert, aber doch geschrieben von einem Mann, der mit dieser Gegend vertraut war. Dieser sagt, daß der Dichter, als er von Smyrna nach Kyme kam, den Hermos bei Neonteichos überschritt und dann nach Kyme auf dem Wege über Larisa weiterzog. Diese Angabe scheint zunächst die allgemeine Auffassung zu stützen, doch enthält sie eine Schwierigkeit. Der Schreiber fügt nämlich hinzu: »weil der Weg für ihn der einfachste war«. Nun war Homer bekanntlich blind. Die gewöhnliche Erklärung ist die, daß es für einen sehenden Mann einen kürzeren, aber beschwerlicheren Weg gab als den, den der Dichter vorzog. Aber von Yanik Köy nach Kyme führt die Straße unmittelbar über Buruncuk; es gibt keine Abkürzung. Andererseits, wenn Yanik Köy Larisa sein soll, wo liegt dann Neonteichos? Der Ort östlich von Gürice ist sicher als Temnos gedeutet, und kein weiterer ist zu entdecken. Der Bericht des Aristides ist nur eine geringe Hilfe, da wir nicht nur die Ungewißheit über die genaue Lage haben, wo er den Hermos überschritt, sondern auch wegen der verschwommenen Ausdrucksweise seiner Zeit. Er überschritt den Fluß bald nach Sonnenuntergang; also etwa gegen acht Uhr. Aber was meint er mit »spät am Abend«? Wenn er neun Uhr meint, dann ist Larisa Yanik Köy; wenn er zehn Uhr meint, dann ist es Buruncuk. Das Problem ist zunächst unlösbar.

Die **Ruinen von Buruncuk** fordern vielleicht eine Stunde Besuchszeit, wiewohl sie Freya Stark verächtlich behandelt hat. Der *Stadtberg* ist etwa 100 m hoch und erhebt sich unmittelbar über dem Dorf. Man kann ihn auf der Nordseite auf einem alten Weg besteigen, von dem noch zahlreiche Pflastersteine da liegen. Die Akropolis wurde erst um 500 v. Chr. befestigt. Vorher wurde die Stadt durch eine Mauer verteidigt, die in die Zeit der ersten griechischen Besiedlung gehört. Die Umwallung umschloß einen beachtlichen Bereich, größer als der von Troja oder Mykene. Im frühen 4. Jahrhundert v. Chr. wurde die ganze Befestigung erneuert. Man erweiterte die Akropolis (F im Plan), und die Stadtmauern wurden erneuert. Der Mauerzug II kann dort verfolgt werden, wo der Hügel neuerdings abgetragen wurde; kaum ein Stein blieb in seiner ursprünglichen Lage. HH ist besser erhalten; heute ist nicht mehr als ein einziger Mauerzug zu sehen. Spuren aller drei Bauperioden kann man an der Nordwestseite der Akropolis verfolgen, wo sich ein Nebeneinander von Polygonal- und Quadermauerwerk ergibt, das noch mehrere Meter hoch ansteht (Tafel 12 links).

Das Innere der Akropolis bildeten nahe aneinander stehende Häuser, von denen nur noch die Grundmauern übriggeblieben sind. Zwischen ihnen lagen die zwei *Tempel B und C* und der *Palast G*. Ein Tempel gehörte sicher der Athena, der Hauptgöttin der Stadt. Der mehrfach umgebaute Palast war die Residenz der griechischen Tyrannen in der Frühzeit und diente später dem persischen Statthalter.

Östlich von der Akropolis, jenseits des Hügels mit den Ruinen von drei modernen Windmühlen, erstreckte sich der größte Teil der *Nekropole*. Über hundert Gräber wurden ausgegraben, verstreut über den Windmühlenhügel und auf dem Rücken zwischen ihm und dem nächsten Hügel. Es handelt sich meist um *Hügelgräber* mit einer oder zwei Umfriedungen aus polygonalem Mauerwerk und einer kegelförmigen Aufschüttung; auf der Spitze stand wahrscheinlich ein kleiner Stein als Denkmal. Gräber dieser Art, wenn auch später, kann man in der Nekropole von Hierapolis sehen (Tafel 9 Mitte). Das Grab selbst, gewöhnlich in der Mitte angelegt, war aus Steinplatten aufgemauert; einige Hügelgräber enthielten zwei Gräber. Eine bemerkenswerte Erscheinung ist die spätere Erweiterung durch eine oder mehrere Rundanlagen verschiedener Form; in einem Falle wurde das Grab nicht weniger als viermal erweitert. Wenige Gräber sind viereckig, manchmal in zwei Teile geteilt. Die ganze Nekropole ist durch Scherben in das 6. Jahrhundert v. Chr. datiert. Alle Leichen sind bestattet; nicht ein einziger Fall von Verbrennung wurde beobachtet. Heute kann man noch eine Anzahl von Gräbern an den Mauerringen aus Polygonalwerk erkennen; in mehreren Fällen stehen die Grabplatten noch an ihrem ursprünglichen Platz.

Die Wasserversorgung erfolgte durch *zwei Brunnen*, *DD*, die beide aus der Frühzeit stammen. Sie sind noch voll und werden von den Bauern bis heute benutzt. Die größere Gruppe heißt Yirmikuyu; sie umfaßt an die zwanzig Brunnen, die untereinander etwa dreißig Schritt entfernt sind. Um 500 v. Chr. wurde diese Wasserversorgung durch einen großen Aquädukt oder einen Wassertunnel ergänzt, der von den Bergen herabführte und die Stadt im Osten, Süden und Westen umlief. Viele Reste wurden von den Ausgräbern verzeichnet, sind aber heute verschwunden. Innerhalb der Akropolis wurde Regenwasser in zahlreichen Zisternen aufgefangen.

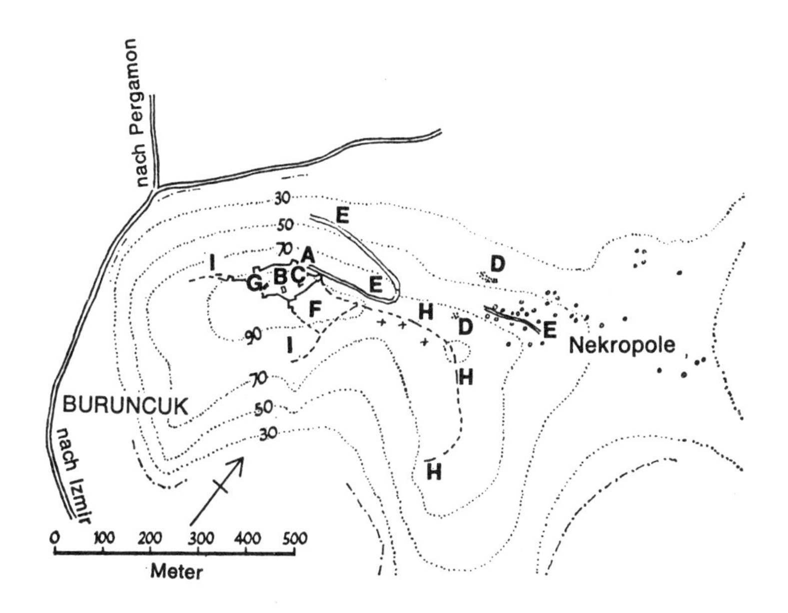

Abb. 13 Plan von Larisa (?) nach Meyer und Plath
A Haupttor / B u. C Tempel / D Brunnen / E Alte Straße / F Akropolis-Bereich / G Palast / H u. I Mauern des 4. Jhdts. / —•— Wasserleitung + Moderne Windmühlen

Auf dem benachbarten Hügel gegen Nordosten, der weniger als 180 m hoch ist, liegen die Ruinen einer *Befestigungsanlage* in Dreieckform. Das schlecht erhaltene Mauerwerk ist polygonal und offensichtlich frühzeitlich. Unterhalb davon im Osten und Südosten finden sich ausgedehnte Spuren einer alten Siedlung. Die Ausgräber vermuten, daß diese Befestigung von den griechischen Siedlern angelegt wurde, als sie Larisa angriffen; nach der Einnahme wurde sie als eine Vorstadt einbezogen.

Die **alte Siedlung bei Yanik Köy** liegt unmittelbar über dem Dorf und ist in einer halben Stunde Anstieg leicht zu erreichen. Man erkennt sie von weitem an dem merkwürdigen Rundfelsen, der die *Akropolis* bildet. Da sie nicht ausgegraben ist, bietet sie dem Be-

Abb. 14 Yanik Köy

sucher nur wenig außer einem schönen Ausflug und einer guten Aussicht. Am Hang zum Dorf liegen Teile einer ausgezeichneten *Polygonalmauer*, die in Terrassen angelegt ist. Eine lange Strecke der ebenfalls polygonalen Stadtmauer ist an der Südseite des Hügels erhalten. Auf der Höhe verläuft eine *Felsentreppe;* etwas nach Nordosten befindet sich Quadermauerwerk. Die an der Oberfläche liegenden Scherben gehören in die Zeit vom 6. Jahrhundert bis in die byzantinische Zeit, der größte Teil in das 4. und 3. Jahrhundert v. Chr. Der alte Pflasterweg kann vom Dorf aus eine beträchtliche Strecke hügelaufwärts verfolgt werden.

»Gegen Mitternacht oder etwas später erreichten wir Kyme, wo wir alles geschlossen vorfanden. Bestürzt drängte ich meine Ge-

fährten zu weiterer Anstrengung und zur Fahrt nach Myrina mit der Begründung, daß es nicht weit entfernt liege und daß wir unser ursprüngliches Ziel nicht vergessen sollten. Als wir das Stadttor verließen, herrschte feuchte Kühle, und ich fror.«

Kyme war in griechischer und römischer Zeit die wichtigste Stadt in dieser Gegend. Strabo nennt sie »die größte und beste unter den aeolischen Städten«. Die Überlieferung berichtet, wie oben erwähnt, daß Kyme von griechischen Siedlern nach der Eroberung von Larisa und der Unterwerfung der Pelasger gegründet wurde. Kyme war der Mittelpunkt für die Gründung einer Anzahl von kleinen Städten, von denen viele sich nicht einmal bis in klassische Zeit behaupteten. Die Stadt soll ihren Namen ebenso wie Smyrna und Myrina und andere Städte von einer Amazone erhalten haben. Einige Gelehrte haben in dieser Überlieferung eine Erinnerung an die hethitische Ausdehnung in diesem Gebiet vermutet, die ihre Spuren in den Reliefs von Taş Suret und Karabel hinterlassen hat[2]. Wie die aeolischen Städte und anders als die jonischen war Kyme mehr landeinwärts orientiert als nach dem Meer. Strabo bezichtigt die Bewohner von Kyme der Torheit, weil sie erst 300 Jahre später ihr Einkommen aus der Landwirtschaft

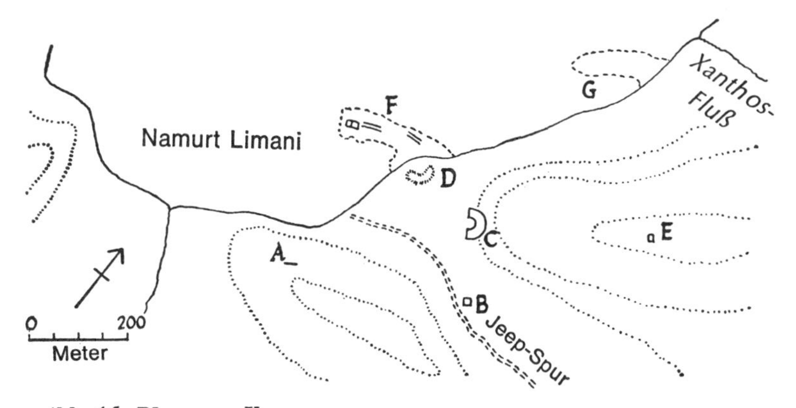

Abb. 15 Plan von Kyme

A Polygonale Mauer / B Monumental-Gebäude / C Theater / D Erdwall E Jonischer Tempel / F u. G Hafenmolen

[2] Siehe die Seite 13 und die Seiten 50 ff

durch Hafengebühren erhöhten, was sie die ganze Zeit hätten verwirklichen können, da sie ja an der Küste lebten.
Töricht oder nicht, Kyme blühte auf und war nicht auf die See angewiesen. Aristagoras, der Tyrann von Kyme, führte ein Aufgebot von eigenen Schiffen, um den Perserkönig Darius bei seinem Einfall in das Skythenland 512 v. Chr. zu unterstützen[3]. Als Xerxes im Jahre 480 angriff, steuerte Sandokes, der persische Statthalter von Kyme, fünfzehn Schiffe der persischen Flotte bei. Keine andere aeolische Stadt war an diesen Unternehmen beteiligt. Dem Delischen Seebund zahlte Kyme eine Abgabe von neun Talenten, nicht mehr als jede andere aeolische Stadt, aber mehr als Ephesos, Milet und die größten Städte Joniens.
Die Kymaeer waren um eine Antwort auf den kulturellen Glanz Joniens nicht verlegen. Hesiod, der Rivale Homers, der in Griechenland lebte und schrieb, teilt uns mit, daß sein Vater aus Kyme ausgewandert war; wenn auch nicht der Dichter selbst, so war doch seine Familie kymaeischer Herkunft. Keine andere aeolische Stadt konnte so viel für sich beanspruchen. Der Geschichtsschreiber Ephoros im 4. Jahrhundert stammte aus Kyme. Strabo sagt, daß es für Ephoros ein Vergnügen war, da die Kymaeer keine großen Erfolge in seiner Darstellung zu verzeichnen hatten, er aber seine Stadt auch nicht unerwähnt lassen wollte, zu schreiben: »In dieser Zeit taten die Kymaeer nichts«. Mit der ganzen Aeolis lebten sie unter den hellenistischen Königen und in der römischen Provinz ruhig dahin und hinterließen nur geringe Spuren in der Geschichte.
Die Lage von Kyme bei Namurt Liman wird zur Genüge bezeugt durch Inschriften und Münzen, die an Ort und Stelle gefunden wurden; aber die Ruinen sind sehr spärlich. Hier wie an anderen Küstenplätzen wurden die Steine auf dem Seewege abtransportiert, um in Istanbul, in Izmir und in anderen Städten verwendet zu werden. Die Befestigungen sollen durch den türkischen Eroberer Mehmet im 15. Jahrhundert zerstört worden sein.
Der Ort umfaßte zwei Hügel, einen nördlichen und einen südlichen, auf dem die Hauptsiedlung gegründet wurde. Einige kleinere Ausgrabungen führten französische Gelehrte 1924 durch; aber die Reste, die sie ans Licht brachten, sind heute nicht mehr

[3] Siehe die Seiten 222 und 223

zu sehen. Bei A war eine polygonale Mauerstrecke frühen Datums zu sehen. Bei B, nahe dem modernen Weg, finden sich die *Ruinen eines monumentalen Gebäudes;* übrig blieben zwei Reihen von unkannelierten Säulen. Bei E, gegen die Höhe des Nordhügels hin, gruben die Archaeologen einen kleinen *jonischen Tempel* aus, der der ägyptischen Göttin Isis geweiht war; er ist heute wegen der Überwachsungen schwer zu finden. Vom *Theater* am Fuß des Nordhügels blieb nichts außer dem Halbkreis der Cavea an der Hügelseite.
Zwei Flüsse münden nahe der Stadt ins Meer. Der südliche hat das Tal in eine Marschlandschaft verwandelt; der nördliche konnte mit dem Fluß Xanthos identifiziert werden, der auf Münzen der Stadt erscheint. Zwischen ihren Mündungen liegen die *Reste von zwei Hafenmolen* unter Wasser. Untersuchungen von deutschen Forschern haben gezeigt, daß der Meeresspiegel seit dem Altertum mehr als 1,5 m gestiegen ist.
Nichts mehr erinnert an die größte und schönste aeolische Stadt. Der Ort ist heute völlig verlassen; nur ein oder zwei alleinstehende Häuser findet man dort.

»Beim Hahnenschrei erreichten wir Myrina. Dort fanden wir unsere Männer vor einem der Gasthöfe, ohne ausgepackt zu haben, da sie sagten, sie hätten nichts offengefunden. In der Vorhalle des Gasthauses war ein Strohsack-Lager; wir verbrachten eine Zeit damit, es hinaus und hinunter zu tragen, konnten aber keinen bequemen Platz finden. Klopfen an der Tür war sinnlos, da niemand antwortete. Schließlich erreichten wir das Haus eines Bekannten; aber unglücklicherweise war das Feuer des Pförtners erloschen, so daß wir in völlige Finsternis gerieten, einander an der Hand haltend, ohne uns zu sehen. Unterdessen wurde ein Feuer entfacht, und ich bereitete mir etwas zu trinken. Der Morgenstern erschien, und die Nacht begann zu weichen. Zu stolz, beim Morgengrauen das Bett aufzusuchen, beschloß ich, zum Tempel des Apollon bei Gryneion zu gehen, wo ich, wie ich es gewöhnt war, ein Opfer für meine weitere Reise brachte.«

Myrina ist eine Stadt ohne Geschichte. Die Überlieferung berichtet von einer großen Amazonenkönigin Myrina, die ihr siegreiches

Heer nicht nur durch Kleinasien führte, sondern weit darüber hinaus. Unter den Städten, die nach ihr und ihren Führerinnen benannt wurden, waren neben Myrina auch Kyme, Pitane und Gryneion. Von griechischen Siedlungen erfahren wir nichts. Myrina erscheint im Delischen Seebund mit der Abgabe von einem Talent, einem Tribut, den auch andere aeolische Städte, mit Ausnahme von Kyme, entrichtet haben. Hier und da finden wir Myrina erwähnt, aber meist ist es fraglich, ob damit unsere Stadt gemeint ist; denn es gab noch eine Stadt Myrina auf der Insel Lemnos.

Das große Erdbeben des Jahres 17 n. Chr. zerstörte in einer Nacht zwölf Städte, darunter Myrina. Kaiser Tiberius half großzügig, und die zwölf Städte wurden wiederaufgebaut, Myrina unter dem neuen Namen Sebastopolis oder Kaiserstadt. Dieser Name war bis in die Zeit des Plinius üblich; später kam der alte Name wieder zu Ehren. Die zwölf Städte errichteten in Rom aus Dankbarkeit eine Kolossalstatue des Tiberius mit zwölf Figuren an der Basis, die die Städte darstellten. Eine Kopie wurde bei Puteoli nahe Neapel gefunden; Myrina ist nicht als Amazone dargestellt, wie man erwarten würde, sondern als Priesterin des Gryneischen Apollon. Im Lauf der Zeit verlor Gryneion seine Unabhängigkeit und wurde mit Myrina vereinigt; wie Myrina selbst war es wegen dieses Heiligtums bedeutsam.

Einer zweiten Zerstörung durch ein Erdbeben im Jahre 106 n. Chr. folgte ein neuer Aufbau. Aber da die Bedeutung der heidnischen Heiligtümer vor dem Aufstieg des Christentums schwand, verfiel Myrina ins Dunkel; es war nur noch wegen seiner Austern berühmt.

Wie Kyme so bietet auch Myrina dem Reisenden wenig Ruinen. Der Reiz der Stätte ist groß, wie Freya Stark in ihrem Reisebericht mitgeteilt hat. Sie vermerkt, daß nur noch einige alte Steine zu sehen sind, zerbrochen und zu einem Gebäude verwendet. Aber ihr Besuch war zu eilig; und für einen bedächtigen Besucher bietet sich manche Entdeckung (Tafel 9 oben).

Der Ort liegt an der Mündung des Güzelhisar-Flusses, dem alten Titnaios oder Pythikos. Man kann Myrina auf einem sehr schlechten Weg erreichen, der etwa 1 km nördlich vom Fluß abzweigt. Die Entfernung beträgt fast 3 km. Die Stadt nahm zwei Hügel ein, früher als Epano Tepe und Kato Tepe bekannt, heute nur noch

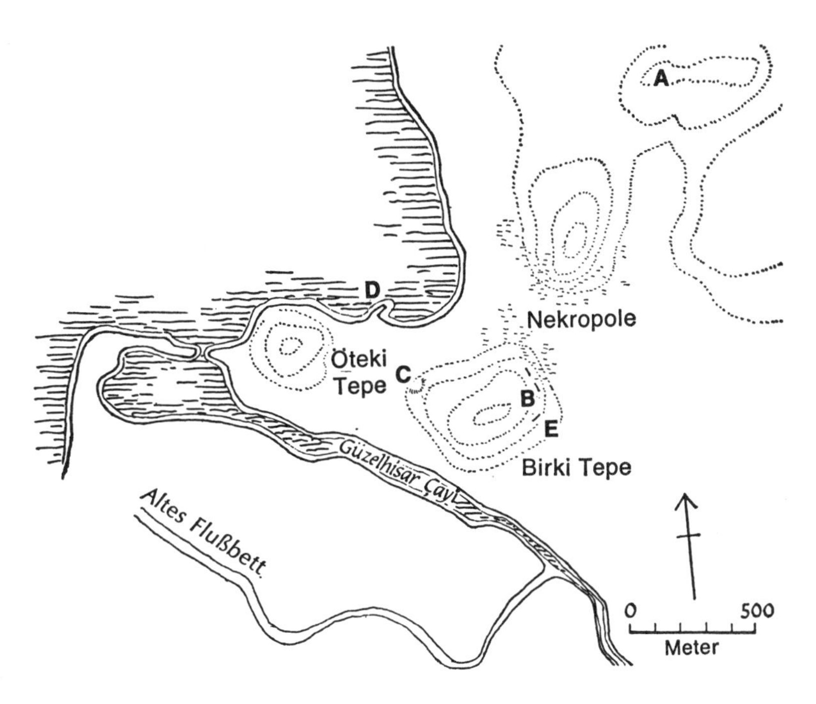

Abb. 16 Plan von Myrina (nach Pottier-Reinach)
A Intaş / B Alte Mauer / C Lage des Theaters / D Kai / E Byzantinische Mauer

Birki Tepe und Öteki Tepe genannt (»der eine Hügel« und »der andere Hügel«). Birki Tepe bildete die *Akropolis* und war mit einer Polygonalmauer befestigt, von der die französischen Ausgräber zwei Stellen verzeichnet haben; sie sind heute nicht leicht zu finden. Einen Teil der *byzantinischen Mauer*, E, sieht der von Osten kommende Besucher. Am Westhang ist eine Aushöhlung, C, die wahrscheinlich das *Theater* bildete. Auf der Hügelkuppe gibt es nichts zu sehen, auch nicht auf dem anderen Hügel, wiewohl er Terrassen hat und im Altertum offensichtlich besiedelt war.
Bei D liegt ein kleiner *Landeplatz*, dessen Meeresseite die Spuren eines alten Kais zeigt. Mehrere Steinblöcke ragen in das Meer und sind mit Rundlöchern durchbohrt, die für Ankervorrichtun-

gen bestimmt waren. Ähnliche Blöcke kann man auch in Teos sehen[4].

Am Nordhang des Birki Tepe wurden 1880/82 zwischen 4000 und 5000 *Gräber* ausgegraben. Bisher ist der größte Teil nicht geöffnet. Meist handelt es sich um einfache Rechteckgräber mit einer einzigen Bestattung, die in den Felsboden eingelassen sind. Manchmal liegen zwei oder drei Gräber übereinander. Eine Hauptorientierung läßt sich nicht feststellen. Einige Gräber sind rund; andere sind kleinere Erdgruben für eine Aschenurne. Aber Verbrennung ist selten; gewöhnlich wurden die Toten bestattet. Auf vielen Gräbern befand sich ein Grabstein mit dem Namen des Verstorbenen und dem Vaternamen. In anderen Fällen stand der Name auf einem Bronzestreifen. Diese Inschriften datieren die Nekropole in die hellenistische Periode, schätzungsweise in die beiden letzten Jahrhunderte v. Chr.

Die Gräber waren verschieden ausgestattet. Einige enthielten nur das Skelett, andere eine Reihe von Beigaben. Viele sind vorsätzlich zerbrochen, anscheinend, um Grabräuber abzuwehren[5]. Die Beigaben sind verschiedener Art. Ursprünglich war es Sitte, einen Obolos in den Mund des Verstorbenen zu geben, damit er sein Fährgeld an den Charon bei der Fahrt über den Styx in der Unterwelt entrichten konnte. In Myrina handelt es sich um Bronzemünzen von geringem Wert, aber nicht um wirkliche Obolos-Stücke. Mit der Zeit setzte eine regelrechte Inflation ein, und Charons Preise stiegen. Die Münzen stammen meist aus Myrina selbst und gehören in die Zeit von Alexander bis Tiberius. Außerdem sind Teller für die Totenspeise und Trinkgefäße von Bedeutung. Sie bilden die meisten Beigaben. Einige Tonfläschchen sind nur einen oder zwei Zoll groß und sehr fest gearbeitet. Die dritte Art der Beigaben umfaßt Geräte, die im täglichen Leben gebraucht wurden; Lampen, Spiegel, Nadeln, Parfümbehälter und anderes. Schmuck ist selten. Schließlich müssen die berühmten *Myrina-Terrakotten* erwähnt werden, von denen an die Tausend von den

[4] Siehe Seite 144

[5] So behaupten die Ausgräber. Aber das absichtliche Zerbrechen kann auch ein Ritual gewesen sein wie in Mittelamerika und in Ägypten. Vgl. L. Cottrell, *Lost Cities* S. 186. Man kann die Sitte mit dem Brauch vergleichen, ein Glas nach einem Toast zu zerbrechen.

Ausgräbern geborgen wurden. Durch sie erhält Myrina den *Rang von Tanagra*. Wir finden alle Arten von Figuren, Männer, Frauen, Kinder, Gottheiten und Tiere. Eros und Aphrodite sind sehr häufig. Es gibt auch groteske und komische Figuren, tragische und komische Masken. Der Zweck der Figuren ist viel erörtert worden, aber anscheinend haben sie meist keinen bestimmten Sinngehalt, sondern waren lediglich zu Lebzeiten ein beliebtes Eigentum des Verstorbenen.

Von diesen Gräbern sieht man heute nichts mehr; der Boden ist seit langer Zeit überpflügt.

Eine halbe Meile nordöstlich der Akropolis, wo gelbe Schichten zutage treten, befindet sich nahe dem zweiten Hügel ein in den Felsen gehauenes *Kammergrab*, Intaş genannt. Von der Hauptkammer mit gewölbter Decke gehen zehn gewölbte Nischen, 1,8 m tief, aus. Es gibt noch eine Anzahl von bescheidenen anderen Felsgräbern auf den Nachbarhügeln, die man von den einheimischen Hirten gezeigt bekommt.

»Als ich in Gryneion ankam, opferte ich und erging mich dort wie üblich. Ich fuhr weiter nach Elaea, blieb dort eine Nacht und kam am folgenden Tag in Pergamon an.«

Abb. 17 Gryneion

Strabo vermerkt, daß Apollon im ganzen Küstengebiet besonders verehrt wurde. Von allen Stätten, an denen man ihn verehrte, war Gryneion die berühmteste.

Gryneion war eine der zwölf aeolischen Städte, aber nichts erinnert an ihre Gründung durch die Griechen. Die Überlieferung berichtet von einer älteren Siedlung, die nach der Amazone Gryne benannt wurde; diese war der Königin Myrina auf ihrem Feldzug gefolgt, wobei sie von Apollon vergewaltigt wurde. Die Stadt erscheint in der Geschichte erst im 5. Jahrhundert v. Chr. als Mitglied des Attischen Seebundes, dem sie die bescheidene Abgabe von einem Sechstel Talent entrichtete; später wurde der Satz auf ein Drittel erhöht. Gegen Ende des Peloponnesischen Krieges verlor Athen, durch Sparta besiegt, seine Kontrolle über dieses Gebiet an die Perser, und um 405 v. Chr. erfahren wir, daß der persische Satrap fünfzig Talente Abgabe von Gryneion bezog. Die Summe ist erstaunlich hoch angesichts des bescheidenen Beitrages im Delischen Bund und wahrscheinlich unrichtig wiedergegeben.

Das Gebiet war noch 335 v. Chr. in persischer Hand, als der makedonische General Parmenion vorausgeschickt wurde, den Feldzug Alexanders nach Asien vorzubereiten. Er nahm Gryneion im Sturm und versklavte die Einwohner. Dieses Ereignis beendete aber die Unabhängigkeit der Stadt nicht, wie die seltenen Münzen von Gryneion aus dem 3. Jahrhundert v. Chr. zeigen. Vorübergehend geriet die Stadt in hellenistischer Zeit in die Abhängigkeit von Myrina, das seitdem vorwiegend für das Heiligtum des Apollon verantwortlich war.

Von diesem Heiligtum haben wir kurze Beschreibungen in der römischen Überlieferung. Strabo erwähnt das alte Orakel des Apollon und einen kostbaren Tempel aus weißem Marmor. Pausanias weiß von einem sehr schönen Hain des Apollon; die Bäume wurden teils wegen ihrer Früchte gepflegt, andere wegen ihres schönen Aussehens und wegen ihres Duftes. Sie werden heute noch vertreten durch Oliven und ausgedehnte Oleandersträucher, die den Ort zieren. Plinius' Aussage, daß dort wo Gryneion lag nichts als ein Hafen zu sehen ist, wird dem Ort nicht gerecht.

Wir lesen bei Vergil, daß der Gryneische Apollon den Aeneas nach dem Untergang von Troja dazu drängte, nach Italien zu gehen. Hier wurde er der mythische Vorläufer der Römer. Abgesehen von der mythologischen Überlieferung und dem Ruhm des Orakels war bisher nicht eine einzige Auskunft des Gryneischen Apollon bekannt, bis der Verfasser in Kaunos in Karien eine Inschrift fand, die sich auf eine Orakelbefragung durch die Kaunier im 2. Jahrhundert v. Chr. bezog. Die Kaunier fragten, was sie opfern sollten, um ihre fruchtbaren Ernten zu behalten. Von der Antwort des

Gottes ist nur der Anfang eines Hexameters erhalten; er ist im dunklen Orakelstil gehalten, gibt aber an, daß dem Apollon und dem Zeus Ehre erwiesen werden sollte.
Plinius erwähnt die Austern von Gryneion zusammen mit denen von Myrina; in der Tat sind Austern und Muscheln an dieser Küste sehr häufig. Die Münzen von Gryneion zeigen auf der einen Seite den Kopf des Apollon, auf der anderen eine Muschel und veranschaulichen damit die beiden Hauptmerkmale der Stadt.

Die Lage von **Gryneion** wird besonders durch das kleine Vorgebirge von Temaşalik Burnu bestimmt, das mehr als eine halbe Meile südlich vom Dorf Yenişakran liegt. Hier soll einst der **Apollontempel** gestanden haben; doch hat man bisher keine Spuren davon gefunden. Heute kann man eine *rechteckige Plattform* auf der höchsten Erhebung der Halbinsel sehen, die den *heiligen Bezirk* andeuten dürfte; außer einer Anzahl unkannelierter Säulentrommeln finden sich in diesem Bereich keine antiken Reste. Da die Säulentrommeln nicht aus weißem Marmor sind, können sie nicht zum Tempel selbst, sondern nur zu einer Umfriedung gehört haben. Es gibt auch keine Anzeichen für alte Hafenanlagen; wiewohl Plinius den Hafen erwähnenswert findet, kann er nach Auskunft von Fischern nur von kleinen Fahrzeugen benutzt worden sein.
Die Halbinsel ist für eine Stadt zu klein, selbst für eine bescheidene wie Gryneion, vor allem wenn ein großer Bezirk dem Tempel vorbehalten war. Die Hauptsiedlung muß demnach landeinwärts gelegen haben. Vor einigen Jahren kam nahe der Hauptstraße *ein Friedhof mit Sarkophagen* ans Licht, die in die Zeit um 500 v. Chr. gehören; außerdem fand sich ein schöner Mosaikfußboden aus spätrömischer Zeit. Mehr wurde bisher nicht entdeckt, vor allem keine Akropolis.
Auf der kleinen Halbinsel Temaşalik Burnu muß Aristides geopfert haben, um sich dann wie üblich aufzuhalten. Was er damit meint, sagt er nicht, aber wir können annehmen, daß er sich mit den Priestern unterhielt, ihnen Neuigkeiten aus Smyrna brachte und von seinem kranken Magen erzählte.

Elaea unterscheidet sich in mancher Hinsicht von den anderen Städten der Aeolis. Es zeichnet sich dadurch aus, daß es die älteste

Gründung der Griechen an der Küste ist. Nach der Überlieferung wurde es zur Zeit des Trojanischen Krieges von Menestheus besiedelt, dem Führer der Athener, ein Jahrhundert vor der aeolischen Wanderung. Aus diesem Grunde wurde Elaea nicht in den Bund der zwölf aeolischen Städte aufgenommen; in klassischer Zeit hatte der Ort wenig Bedeutung. Sein Beitrag zum Delischen Seebund war sehr gering und betrug nicht mehr als ein Sechstel Talent. Die Bedeutung der Stadt begann in hellenistischer Zeit, als die meisten aeolischen Städte bedeutungslos wurden, und stand im Zusammenhang mit dem Aufstieg von Pergamon. Da Elaea von der Hauptstadt des Königreiches gesehen der Küste am nächsten lag, wurde die Stadt von den Attaliden zum Hafen und zum Flottenstützpunkt gemacht; in dieser Eigenschaft wird die Stadt zeitweilig von den Historikern erwähnt. Als das Pergamenische Königreich in die römische Provinz umgewandelt wurde, ging die Bedeutung verloren. Elaea bot im 2. Jahrhundert n. Chr. dem Aristides eine Bettstatt und existierte auch noch in byzantinischer Zeit. Austern werden hier nicht erwähnt; aber Galen weiß von einem mit Thymian bedeckten Hügel unweit der Stadt, der wegen seines Honigs berühmt war. Elaea bedeutet »Olive«, ein zutreffender Name, der sich heute in der Bezeichnung des Dorfes Zeytindağ drei Meilen nach Nordosten wiederfindet.

Vom *alten Elaea* ist etwas mehr erhalten als von Gryneion, doch ist die Stätte noch nicht ausgegraben. Man erreicht sie auf einem Weg, der von der Hauptstraße beim Kaffeehaus von Kazikbağlari abzweigt, mehr als vier Meilen nördlich von Gryneion.

Das Hauptmerkmal aus dem Altertum ist die *Hafenmole (D)*, heute Taş Liman genannt. Sie ist noch gut erhalten und verläuft etwa 200 m in Schlammwasser. Sie ist aus großen Steinblöcken erbaut, die horizontal verlagert sind und durch Metallklammern miteinander verbunden waren. Die Metallklammern sind verschwunden, aber die Löcher sind noch zu sehen. Die anderen Hafenmauern und der Kai sind nicht mehr auszumachen (Tafel 9 unten).

Die *Akropolis (A)* liegt auf einer etwa 20 m hohen Anhöhe. Es steht nichts mehr von ihr; aber alte Marmorstücke werden häufig aufgepflügt. Eine Anzahl davon ist in dem Kaffeehaus gesammelt. Scherben liegen überall auf dem Hügel herum.

13

Oben: Teos
Seltsam behauener Block
im Steinbruch

Unten: Teos
Wiederaufbau
von Säulen
des Dionysostempels,
1964

Lebedos. Stein mit Inschriften aus dem Gymnasion

Erythrae. Stadtmauer

14

Erythrae. Theater

Den Verlauf der *Stadtmauer (BB)* kann man stellenweise verfolgen, vor allem zwischen der Akropolis und der Hauptstraße; sie zeichnet sich wie ein Grat ab, aber außer einigen Blöcken ist an der

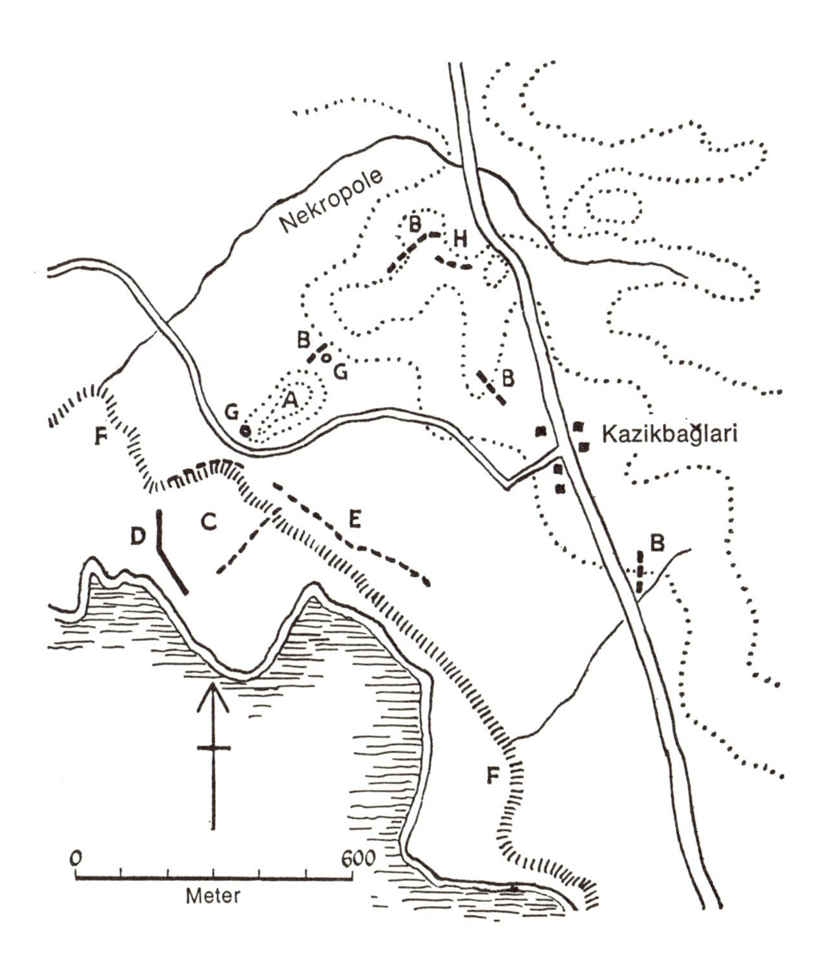

Abb. 18 Plan von Elaea

A Akropolis / B Stadtmauern / C Hafen / D Hafenmole / E Kai / F Alter Küstenverlauf / G Brunnen / H Tor

Oberfläche nichts zu sehen. Deutsche Gelehrte haben vor sechzig Jahren die Mauerstärke mit etwa 3 m bestimmt und sie nach einer Inschrift in das Jahr 234 v. Chr. datiert. Bei dem *Tor (H)* kann man ihren Verlauf in einer Senkung zwischen zwei Hügeln nahe der Straße ablesen; das Tor selbst ist nicht mehr zu sehen.
Die *Nekropole* scheint nördlich der Mauern (BB) gelegen zu haben. Hier wurden zwei Grabsteine mit Inschriften gefunden, die zur Zeit der Drucklegung in einem Privathaus bei dem Kaffeehaus von Kazikbağlari standen.
Man fand keinerlei Anzeichen für ein Theater oder Stadion, und außer den *Brunnen (GG)* ist heute vom alten Elaea nichts mehr zu sehen.

In Pergamon können wir von Aristides Abschied nehmen, dessen Reise nach der Heilung von seinen Beschwerden erfolgreich war. Auf dem Rückweg können wir uns noch ein oder zwei Orten zuwenden, die am Wege liegen.
Etwas nördlich von Elaea führt ein Weg westwärts nach Çandarli, dem alten Pitane, auf einer zungenähnlichen Halbinsel. Der Ausflug lohnt sich schon wegen des schönen Venezianischen Kastells, das auf dem Boden der alten Stadt steht. Pitane war das nördlichste Mitglied des aeolischen Bundes. Wir haben aber keine Überlieferung von der Gründung der Stadt, die älter als die griechische Besiedlung war; die hier gefundenen Keramikreste reichen in das 3. Jahrtausend v. Chr. Die griechische Niederlassung erfolgte nicht ohne Widerstand. Die einheimische Bevölkerung, wie in Larisa ›Pelasger‹ genannt, konnte die Stadt wiedererobern; zurückgewonnen konnte sie nur mit Hilfe der Männer von Erythrae werden.
Später war Pitane bekannt wegen seiner Wechselfälle in Glück und Unglück, so daß der Ausdruck »Ich bin ein richtiger Mensch aus Pitane« zum Sprichwort für jemanden wurde, der in dem Auf und Ab des Lebens erfahren war. Dieser Schicksalswechsel wurde im 5. Jahrhundert v. Chr. von Hellanikos von Mytilene aufgezeichnet; sein Werk ging jedoch verloren, und außer den erwähnten Ereignissen wissen wir nichts von der frühen Geschichte von Pitane. Die Stadt wurde in den Delischen Seebund unter den gleichen bescheidenen Abgabebedingungen wie Elaea und Gryneion aufgenommen.

Ungeachtet seiner offenkundigen Armut hatte Pitane ein ausgedehntes Gebiet und war im 3. Jahrhundert nicht ohne Geldmittel. Die Stadt war imstande, von König Antiochos einen Landstreifen am Golf von Adramyttion im Norden zum Preis von 380 Talenten zu erwerben; zu dieser Summe steuerte Philetairos von Pergamon, weil er sich gute Beziehungen zu den Nachbarn sichern wollte, vielleicht 40 Talente von seinen 9000 bei. Bald darauf wurde Pitane zusammen mit den meisten Städten Aeoliens dem Königreich Pergamon einverleibt. Die Stadt erscheint vorübergehend wieder in der Geschichte, als Mithridates schwer bedrängt von Fimbria dorthin floh und besiegt wurde; doch konnte er über See nach Mytilene entkommen.

Aus Pitane stammt als berühmter Bürger der Philosoph Arkesilaos, der im 3. Jahrhundert Haupt der Platonischen Akademie in Athen wurde. Er war bekannt für seine Gewandtheit, sich für beide Seiten einer Frage einzusetzen, aber auch für sein zurückhaltendes Urteil; man sagte, daß er deswegen niemals selbst ein Buch schreiben konnte.

Andererseits begründete die Stadt ihren Hauptruf durch ihre Ziegelherstellung. Der Boden ist vulkanisch und leichter als die gleiche Menge Wasser; getrocknete Ziegel sanken nicht. Diese Feststellung Strabos, von Plinius bestätigt, konnte jetzt nicht mehr überprüft werden. Die antike Keramik ist aber bemerkenswert wegen ihres feinen harten Tons. Von schwimmenden Ziegeln ist in Çandarli nichts bekannt.

Nur wenig ist vom alten **Pitane** übriggeblieben. Die Ruinen wurden für den Bau des Dorfes Çandarli ausgeplündert. Die Halbinsel war mit einer 2,50 m dicken *Mauer* aus unregelmäßigen Steinen befestigt, die längs der See entlanglief. Einige arg mitgenommene Reste sind noch hier und da an der Westseite zu sehen. Strabo schreibt der Stadt *zwei Häfen* zu. Der westliche wurde von einer jetzt unter Wasser befindlichen *Mole* gebildet, die bis zu einem Turm auf einer kleinen Insel verlief. Solche Hafenanlagen sind auf der Ostseite nicht nachweisbar, aber diese Seite ist gegen den Wind geschützt, so daß Anlagen gar nicht notwendig waren.

Von den öffentlichen Gebäuden der Stadt ist nichts erhalten. Die Lage des *Theaters* kann man halbwegs auf der Ostseite der Halbinsel erkennen. Eine *künstliche Terrasse* nahe der Südspitze scheint auf das Stadion zurückzugehen. Das *Venezianische Kastell* soll auf altem griechischen Mauerwerk stehen, das hier und da sichtbar ist (Tafel 10 oben).

1958 wurde von den Bauern nahe der Landenge eine 1,60 m große *archaische Statue jonischen Stils* gefunden; sie befindet sich jetzt

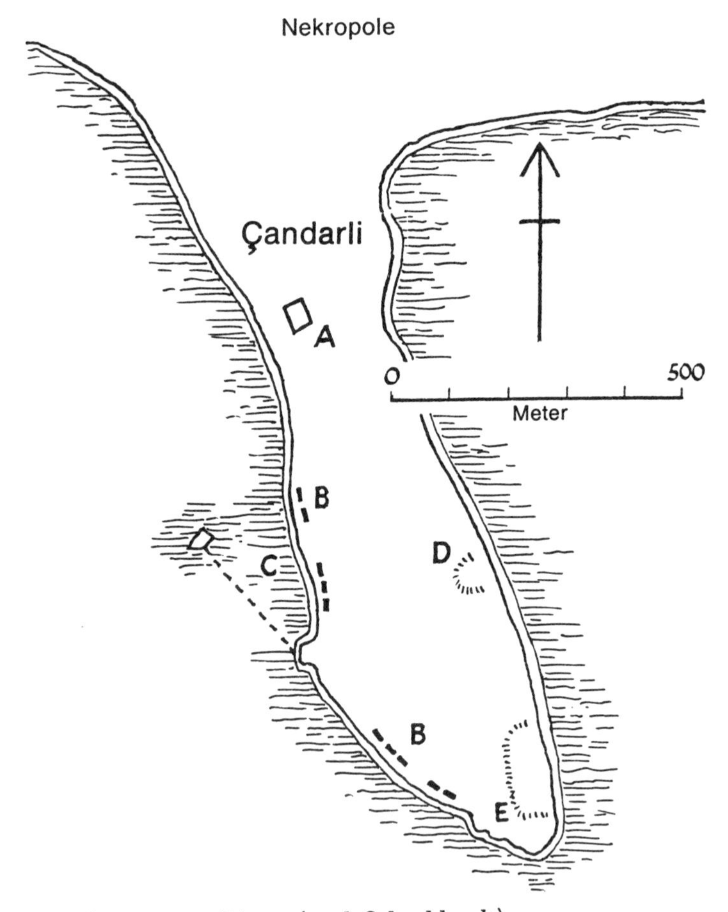

Abb. 19 Plan von Pitane (nach Schuchhardt)
A Venezianisches Kastell / B Stadtmauern / C Hafen / D Lage des Theaters
E Lage des Stadions

im Museum von Bergama. Es handelt sich um die lebensgroße Figur eines jungen Mannes, der nur mit einem Mantel über der linken Schulter bekleidet ist. Das etwas verwitterte Flachrelief der Glieder und die starre aufrechte Haltung sind typisch archaisch. Die Statue gehört in das spätere 6. Jahrhundert v. Chr. (Tafel 11 rechts).

Die Entdeckung führte im folgenden Jahr zu einer Ausgrabung durch türkische Archaeologen; sie brachte eine *Nekropole* des 6. Jahrhunderts v. Chr. ans Licht. Hier herrschte die Sitte der Leichenverbrennung; die Aschenurne wurde mit einem für diesen Zweck mehr oder weniger gut bearbeiteten Stein geschlossen. Die Aschenurnen standen oder lagen, je nach ihrer Form. Auch hier können wir keine vorherrschende Orientierung der Gräber ausmachen. In einigen Fällen ist eine Anzahl von Urnen von einem Steinring eingeschlossen, 3 bis 4 m im Durchmesser. Es handelt sich um Familiengräber. Viele beachtliche Gefäße wurden als Beigaben für den Verstorbenen gefunden. Einige befinden sich jetzt im Museum von Bergama, andere in Istanbul. An Ort und Stelle ist nichts von diesen Gräbern zu sehen.

Zweieinhalb Meilen nördlich von Buruncuk zweigt ein Weg nach Eski Foça ab, der Stätte des alten Phokaea. Wiewohl die Stadt auf aeolischem Gebiet lag, gehörte sie immer zu Jonien. Im Gegensatz dazu lag das zuerst aeolische Smyrna in einem Bereich, wo sich Jonien und die Aeolis überschneiden. Der Hafen von Eski Foça gehört zu den besten der ganzen Küste; Phokaea hatte zu allen Zeiten Bedeutung.

In der Geschichte der griechischen Kolonisation in Kleinasien war Phokaea eine späte Gründung, nicht nur von der Besetzung der Aeolis her gesehen, sondern auch von der Gründung des Jonischen Bundes; daraus ergibt sich eine Gründung im 8. Jahrhundert v. Chr. Nach der Überlieferung kamen die Siedler aus Phokis in Mittelgriechenland unter athenischer Führung. Das Land wurde aufgeteilt, nachdem man es durch Vereinbarung mit den Einwohnern von Kyme erhalten hatte – ein weiterer Beweis für das geringe Interesse der Kymaeer am Meer, da sie einen Hafen preisgaben, der günstiger lag als ihre Stadt. Die Phokaeer suchten um Mitgliedschaft im Panjonion nach und erhielten den Bescheid, daß

Abb. 20 Phokaea

sie zunächst Könige aus der Nachkommenschaft der Söhne des Kodros wählen müßten, die eine so große Rolle bei der Kolonisation gespielt hätten. Sie wählten dementsprechend drei von Erythrae und Teos und wurden zum Bund zugelassen. Offensichtlich ist diese Überlieferung falsch und später erfunden, um den Namen Phokaea durch Verbindung mit Phokis zu erklären. Moderne Gelehrte halten es für wahrscheinlich, daß die Stadt eine Zweitgründung von Erythrae und Teos war und ihren Namen von dem buckligen Aussehen der vorgelagerten Inseln erhielt, die wie Robben erscheinen; denn Phoka ist das griechische Wort für Robbe. Die Münzen von Phokaea, vor allem die älteren Prägungen, tragen gewöhnlich das Bild einer Robbe (Tafel 30 unten)[6].
Dank ihrer hervorragenden Lage und dem Unternehmergeist ihrer Bürger wuchs die Stadt schnell zu einem bedeutsamen Platz. Die Phokaeer, wie die Jonier überhaupt, waren große Seefahrer. Ihr

[6] Wir könnten die Inseln von Erythrae vergleichen, die unter dem Namen »die Pferde« bekannt waren, siehe Seite 156

Abenteurersinn führte sie nach Westen, wo sie als erste die Adria und das westliche Mittelmeer hin bis nach Tartessos, nahe von Cadiz, erkundeten. Hier gründeten sie eine Reihe von Pflanzstädten, unter denen Massilia am berühmtesten war, das heutige Marseille. In diesem Zusammenhang muß eine merkwürdige kleine Geschichte erzählt werden. Die phokaeischen Seefahrer hofften, bei ihrer Landung eine Stadt zu gründen, und fanden das Land in den Händen eines einheimischen Fürsten namens Nannus. Dieser war im Begriff, seine Tochter zu verheiraten, und lud die Griechenführer zur Feier ein. Es herrschte der Brauch, daß das Mädchen den Raum betrat, in dem die Freier versammelt waren, um dem Mann ihrer Wahl einen Becher Wein und Wasser zu reichen. Sie gab ihn »aus Neigung oder aus anderen Gründen« dem Gast aus Phokaea. Nannus, der in diesem Verhalten die Fügung der Gottheit sah, machte aus der Situation das Beste; er nahm den Griechen als Schwiegersohn an und gab ihm das Land, die Stadt Massilia zu gründen. Die Siedler waren später imstande, ihrer Mutterstadt gute Dienste zu leisten.

Als die Phokaeer in Tartessos Freundschaft mit dem dortigen König schlossen, drängte er sie, Jonien zu verlassen und sich in seinem Gebiet niederzulassen. Ihre Weigerung kränkte ihn so wenig, daß er, als er vom Wachsen der persischen Macht hörte, Geld für die Befestigung ihrer Stadt gab. »Er gab nicht mit geiziger Hand«, sagt Herodot, »und sie bauten ihre Mauer mehrere Stadien lang aus großen, sorgfältig zusammengefügten Steinen«. Von dieser Mauer ist heute nichts mehr übriggeblieben.

544 v. Chr. erschienen die Perser vor der Stadt und belagerten sie. Ihr Befehlshaber Harpagos stellte ihr leichte Bedingungen und verlangte, die Bewohner sollten nur einen Turm ihrer Mauer zerstören und ein einziges Haus dem Perserkönig stiften. Die Phokaeer erbaten sich einen Tag Bedenkzeit. Harpagos antwortete, daß er wohl wisse, was sie beabsichtigten, würde aber dennoch den Aufschub gewähren. Während er seine Truppen zurückzog, brachten die Bürger eilends ihre Frauen, Kinder und bewegliche Habe zusammen mit den Statuen und den Weihgeschenken der Tempel an Bord und segelten nach Chios ab. Am nächsten Tag drangen die Perser in die leere Stadt ein. Von Chios aus, wo sie unwillkommen waren, fuhren die Phokaeer nach der Insel Korsika, wo sie die

Stadt Alalia gründeten. Dann kehrten sie nach Phokaea zurück und machten die von den Persern zurückgelassene Besatzung nieder. Darauf schworen sie heilige Eide, ihre Wanderung fortzusetzen, und warfen ein Eisenstück ins Meer mit dem Gelöbnis, nicht eher zurückzukehren, bis es wieder ans Tageslicht käme. Sie hatten kaum die Stadt verlassen, als mehr als die Hälfte von ihnen von Heimweh nach Stadt und Heimatland ergriffen wurde. Sie brachen den Eid und kehrten heim nach Phokaea. Wir erfahren nicht, wie sie mit den Persern wegen der getöteten Besatzung Frieden schlossen; aber wir wissen, daß die Perser die Stadt weiter existieren ließen. Die anderen fuhren unterdessen nach Korsika, von dort nach Rhegion und schließlich nach Elea in Unteritalien. Die von ihnen gegründete Stadt wurde rasch die mächtigste unter den westlichen Griechenstädten und entwickelte im 5. Jahrhundert die eleatische Philosophenschule. Der meistbekannte ihrer Gelehrten ist Zeno, durch sein paradoxes Beispiel von Achill und der Schildkröte bekannt; aber auch seine anderen schwierigen Aufgaben über die Bewegung waren im Altertum berühmt.
Der Verlust der halben Bevölkerung führte natürlich zum Rückgang des Wohlstandes und der Handelstätigkeit von Phokaea. Mehrere Jahrzehnte lang scheint die Münzprägung aufgehört zu haben. Gegen Ende des 6. Jahrhunderts hatte sich die Stadt wieder soweit erholt, daß sie am jonischen Aufstand gegen die Perser teilnehmen konnte; doch ist der bescheidene Beitrag von drei Schiffen zur jonischen Flotte bei Lade im Jahre 494 v. Chr. ein deutlicher Beweis andauernder Schwäche. So wurde im Delischen Seebund ihre Abgabe auf drei Talente festgesetzt, weniger als ein Drittel von dem, was die Nachbarschaft Kyme zahlte. Während des 5. Jahrhunderts wurden in Phokaea zahlreiche Münzen aus Elektron geprägt, einer Mischung von Gold und Silber; aber dieses Geld scheint nur geringen Wert gehabt zu haben, vielleicht weil der Goldgehalt zu niedrig war.
Im 4. und 3. Jahrhundert hören wir wenig von Phokaea. Als die Römer später in Kleinasien zum Kampf gegen Antiochos III. von Syrien erschienen, weigerten sich die Phokaeer, in den Römern die kommenden Herren des Landes zu sehen und zogen es vor, für den König Partei zu ergreifen. Die Römer schlossen daraufhin die Stadt ein. Die stark bewehrten, von Herodot bewunderten Mauern,

nun über 300 Jahre alt, konnten den römischen Sturmböcken nicht widerstehen und wurden an zwei Stellen aufgebrochen. Die Bürger warfen den ersten Ansturm zurück und setzten den Widerstand mit solchem Eifer fort, daß sie den römischen Befehlshaber Aemilius zur Bemerkung brachten, sie seien in ihrer Fortführung des Kampfes mehr als die Römer darauf aus, ihre Stadt zu zerstören. Als vernünftige Übergabebedingungen angeboten wurden und keine Unterstützung von seiten des Antiochos kam, öffneten endlich die Phokaeer ihre Tore unter der Bedingung, daß ihnen von den Feinden kein Leid angetan werden dürfe. Doch Aemilius konnte seine Soldaten nicht zurückhalten; man mißachtete seine Befehle und plünderte die Stadt. Danach übergab er sie wieder ihren Bewohnern zusammen mit ihrem Gebiet und gewährte ihnen Unabhängigkeit.
Sechzig Jahre später verfielen die Phokaeer einem neuen Irrtum. Als Aristonikos das römische Erbe des Attalos-Reiches anfocht, machten sie den Fehler, ihn zu unterstützen. Diesmal hatten die Römer weniger Geduld, und Phokaea wurde vom Senat zur Zerstörung verurteilt. Die Bewohner von Massilia kamen ihrer Mutterstadt zu Hilfe. Sie verhandelten mit dem Senat und sicherten den Phokaeern Vergebung. Im Mithridatischen Krieg hören wir nichts von den Phokaeern; es scheint, daß sie aus der Geschichte gelernt hatten.

Daß **Phokaea** *bei Eski Foça* lag, steht außer Zweifel. Dafür spricht schon das Nachleben des Namens. Außerdem wurden *phönizische Münzen* an dieser Stelle gefunden. Beweiskraft hat auch die Beschreibung des Livius anläßlich der Ereignisse des Jahres 190 v. Chr. »Die Stadt ist langgestreckt und liegt am Ende einer Landzunge. Die Mauer umschließt ein Gebiet von zweieinhalb Meilen und bildet auf einer Seite einen Keil, den die Einheimischen Lampter nennen. Sie hat an dieser Stelle die Breite von zwölfhundert Schritt. Anschließend verläuft eine Landzunge eine Meile lang hinaus ins Meer und teilt die Bucht annähernd in der Mitte. Wo sie sich zu einem Zugang verengt, bildet sie einen sehr sicheren Hafen. Der Hafen im Süden heißt Naustathmos, weil er Schutz für eine große Anzahl von Schiffen bietet. Der andere liegt nahe bei Lampter.«

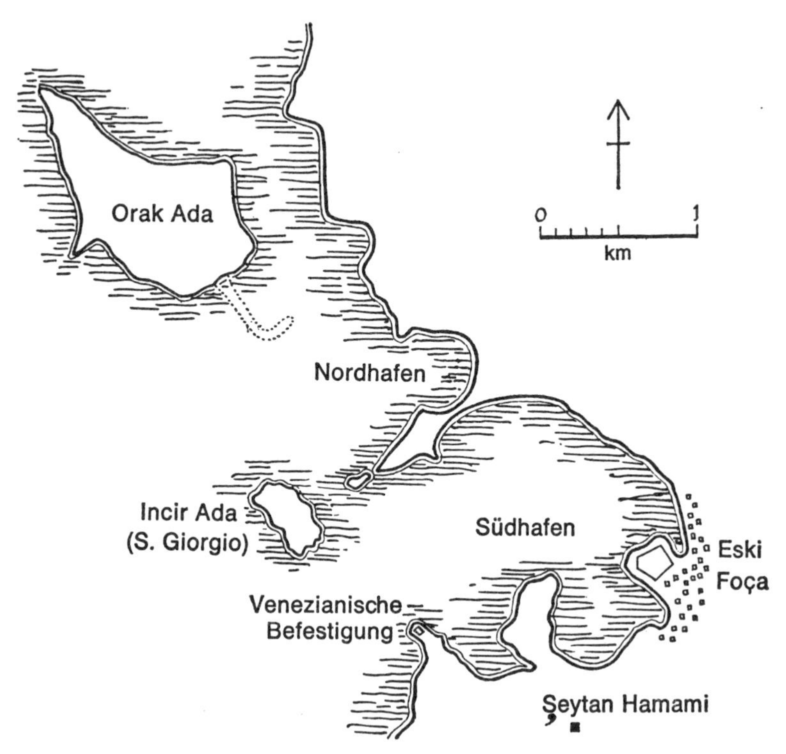

Abb. 21 Plan von Phokaea

Zweifellos bezieht sich diese Beschreibung auf Eski Foça, von dessen Lage der Bericht ein genaues Bild gibt. Dennoch ist es nicht leicht, alle Einzelheiten auf die örtlichen Gegebenheiten zu beziehen. Die Stelle bei Livius stammt ohne Zweifel von einem griechischen Gewährsmann; er schreibt nicht aus persönlicher Erfahrung. Lampter muß die kleine Halbinsel sein, auf der die heutige Stadt steht, und die Landzunge von einer Meile Länge muß die lange Spitze sein, die seewärts nach der Insel San Giorgio (heute Incir Ada) gerichtet ist. Sie ist in der Tat über die Hälfte lang. Diese Landzunge stößt zwölfhundert Schritt durch den Hafen von Lampter, so daß wir eine richtige Angabe bei Livius haben. Die beiden Häfen sind dann der heutige Hafen (Naustathmos) und der hinter der Landzunge, welcher auf der Seekarte als Nordhafen bezeichnet ist. So weit so gut. Die Schwierigkeit liegt in den letzten Worten der Liviusstelle. Wie kann der »andere«, d. h. der nördliche Hafen, nahe bei Lampter genannt werden, wenn Lampter das Herz des südlichen Hafens ist? Diese Schwierigkeit ist so groß, daß die ganze Beschreibung scheitert. Einige haben die beiden Häfen mit den kleinen Buchten im Süden und Norden der Halbinsel Lampter gedeutet. Da Lampter eine Lampe oder ein Leuchtfeuer bezeichnet, möchten wir annehmen, daß sich ein Leuchtfeuer auf der Nordseite der Halbinsel befunden hat, so daß der Nordhafen als »nahe bei dem Leuchtfeuer« bezeichnet werden konnte. Aber wir sind dadurch in nichts besser dran. Die Landzunge von einer Meile Länge will dazu nicht passen. Am Bericht des Livius ist etwas auszusetzen. Er scheint sich einzubilden, daß die Landzunge südlich von Lampter lag, mit dem Hafen Naustathmos dahinter wie in unserem Plan. Seine Beschreibung hängt davon ab.

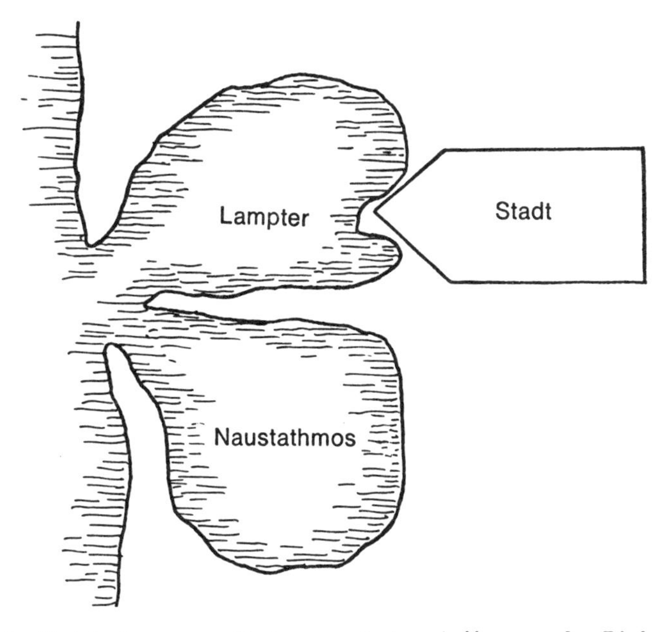

Abb. 22 Die Lage von Phokaea nach der Auffassung des Livius

Kaum einige Reste vom **klassischen Phokaea** sind übriggeblieben. Daß die alte Stadt auf einem Teil der kleinen Halbinsel stand, die den Kern der heutigen Siedlung bildet, ist durch französische Ausgrabungen unter Leitung von Sartiaux 1913 und 1920 erwiesen, aber sie beschränken sich auf Scherben und andere Kleinfunde. Eine weitere Untersuchung durch türkische Archaeologen, begonnen 1953, stellte einen *Tempel* auf einer Felsplattform nahe der Spitze der Halbinsel fest. Wahrscheinlich handelt es sich um ein Athena-Heiligtum. Aber allgemein liegen die alten Reste tief unter den modernen Gebäuden.

Die auf uns gekommenen Denkmäler bestehen hauptsächlich aus zwei Gräbern. Außerhalb der Stadt im Südwesten, wenig entfernt vom Hügel, ohne Führer nicht leicht zu finden, liegt ein *Felskammergrab*, das Şeytan Hamami, ›Teufelsbad‹, genannt wird. Der mit einem Bogen ausgestattete Eingang liegt am Ende eines langen in den Felsen gehauenen Ganges, der rechts und links der Tür zurücktritt. Im Innern befinden sich zwei ebene Kammern, eine hinter der anderen, verbunden durch einen gewölbten Eingang. Jedes Grab enthält zwei rechteckige Gruben im Fußboden. Das ganze Grab ist sehr gut ausgearbeitet und lohnt einen Besuch. Das andere Denkmal wird von den Türken *Taş Kule* genannt. Es

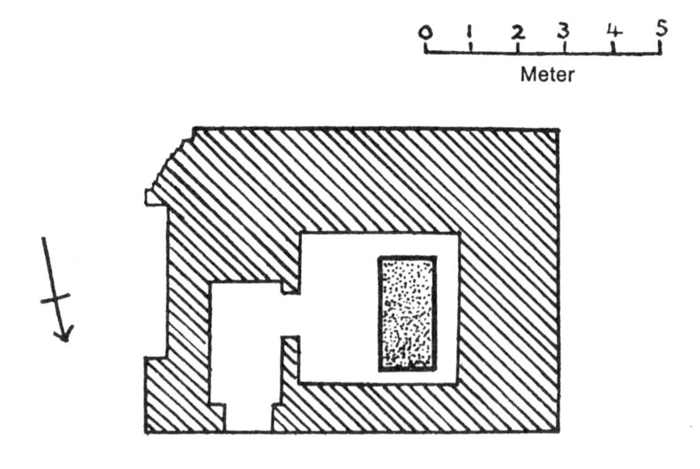

Abb. 23 Taş Kule. Grabanlage

liegt fünf Meilen östlich von der Stadt, dort wo die Straße ein Flußbett überquert. Es besteht aus einem Grab, das aus einem Felsvorsprung gearbeitet ist und noch 6 m hoch ansteht. Verglichen wurde es mit einer kleinen Dorfkirche mit einem Viereckturm. Seine kubische Form hat die Maße von 8,50 m Länge und 5,80 m Breite. Auf diesem Fundament führen an der Ostseite vier Stufen zu einem kleineren Würfelblock, auf dem einmal ein heute verschwundenes Denkmal stand, vielleicht eine abgestufte Pyramide mit einem Phallos-Stein; doch ist das ungewiß. Das Ganze ist mit Ausnahme der Ostseite sehr schlicht; an der Ostseite findet man eine Scheintür, die in vier Felder gegliedert ist.
Die *Grabkammer* liegt im Innern der blockhaften Anlage. Der Eingang befindet sich an der Nordseite und führt zu einer kleinen Vorkammer, die sich rechts zur Grabkammer öffnet. Beide Räume haben eine Flachdecke. Im Fußboden ist das eigentliche Grab in der Form einer rechteckigen Wanne.
Es finden sich zahlreiche Felseinarbeitungen um das Grab und am Flußufer in der Nähe. Sie dienten dem Wäschewaschen, wie es von Nausikaa gepflegt wurde; der Verfasser konnte diese Verwendung feststellen.
Über das bemerkenswerte Grab ist nichts bekannt. Niemand zweifelt an seinem hohen Alter; es erinnert an die frühen Grabdenkmäler in Phrygien, die in die Zeit des phrygischen Königreiches im 8. Jahrhundert v. Chr. gehören. Es gab eine Zeit enger Beziehungen zwischen den Phrygern und den Griechen, als König Midas als erster Fremdkönig in Delphi opferte. In späterer Zeit, als Lyder und Perser sich ausbreiteten, ist phrygischer Einfluß kaum zu erwarten. Es ist also durchaus möglich, daß das Grab in diese frühe Zeit gehört; es kann älter sein als Phokaea selbst (Tafel 10 unten).

Etwas weiter gegen die Küste hin liegt der Ort **Leukae** an einer Stelle, die heute Üç Tepeler, die drei Hügel, genannt wird. Eine merkwürdige Überlieferung berichtet vom Ursprung dieser Stadt. Diodor erzählt, daß sie im 4. Jahrhundert v. Chr. gegründet wurde, nicht lange nach dem Königsfrieden, und zwar durch einen persischen Offizier namens Tachos. Nach seinem Tode sollen sich Klazomenae und Kyme um seinen Besitz geschlagen haben. Nach unentschiedenem Kampf kamen sie überein, das Orakel in Delphi zu befragen, und der Gott gab die Weisung, daß Leukae demjenigen gehören sollte, der zuerst dort opfern würde. Bedingung war, daß beide Bewerber sich von ihrer Stadt an einem bestimmten Tage aufmachen sollten. Leukae liegt zu Land näher an Kyme als Klazomenae. So glaubten die Kymaeer leicht zu gewinnen, aber die Klazomenier waren der Situation gewachsen. Als der Tag für das Opfer festgelegt war, entsandten sie Siedler über die Bucht von Smyrna und gründeten eine Stadt nahe bei Leukae. Von dort aus gingen sie aus und kamen leicht den Kymaeern zuvor. Da sie die Neugründung berechtigt als »ihre Stadt« bezeichnen konnten, erkannte man die Klazomenier als die Herren von Leukae an. Um ihren Scharfsinn zu verewigen, richteten sie ein jährliches Fest ein, das sie »Fest des Zuvorkommens« nannten.

Diese unbestätigte Überlieferung ist vielleicht nicht so verdächtig wie es scheinen mag. Tachos hatte damals einen Aufstand gegen den Perserkönig angezettelt, und Leukae wurde zweifellos als Stützpunkt für dieses Unternehmen gegründet. Doch der Aufstand blieb erfolglos, und nichts geschah. Der anschließende Wettstreit um die Stadt kann also durchaus historisch sein. Das »Fest des Zuvorkommens« ist nämlich geschichtlich bezeugt, und nichts spricht gegen den Wahrheitsgehalt der Überlieferung.

Die Stadt selbst hatte niemals große Bedeutung. In der zweiten Hälfte des 4. Jahrhunderts war sie so unabhängig, daß sie Münzen prägen ließ, die eine Schwanfigur zeigen; dabei handelt es sich um das Zeichen von Klazomenae. Die Stadt erscheint in der Geschichte, nachdem Attalos III. sein Königreich den Römern vermacht hatte. Damals überredete der Thron-Bewerber Aristonikos die Leute von Leukae, sein Vorhaben zu unterstützen, und verwendete die Stadt als Stützpunkt. Wir wissen nicht, welche Buße, wenn überhaupt, die Bewohner an Rom zu zahlen hatten.

Leukae liegt auf einem ausgedehnten Alluvialstreifen, der durch den Hermosfluß geschaffen wurde. Das Gebiet war für viele Jahre verbotene Zone, und man kann es gewöhnlich nicht ohne eine besondere Genehmigung besuchen. Die Küstenlinie hat sich seit dem Altertum vorgeschoben. Bei der Gründung lag Leukae auf einer Insel; zur Zeit des Plinius war die Stadt bereits mit dem Festland verbunden und liegt heute in einiger Entfernung von der Küste.

6. Westlich von Smyrna

KLAZOMENAE

Zwanzig Meilen westlich von Smyrna weist die Südküste der Bucht keinen Hafen auf. Die heutige Hauptstraße Izmir-Çeşme, die einst an den *Bädern des Agamemnon* vorbeiführte, folgt der Küste zwischen den Zwei Brüdern und erreicht in der Nachbarschaft von Kizilbahçe (früher Kilisman) das Gebiet des alten Klazomenae. Die Stadt lag sechs Meilen weiter entfernt auf einer kleinen Insel, die mit dem Festland durch einen Damm verbunden war. Auf dieser Insel befindet sich eine Quarantänestation, außerdem ein Krankenhaus für Knochenerkrankungen. Besucher der Insel müssen daher mit einem kühlen Empfang rechnen; ein Empfehlungsschreiben des Kaymakam von Urla ist angezeigt.

Klazomenae war wie Phokaea eine verhältnismäßig späte Gründung unter den jonischen Pflanzstädten an der Küste. Pausanias berichtet, daß das Gebiet beider Städte vor der Ankunft der Griechen unbewohnt war. Im Falle von Klazomenae ist dies nicht absolut sicher, da sich vorgriechische Keramik an einem kleinen Hügel östlich von Urla fand (A auf der Karte). Es handelt sich dabei aber nicht um einen Ort, den die Jonier gewählt hatten. Pausanias berichtet, daß eine Gruppe von griechischen Siedlern unter der Führung von Leuten aus Kolophon kam und eine Stadt unterhalb des Idagebirges in der Troas gründete. Diese gaben sie bald auf und ließen sich vorübergehend auf dem Gebiet von Kolophon nieder; dann besetzten sie endgültig das Land, das ihre ständige Heimat wurde, und bauten eine Stadt namens Klazomenae auf dem Festland. Die Ausdehnung auf die Insel kam später »aus Furcht vor den Persern«.

Abb. 24 Klazomenae

Daß Klazomenae ursprünglich auf dem Festland und nicht auf der Insel lag, wird noch auf andere Weise bezeugt. Strabo nennt einen Ort Chytrion auf dem Festland, »wo sich die Klazomenier einst niedergelassen haben«. Wir kommen darauf zurück. In einem weiten Gebiet von mehreren Meilen wurde eine große Zahl von *bemalten Sarkophagen* gefunden, die eine Eigentümlichkeit von Klazomenae sind. Ein oder zwei Beispiele kann man im Museum von Izmir sehen; die meisten, die nach Izmir gelangten, wurden bei der Feuersbrunst von 1922 zerstört. Diese Sarkophage gehören in das 6. Jahrhundert v. Chr. Keiner von ihnen wurde auf der Insel gefunden. Die genaue Lage des frühen Klazomenae wurde mit großer Wahrscheinlichkeit von Professor J. M. Cook bestimmt. Eine Meile südwestlich von dem Hügel A fand er in einem abgeschlossenen Tal (B auf der Karte) viel Keramik des 6. Jahrhunderts und älteren Datums als sicheren Beweis für eine Siedlung in dieser Zeit. Gebäudereste sind nicht mehr zu sehen, aber ungefähr achtzig klazomenische Sarkophage wurden in unmittelbarer Nähe von dem griechischen Archaeologen G. P. Oikonomos im Jahre 1921/22 ausgegraben. Die Akropolis dieser frühen Stadt muß sich auf dem Hügel C befunden haben, auf dem ein vereinzeltes Haus steht. Es bietet sich ein ähnliches Bild wie bei der Akropolis von Elaea. Man sollte jedoch mehr Befestigungsreste erwarten; denn um 600 v. Chr. griff der Lyderkönig Alyattes nach der Eroberung von Smyrna Klazomenae an, das hart verteidigt wurde. Diese Überlieferung spricht für sehr starke Mauern, von denen nichts mehr erhalten ist, oder für einen außergewöhnlichen Wehrwillen der Bürger.

Von hier siedelten die Klazomenier »aus Furcht vor den Persern«

15

Links: Ephesos
Relief mit
Dreifuß und
Omphalos

Rechts: Ephesos
Relief, Hermes
und Widder

Ephesos. Hadrianstempel

16

Aleonquelle

auf die Insel über. Dieser Vorgang dürfte in die Zeit des ersten Vordringens der Perser nach dem Ende der Kroisosherrschaft 546 v. Chr. fallen. Da die archaische Keramik bis an das Ende des 6. Jahrhunderts reicht, ist es wahrscheinlich, daß die Umsiedlung im Zusammenhang mit dem Jonischen Aufstand 500–494 v. Chr. erfolgte. In dieser Zeit bestand kein Damm. Auch während des 5. Jahrhunderts blieb Klazomenae eine reine Inselstadt. Im Delischen Seebund betrug die gewöhnliche Abgabe einundeinhalb Talente, eine Summe, die etwas über den bescheidensten Beiträgen Joniens lag; aber während des Peloponnesischen Krieges wurde sie plötzlich erhöht, zuerst auf sechs, dann auf nicht weniger als fünfzehn Talente. Es scheint, daß die Beträge auch wirklich bezahlt worden sind. Die Gründe für diese Erhöhung sind uns nicht bekannt. Die Athener brauchten mehr Geld für den Krieg; doch reichte dieser Grund nicht aus, die Klazomenier mehr zahlen zu lassen; wir wissen nicht, warum sich der Reichtum der Stadt so vergrößerte. Wie immer dies auch gewesen sein mag, einige Jahre später wurden die Bürger leicht von den Spartanern zum Aufstand gegen Athen überredet. Sie gingen auf das Festland und legten dort Polichna als Stützpunkt an. Etwas später griffen die Athener Polichna an, eroberten es und zwangen die Klazomenier wieder auf ihre Insel. Klazomenae trat wieder in das Bündnis mit Athen ein; ein neuer Angriff der Spartaner blieb ohne Erfolg.

Als 386 v. Chr. der sogenannte Königsfrieden zwischen den Griechen und den Persern abgeschlossen wurde, wurde in den Bestimmungen festgelegt, daß »der Großkönig es als sein Recht ansehen dürfte, daß die Städte in Asien ihm gehörten, und außerdem die Inseln Cypern und Klazomenae«. Demnach dürfen wir annehmen, daß der Dammweg damals noch nicht bestand. Wir besitzen das Zeugnis von zwei antiken Schriftstellern, daß der Plan des Verbindungsdammes auf Alexander den Großen fünfzig Jahre später zurückgeht. Plinius sagt, daß Klazomenae eine Insel war, bis Alexander den Befehl gab, sie mit dem Festland über zwei Stadien zu verbinden. Pausanias teilt uns mit, daß Alexander Klazomenae zu einer Halbinsel machen wollte mittels einer Mole oder einem Deich zwischen Insel und Festland. Der genaue Beweis steht nach der Meinung des Verfassers bis heute noch aus; das Problem muß weiterverfolgt werden.

In den Jahren vor dem Königsfrieden gab es in Klazomenae innere Auseinandersetzungen, die lange anhielten. Wir besitzen dafür drei Zeugnisse. Ein athenischer Beschluß von 387 v. Chr., auf Stein erhalten, erlaubt den Klazomeniern die Entscheidung, »ob sie mit den Leuten von Chyton einen Waffenstillstand abschließen wollten oder nicht, und auch, was sie mit den Geiseln von Chyton tun wollten«. Er unterscheidet dabei zwischen »solchen, die flohen und solchen, die blieben«. Aristoteles schreibt um 330 v. Chr. von seiner Beobachtung, daß Uneinigkeit in den Städten manchmal auf die Bodenverhältnisse zurückginge, wenn die natürlichen Bedingungen nicht einer einzelnen Stadt entsprächen und zwei getrennte Städte passender erschienen, »wie im Falle von Klazomenae zwischen den Leuten von Chytron (!) und denen auf der Insel«. Offensichtlich fanden es die Leute von Chyt(r)on auf dem Festland schwierig, mit ihren befreundeten Bürgern auf der Insel auszukommen, und wenn ein Streit entstand zwischen den Demokraten und den Oligarchen auf der Insel, zog sich eine Partei in der Hoffnung zurück, Anerkennung zu finden. Zweifellos erweiterte sich dann der Bruch zwischen den beiden Parteien der Stadt, so daß Feindseligkeiten entstanden. Auf solche Ereignisse bezieht sich Ephoros in einem Fragment seiner Geschichte dieser Zeit: »die von Klazomenae ließen sich auf dem Festland an einem Platz nieder, den sie Chyton nannten«. Dieser Ort ist wahrscheinlich derselbe wie Strabos Chytrion, wo die Klazomenier zu leben pflegten.

Der fragliche Platz hat Anlaß zu Streitfragen gegeben. Zunächst, welches ist die richtige Namensform, Chyton, Chytron oder Chytrion? Das »r« entscheidet über die Bedeutung des Wortes. In einem Falle wie diesem wird man der Inschrift den Vorzug geben, die ein Originaldokument ist, vor den Schriftstellern, welche Zufallsfehlern unterliegen. Nehmen wir an, daß Chyton richtig ist. Dieses Wort begegnet in der Überlieferung zur Bezeichnung von Erde, die zu einem Hügel angehäuft wird, und einige Gelehrte haben darin einen Hinweis auf den Dammweg gesehen; sie setzen daher Chyton landeinwärts am Ende des Dammes an. Zur Unterstützung ihrer Auffassung berufen sie sich auf die Worte des Plinius, der zu sagen scheint, daß Klazomenae vorübergehend Chytoporia genannt wurde. Dies würde bedeuten »der Weg über eine Aufschüttung«, was kaum etwas anderes als den Damm bezeichnen kann. Aber die Stelle ist unsicher auch in anderer Hinsicht. Die Überlegungen reichen nach der Ansicht des Verfassers nicht aus, die durch zwei andere Autoren überlieferte Anlage des Dammes durch Alexander zu widerlegen. Nach Professor Cook hat Aristoteles die Wirren von Klazomenae der natürlichen Ursache zugeschrieben, daß der Boden für eine einzelne Stadt zu klein war. Dies würde natürlich nicht nur eine Entfremdung zwischen den zwei Parteien einschließen, sondern auch einen Unterschied in ihrer Situation, die eine Unverträglichkeit der Anschauungen entstehen ließ. Klazomenae war eine Inselstadt, Chyton landeinwärts orientiert, nicht ausgerichtet auf das Ende des Dammes. Wenn man sich an Strabos Chytrion erinnert, »wo die Klazomenier zu leben pflegten«, könnten wir annehmen, daß der fragliche Ort die ursprüngliche Stadt (B auf Abb. 25) war, die als ein Teil der Inselstadt weiter bestand; aber Professor Cook zieht eine Lage mehr landeinwärts vor, in der Ebene südwestlich von Urla. Hier fand er genügend Scherben als Zeugnis für eine Siedlung, obwohl sich keine Gebäudereste nachweisen ließen. Man kann leicht verstehen, daß hier Menschen wohnten, die sich vorwiegend mit Ackerbau beschäftigten, sich aber sehr schwer mit den Inselbewohnern verstanden. Wenn diese Auffassung zutrifft, sind wir nicht gezwungen, zwischen den verschiedenen Namensformen des Ortes zu wählen. Wenn Chyton die wahre Form ist, kann sich die Bezeichnung auf einen anderen Deich oder Hügel beziehen, den wir nicht mehr identifizieren können. Wenn Strabo sagt, daß die Klazomenier früher bei Chytrion siedelten, brauchte er nicht zu meinen, daß dies der ursprüngliche Name der Stadt war; er konnte der Ansicht sein, daß der Platz in seiner Zeit nicht länger bewohnt war. Dieses Problem begegnet häufig denjenigen, die sich mit der Topographie der Alten Welt beschäftigen. Seine Lösung oder seine wahrscheinliche Lösung ist eine der Leistungen, für die man Professor Cook danken muß.

In der Gelehrsamkeit stand Klazomenae keineswegs zurück. Zwei seiner Bürger waren anerkannte Philosophen. Anaxagoras, geboren um 500 v. Chr., wird zu den letzten jonischen Naturphilosophen gezählt. Diese Männer, die Väter der griechischen Philosophie, suchten die Urstoffe des Seins zu ergründen, aus denen die

Welt gebaut ist. Mehr darüber soll unten[1] gesagt werden. Während seine Vorgänger nach einem einzigen Element wie Wasser, Luft oder Feuer suchten, schuf Anaxagoras neue Grundlagen, indem er zugab, daß die Urstoffe von Anbeginn existieren und von einem geistigen Prinzip, dem Nous (Geist), zu Urkörperchen geordnet wurden. Er führte damit ein geistiges Ordnungsprinzip an Stelle des mechanischen ein und bereitete den Weg vor für die Philosophie eines Plato und Aristoteles. Über dreißig Jahre lehrte Anaxagoras in Athen. Er zählte Perikles und Euripides zu seinen Schülern. Aber einige seiner Lehrmeinungen, wie beispielsweise die, daß die Sonne eine glühende Steinmasse sei, ertrugen die konservativen Athener nicht, und sie verfolgten ihn wegen Gottlosigkeit. Dies hätte zu einer öffentlichen Anklage führen können wie später im Falle des Sokrates; Anaxagoras wurde nur durch das persönliche Dazwischentreten des Perikles gerettet. Man zwang ihn, Athen zu verlassen; er lebte bis zu seinem Ende in Lampsakos an den Dardanellen.

Der zweite Philosoph aus Klazomenae war der Sophist Skopelianos, der mehr als 500 Jahre später zur Zeit des Kaisers Domitian lebte. Sein Name ist kaum bekannt, wiewohl er zu seiner Zeit ein bedeutender Mann war. Er lebte und lehrte in Smyrna. Als die Klazomenier ihn drängten, zur Ehre der Stadt zurückzukehren, lehnte er mit der eleganten Ausrede ab, eine Nachtigall würde in einem Käfig nicht singen. Er hatte auch persönliche Gründe, nicht in Klazomenae zu leben, da er Streit mit seinem Vater hatte. Der alte Mann wollte außerhalb seiner Ehe ein Weib nehmen und nahm die Mißbilligung seines Sohnes schlecht auf. Die Frau erklärte, Skopelianos liebe sie selber, und ein erbärmlicher Sklave wurde zu der Verleumdung bestochen, er habe im Auftrag von Skopelianos die Speisen des Vaters vergiften sollen. Kurz darauf, als der alte Mann starb, stellte es sich heraus, daß er sein ganzes Eigentum dem Sklaven vermacht hatte. Im Jahre 92 n. Chr. erließ Domitian seinen bekannten Befehl, daß alle Weinstöcke in Jonien vernichtet und keine neuen mehr gepflanzt werden sollten. Deswegen hielt man den Kaiser im Altertum für einen Weingegner, aber wahrscheinlicher ist, daß er den Getreideanbau steigern wollte.

[1] Siehe Seite 221 f

Die Weinkultur war aber damals wie heute der Haupthandelszweig von Smyrna. Deswegen war man in der Provinz bestürzt, und Skopelianos wurde beauftragt, in Rom vorzusprechen. Sein Erfolg war so groß, daß er den Kaiser von seiner Absicht abbrachte und darüber hinaus eine Bestrafung für die erreichte, die den Weinanbau gefährdeten. Das war ein Triumph, denn Domitian war nicht der Mann, mit dem sich leicht verhandeln ließ.

Die **Insel Klazomenae,** heute unter dem Namen Klazümen, weist etwas mehr Altertümer auf als die nahen Plätze des Festlandes, doch nicht allzuviel. Der berühmte *Dammweg* existiert noch, nahe neben seinem modernen Nachfolger. 1764 konnte Chandler darauf reiten und hatte Schwierigkeiten bei der Rückkehr, als der Imbat am Nachmittag wehte. Es muß bezweifelt werden, ob man heute noch hinüberreiten kann. Denn gewöhnlich sind nur noch einige wenige Blöcke über dem Wasser sichtbar. Chandler schätzte seine Breite auf 9 m. Die Länge des modernen Dammweges beträgt 600 m und ist etwas länger als der antike Damm. Die Angabe des Plinius mit »zwei Stadien« ist eine klare Untertreibung.
Der Hafen lag in der Bucht an der schmalsten Stelle im Westen der Insel. Nördlich der Bucht finden sich bei I (Abb. 25) noch deutliche Reste von *Hafenanlagen;* die gut gearbeiteten und offensichtlich alten Blöcke liegen heute unter Wasser. An der Nordspitze der Insel befinden sich die Reste eines vom Wasser überspülten Kais; das Meer ist voll von abgetriebenen Blöcken. An diesem Küstenpunkt liegt eine kleine Strecke *Stadtmauer* in Quaderwerk aus kleinen Steinen. Der Rest der Mauer ist verschwunden. Nach dem Bau des Dammweges mußte ein bequemer Landesteg im Osten oder Westen je nach dem Wind angelegt werden.
Am Nordabhang des Nordhügels befand sich das *Theater* von mittlerer Größe, von dem jedoch keine Spuren zurückgeblieben sind außer der Aushöhlung am Hang. Als der Verfasser 1946 dort war, waren gerade einige Quaderblöcke gehoben worden, die jedoch seitdem entfernt sind. Auf der Hügelkuppe über dem Theater, dem höchsten Punkt auf der Insel, liegt die Ecke eines *rechteckigen Bauwerks,* die sauber in den Felsen gearbeitet ist; vom Gebäude selbst ist nichts übriggeblieben; der Lage nach kann es sich nur um einen *Tempel* gehandelt haben.

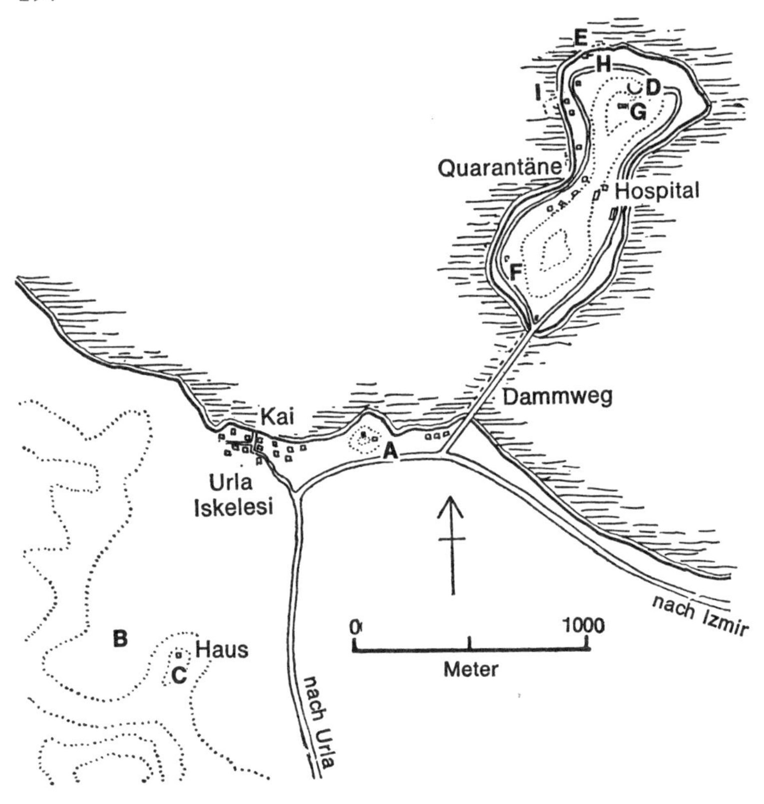

Abb. 25 Plan von Klazomenae

A Vorgriechische Siedlung / B Archaisch-griechische Siedlung / C Archaische Akropolis / D Theater / E Kai / F Ayazma / G Tempel (?) / H Ecke der Stadtmauer / I Mole

Sehr nahe an der Küste bei F liegt eine *Höhle mit einem Brunnen.* Wie der Name *Ayazma* sagt, betrachtete man ihn in der Vergangenheit als heilige Stätte. Die Stufen sind nicht antik, wohl aber das gute regelmäßige Mauerwerk über dem Eingang. Die Höhle soll aus vier miteinander verbundenen Kammern bestehen. Diese wurden vor zwanzig Jahren ausgehoben, doch stürzte dabei die Decke ein, so daß man heute nur noch eine Kammer und den Teil einer anderen sehen kann. Diese eine Kammer enthält den Brunnen. Die 1,50 m hohe Decke ist aus dem Felsen gearbeitet und von zwei Felspfeilern gestützt; mehrere Nischen befinden sich in der Wand. Der Brunnen ist über 1,50 m tief. Das Wasser ist nicht salzig, aber auch nicht zum Trinken geeignet. Pausanias, der verschiedene Merkwürdigkeiten in Jonien verzeichnet, berichtet, daß die Klazomenier eine Höhle besaßen, die sie »Höhle der Mutter des Pyrrhos« nannten. Pyrrhos war ein Schafhirt, und man erzählte sich eine Geschichte von ihm; sie wird uns aber nicht überliefert. Wir wissen nicht, ob es sich um die von Pausanias beschriebene Höhle handelt; eine andere ist auf dem Gebiet von Klazomenae nicht nachweisbar.

TEOS

»Teos ist ein Willkommensgruß«, schreibt Freya Stark. »Hier sollte man wohnen, wenn man die Wahl unter allen Städten Joniens hätte.« Der Verfasser erinnert sich seines eigenen Willkommens 1946. Innerhalb von zehn Minuten nach der Ankunft in Siğacik wurden ihm zahlreiche antike Vasen, Lampen, Tonfiguren und Spielknöchel neben einem Beutel mit antiken Münzen, an die 70 Stück, angeboten, die alle im Bereich der Ruinen von Teos gefunden worden waren. Bei den Spielknöcheln handelt es sich um die Halswirbel von Schafen und anderen Tieren; sie wurden als Würfel verwendet. Sie haben vier Flächen, auf denen sie liegen können; eingekerbt sind eins, drei, vier und sechs Striche. Falsche Würfel fehlen nicht; Aristoteles spricht von »Bleiwürfeln«; ein Würfel der Sammlung von 1946 enthielt einen kleinen Klumpen Blei. Auf einen anderen war geritzt »Herostratos liebt B. Z.« – ein wenig rätselhaft, aber vielleicht brachte es ihm Glück.
Der heutige Besucher kann nicht mit soviel Finderglück rechnen. 1946 wurde Teos zur verbotenen Zone erklärt, und Fremde wurden selten. Jetzt sind sie häufig vertreten, da das Hauptgebiet von Teos zu einem Nato-Badestrand wurde und man gute Verbindungen mit Smyrna schuf. Aber die Bauern sind so freundlich wie je, und Siğacik ist ein sehr erfreulicher Ort[2]. Die Häuser sind im Bereich eines *genuesischen Kastells* gebaut, das die Stelle eines alten

[2] Der Name wird heute auf den Wegweisern Siğacak geschrieben.

Landeplatzes einnimmt. In den Ruinen von Teos hat die Universität Ankara neuerdings *Ausgrabungen* unternommen, die bei der Niederschrift des Manuskriptes noch andauerten.
Nach der Überlieferung wurde Teos von den Minyern aus Orchomenos in Böotien gegründet; Jonier und Athener, geführt von zwei der zahlreichen Söhne des Kodros, folgten ihnen. Die Stadt blühte gleich nach der Besiedlung auf und gründete eine Anzahl von Pflanzstädten, deren Geschichte jedoch meist im Dunkeln liegt. Um 600 v. Chr. schlug Thales von Milet vor, daß die zwölf jonischen Städte ein politisches Bündnis in Teos abschließen sollten, da die Stadt zentral gelegen sei. Der Plan war sehr klug, denn das Panjonion hatte nur religiöse Bedeutung, und das Fehlen einer gemeinsamen Politik war die große Schwäche der Jonier, wie die Zeiten der Gefahr bewiesen. Aber der Vorschlag wurde nicht angenommen. Als die Perser kamen und Teos mit den restlichen Städten in ihre Hand fiel, segelten die Bürger, »weil sie die persische Anmaßung nicht ertragen konnten«, geschlossen nach Thrakien und gründeten dort die Stadt Abdera. Sie ist die bestbekannte Kolonie von Teos, trug der Mutterstadt aber keinen Ruhm ein, da ihre Bürger später wegen ihrer Dummheit verachtet wurden; ein Abderit war sprichwörtlich ein einfältiger Mensch. Viele Siedler kehrten bald in ihre Mutterstadt zurück, und in der Schlacht von Lade 494 v. Chr. konnte Teos siebzehn Schiffe stellen.
Der alte Wohlstand wurde bald wieder erreicht, und im Delischen Seebund entrichtete die Stadt Teos sechs Talente, eine Summe, die sie unter die reichsten jonischen Städte stellt. Ihr Aufstieg wurzelte im Handel zur See. Smyrna hatte zu dieser Zeit Dorfcharakter und Teos mußte einen großen Teil des Handels übernehmen, der früher von dort ausging. Als Hamilton 1836 Siğacik besuchte, war er überrascht, daß der Hafen selbst damals nicht Smyrna mehr vorgezogen wurde; denn man hätte die lange Fahrt durch den Golf und die wegen des vorherrschenden Imbat noch schwierigere Rückfahrt vermeiden können.
Im Jahre 304 v. Chr. wurde ganz Jonien von einem Erdbeben heimgesucht. Vielleicht schlug aus diesem Grunde Antigonos vor, die Bevölkerung von Lebedos nach Teos zu bringen und beide Städte zu vereinigen. Seine ausgearbeiteten Pläne für diesen »Synoikismos« sind durch eine bei Seferihisar gefundene Inschrift

erhalten; aber sie wurden nicht verwirklicht, weil Antigonos im Jahre 302 v. Chr. Teos an Lysimachos verlor und im folgenden Jahre im Kampfe fiel. Lysimachos verfolgte andere Pläne. Er brauchte Menschen für die neue Stadt Ephesos, die er gerade gegründet hatte, und er siedelte eine Anzahl von Bürgern von Teos und Lebedos nach Ephesos um.
Die Hauptgottheit von Teos war Dionysos. Die hochheilige Bedeutung dieses Gottes führte Ende des 3. Jahrhunderts zu einer bemerkenswerten Ehrung für die Stadt. Teos wurde zum Sitz des asiatischen Zweiges der »Techniten des Dionysos«; ihr Gebiet galt als heilig und unverletzlich. Diese »Techniten« waren eine Berufsgilde von Schauspielern und Musikern, welche bezahlte Künstler bei den Aufführungen von Schauspielen und Musikfestspielen in der ganzen griechischen Welt stellten. Außer dem Zentrum in Teos gab es noch lokale Gruppen in zahlreichen anderen Städten, um die Umgebung zu versorgen und um Preise mitzustreiten, die bei den Wettspielen in Tragödie, Komödie, Musik und Gesang verteilt wurden. Das Schauspiel stand stets unter dem Schutz des Dionysos; seine Künstler waren eine religiöse Berufsgemeinschaft. Sie erfreuten sich bestimmter allgemein anerkannter Privilegien, darunter Steuerfreiheit und Geleitschutz, wo immer sie hinkamen. Jede Gruppe hatte ihre eigene Organisation und war unabhängig von der Stadt, der sie zugeordnet war. Die Beziehungen zwischen der Stadt und den Künstlern regelten sich in jedem Falle nach Vereinbarung. Aber künstlerisches Temperament ist oft sehr schwierig. Da sie unentbehrlich waren, waren sie sich auch ihrer Bedeutung bewußt, und der Ruf unruhiger Kunden ging ihnen voraus. Philostratos nennt sie »eine sehr anmaßende Menschenklasse, die schwer in Ordnung zu halten ist«, und ein Aristotelisches Problem ist der Frage gewidmet: »Warum sind die Künstler des Dionysos allgemein schlechte Menschen?« Die nahegelegte Antwort ist die, daß sie zuviel ihrer Zeit mit losem Treiben verbrächten und daß sie ihre Künste nicht der Kunst wegen zeigten, sondern um ihren Lebensunterhalt zu verdienen, schließlich, daß sie keine Zeit hätten, Weisheit zu erwerben.
Die Geschichte dieser Gilde in Jonien widerspricht diesem Urteil nicht. Zunächst ging alles gut. Die Bürger von Teos kauften ein Gebiet im Wert von einem Talent und übergaben es den Techni-

ten mit Empfehlungen und Wünschen für ihr Wohlsein. Aber bald brachen Streitigkeiten aus und wurden häufig; um die Mitte des 2. Jahrhunderts wurden die Techniten genötigt, sich nach Ephesos zu begeben. Sie scheinen dort nicht volkstümlicher gewesen zu sein, und Attalos II. von Pergamon ließ sie nach Myonnesos bringen. Als sich darauf die Teier bei den Römern über das Wachstum der Stadt an ihren Gebietsgrenzen beschwerten, wurden die Techniten noch einmal umgesiedelt, diesmal nach Lebedos. Hier hieß man sie willkommen; denn Lebedos war nur wenig bevölkert und über diesen Zuwachs erfreut. M. Antonius brachte sie nach Priene, doch nur vorübergehend aus Entgegenkommen gegenüber Kleopatra; sie waren bald wieder in Lebedos.

190 v. Chr. ereignete sich ein Zwischenfall, der von besonderem Interesse für ein topographisches Detail, beschrieben von Livius, ist. Antiochos III. und die Römer befanden sich damals im Kampf um die Küste, und die Teier hatten bedeutende Mittel gesammelt, einschließlich fünftausend Krüge Wein, um das Heer des Königs zu unterstützen. Als der römische Admiral davon hörte, wandte er sich schnell nach Teos, ankerte im Nordhafen hinter der Stadt und begann das Gebiet von Teos zu plündern. Als sich die Teier über dieses Verhalten beschwerten, gab er ihnen die Wahl, ihm die für Antiochos gesammelten Vorräte zu überlassen oder als Feinde betrachtet zu werden. Nach einer Beratung beschlossen sie, dem Wunsch des Römers zu willfahren. Unterdessen lag die Flotte des Königs einige Meilen südlich der Insel Makris (heute Doğanbey Adasi). Als ihr Befehlshaber von dem römischen Unternehmen erfuhr, beschloß er, diese in dem Hafen zu fangen; denn, so sagt Livius, die Einfahrt ist wegen des vorspringenden Landes so eng, daß zwei Schiffe zusammen nicht ausfahren konnten. Dies ist sicher eine Übertreibung: die Einfahrt ist tatsächlich weniger als eine halbe Meile breit. Dennoch war der Plan, Schiffe zum Angriff auf die römischen Fahrzeuge an der Landseite bereit zu halten, zumal jene gegen den Wind fahren mußten, nicht schlecht und hätte Erfolg haben können. Bevor das Unternehmen jedoch eingeleitet wurde, befahl der römische Admiral, daß es für die Aufnahme von Wein und anderen Vorräten besser wäre, die Schiffe nach dem Südhafen nahe der Stadt fahren zu lassen. Als dies geschehen war und die Besatzungen am Ufer waren, um die

Vorräte (und vor allem, wie Livius sagt, den Wein) an Bord zu bringen, kam die Nachricht, daß die Flotte des Königs sich vorbereite vorzustoßen. Der Schrecken war groß. Unter größter Verwirrung wurden die Mannschaften zurückgerufen und eilten an Bord. Livius vergleicht die Szene mit dem plötzlichen Ausbruch einer Feuersbrunst oder der Eroberung einer Stadt. In der anschließenden Schlacht bewährte sich die Standhaftigkeit der römischen Soldaten, und Antiochos wurde kurz darauf gezwungen, erfolglos um Frieden nachzusuchen. Dieser Zwischenfall wird den Besuchern von Teos wieder lebendig. Damit erscheint Teos zum letztenmal in der Geschichte; denn mit der Einrichtung der römischen Provinz schied es aus dem geschichtlichen Geschehen aus.
Als berühmte Bürger von Teos kann Strabo zwei Männer nennen. Der eine ist der Lyriker Anakreon, der als erster nach der Lesbierin Sappho die Liebe zum Thema seiner Dichtung machte. Dieser reizende Lebenskünstler, dessen Statue in Athen einen singenden Mann mit seinem Becher zeigte, ist der einzige Beitrag der Stadt Teos zur frühen Kultur Joniens. Der zweite, Apellikon, war nicht gerade ein berühmter Mann, aber er ist bedeutsam wegen seiner Rolle, die er in der merkwürdigen Geschichte der Bibliothek des Aristoteles spielte. Bei seinem Tode hatte Aristoteles seine Bücher, die einzige Sammlung, die es damals gab, seinem Nachfolger Theophrastos vermacht, der sie seinerseits seinem Schüler Neleus hinterließ. Dieser brachte sie nach Skepsis in der Troas, wo sie von seinen Angehörigen geerbt wurden, ungeistigen Menschen, die nicht nach den Büchern sahen, sich aber weigerten, sie in die Bücherei von Pergamon zu geben[3]. Sie brachten sie in ein feuchtes unterirdisches Versteck, wo die Bücher schweren Schaden nahmen. Als die Bücherei um 100 v. Chr. für einen hohen Preis an Apellikon von Teos verkauft wurde, fand er in den Texten viele schadhafte Stellen. Da er mehr Bücherfreund als Gelehrter war, schrieb er die Texte auf neue Blätter ab und füllte die Lücken mit seinen eigenen Vermutungen aus; so wurden die Bücher mit Irrtümern vollgestopft. Apellikons Bibliothek wurde später durch Sulla nach Rom gebracht, wo die Texte von einem eifrigen Anhänger des Aristoteles, Tyrannion, wieder herausgegeben wurden. Strabo vermerkt,

[3] Siehe Seite 73

daß beständig Fehler hinzukamen dank der Geschäftigkeit der Buchhändler, die ungeeignete Abschreiber beschäftigten und die Abschriften nicht prüften.

Die Lage von **Teos** ist in jeder Hinsicht ungewöhnlich. Es handelt sich um eine Halbinsel, aber die Akropolis befand sich nicht auf dem Festland, sondern auf einem eigenen Hügel in der Mitte der Landenge, halbwegs zwischen dem nördlichen und südlichen Hafen, über eine Meile von jedem entfernt. Die ältesten Befestigungen finden sich auf der *Akropolis;* einige Spuren von Polygonalmauern sind übriggeblieben, aber das Ganze ist stark überwachsen und kann nur wenig ausgemacht werden. Die Stadt erstreckt sich an der Südseite zwischen der Akropolis und dem Hafen und war im 3. Jahrhundert v. Chr. mit Mauern aus regelmäßigem Quaderwerk befestigt. Der Boden war eben, die Mauern stießen in gerader Führung rechtwinklig aufeinander, eine sehr ungewöhnliche Erscheinung. Heute ist nur noch wenig über dem Erdboden zu sehen; nur eine kurze Strecke der *Westmauer* ist nahe dem Tempel des Dionysos ausgegraben und bietet eine gute Vorstellung von dem Mauerwerk.

Der *Südhafen* ist seit dem Altertum stark verschlammt durch einen kleinen Fluß, der in ihn mündet, aber ein Teil des alten Kais steht noch auf der Innenseite der Südspitze. In den Zwischenräumen sind vorstehende Blöcke mit ringförmigen Bohrungen gesetzt, an denen die Schiffe vertäut wurden. Hamilton schloß aus ihrer Lage unmittelbar über dem Wasser, daß sich der Meeresspiegel seit dem Altertum nicht wesentlich verändert hat; in der Tat ist er nur um einen Klafter (1,83 m) gestiegen[4], und die Ringe müssen einst gut über dem Wasser gestanden haben. Auch im *Nordhafen* sind Reste einer Mole oder eines Landeplatzes unter dem Wasser vom *Genuesischen Kastell* an zu erkennen (Tafel 11 links).

Der berühmte *Tempel des Dionysos*, des großen Schutzgottes von Teos, stand an der Westseite der Stadt innerhalb der Mauer. Er wurde zuerst von einer Gemeinschaft von Dilettanten im 18. Jahrhundert ausgegraben, als ein Unternehmer aus Smyrna das Heiligtum zu einem Geschäft mit Marmorblöcken machte, mit dem Er-

[4] Siehe Seite 107 f

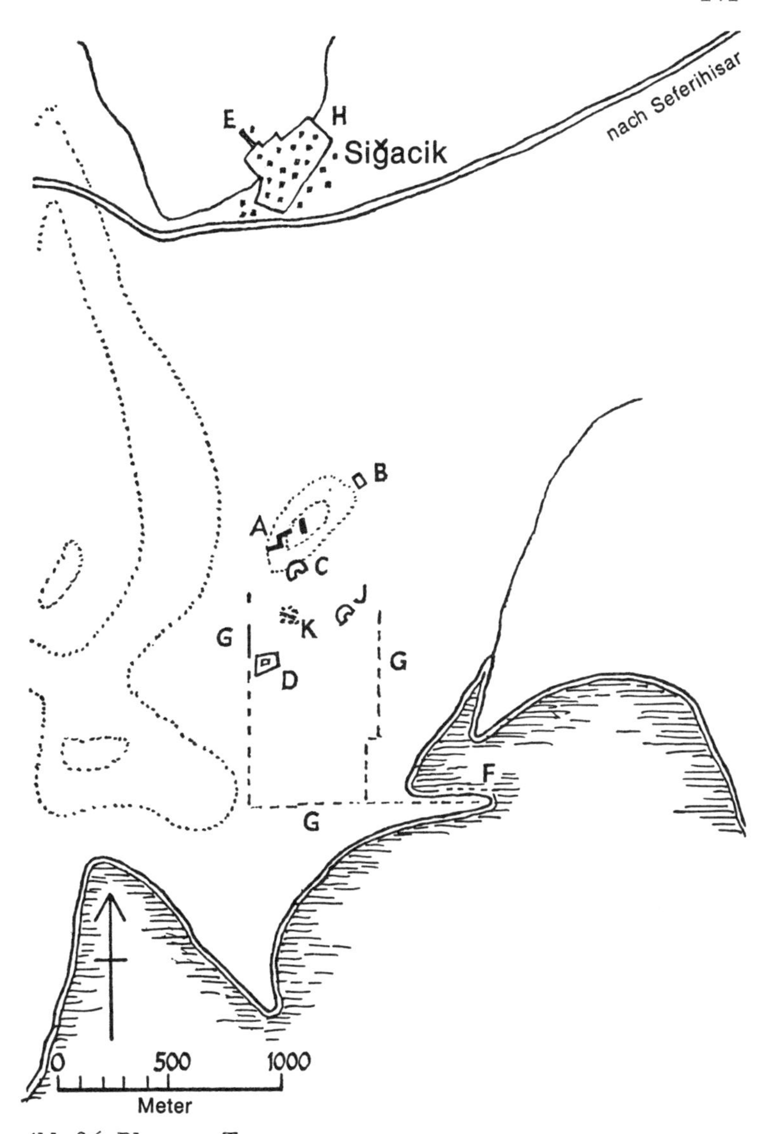

Abb. 26 Plan von Teos

A Akropolis und alte Mauer / B Gymnasion / C Theater / D Dionysostempel / E Mole und Hausteine im Meer / F Alter Kai / G Hellenistische Mauern / H Mittelalterliches Kastell / J Odeion / K Straße und Häuser

folg, daß bei den französischen Grabungen 1924 nur noch wenig außer den Grundmauern da war. Der Architekt, der den Tempel im 2. Jahrhundert v. Chr. baute, war Hermogenes von Priene; es war vielleicht sein erstes bedeutendes Bauwerk. Es handelt sich um einen vollständigen Neubau, da keinerlei Reste eines älteren Tempels gefunden worden sind. Die Bauordnung ist jonisch, der Grundriß normal mit Ausnahme der Tatsache, daß die Umfriedung überraschenderweise Trapezform hat. In römischer Zeit wurde der Tempel mit einer Widmung an den Kaiser, vermutlich Hadrian, erneuert; Reste der Inschrift sind erhalten. Dionysos führte hier den merkwürdigen Beinamen Setaneios, was gewöhnlich »das laufende Jahr« heißt mit Beziehung zu den Früchten der Erde. Dionysos, der römische Bacchus, war in Teos anscheinend der Gott des neuen Weines. Die türkischen Ausgräber haben nun begonnen, eine Anzahl von Säulen wieder zu errichten. Zwischen dem Tempel und der Stadtmauer wurden *Teile einer gepflasterten Straße* mit einem Wasserkanal entdeckt. Zwischen Tempel und Theater wurde auch ein Gebiet erforscht, das *Privathäuser* und eine andere enge Straße mit einem Wassergraben enthielt (Tafel 13 unten).

Am Südende der Akropolis liegt das *Theater*, ein wichtiges Gebäude in der Heimat der Techniten des Dionysos. Es handelt sich um eine hellenistische Anlage. Die Cavea ist schlecht erhalten; geblieben sind Teile der gewölbten Galerie unter den oberen Sitzreihen. Das *Bühnengebäude* ist kürzlich von Ausgräbern erforscht worden; es ist von römischem Typus mit einer über 4 m breiten Bühne. Merkwürdig ist die Tatsache, daß die vorragenden Blöcke des Proszeniums horizontal von Röhren durchbohrt sind. Die Blöcke sind mehrere Fuß groß. Die Röhren laufen nicht durch; ihr Zweck ist nicht geklärt. Man hat vermutet, daß sie die Akustik verbessern sollten; doch ist diese Vermutung sehr unwahrscheinlich. Die Akustik der griechischen Theater war hervorragend, wie jeder Besucher sich überzeugen kann. Im Altertum wurde sie durch Gefäße zur Lautverstärkung, die im Zuschauerraum verteilt waren, unterstützt. Man hat vermutet, daß sie aus Bronze waren, dreizehn an der Zahl, abgestimmt auf ein Intervall von einem Viertel oder einem Fünftel, und oben in einer horizontalen Reihe rund um die Cavea aufgestellt. Solche Bronzegefäße sind bisher in antiken Theatern nicht gefunden worden; aber Tongefäße, die diesem Zweck gedient haben mögen, kamen gelegentlich zutage.

Der Blick vom Theater von Teos hat die höchste Bewunderung moderner Schriftsteller erregt. Er umfaßt die Stadt, den Hafen und die Küste bis hin zum Vorgebirge von Myonnesos. »Wie sehr«, schreibt Hamilton, »muß die Betrachtung einer solchen Szenerie das Vergnügen des Zuschauers während der Aufführung des ›Agamemnon‹ oder der ›Medea‹ gesteigert haben.« Ximinez in seinem Buch ›Asia Minor in Ruins‹ geht noch weiter. »Wenn die Griechen die Lage eines Theaters auswählten, müssen sie zuerst an die Landschaft gedacht haben.« Diese Auffassung ist nach der Meinung des Verfassers verfehlt. Die meisten griechischen Theater hatten eine gute Aussicht, da sie an Hügelhängen gebaut waren; die griechische und die anatolische Landschaft ist schön. Aber diese Aussicht konnte man an jedem Tag des Jahres und von besseren Blickpunkten als vom Innern eines Theaters aus genießen. Schließlich war für die unteren Sitzreihen jede Aussicht durch die Bühne versperrt. Aufführungen in antiken Theatern waren besondere Gelegenheiten, begrenzt für eine bestimmte Anzahl von Tagen im Jahr. Die Zuschauer versammelten sich, um ein Schauspiel anzusehen, und es ist unwahrscheinlich, daß sie an die Landschaft dachten, die für sie alltäglich war. Man kann zweifeln, ob eine Aussicht dieser Art sie sehr beeindruckte. See und Küste, Berge und blauer Himmel waren in griechischen Ländern üblich; wir halten sie für schön, aber die Griechen zogen ein gut bewässertes Ackerland vor. Als der Verfasser einmal einem Bauern die Schönheit der Landschaft erklärte, lachte er über die Begeisterung des Fremden und antwortete: »Zu viel Steine« (Tafel 12 rechts).

Eine ansehnliche Bereicherung erfuhren die Sehenswürdigkeiten von Teos 1964, als die Ausgräber das *Odeion (J)* entdeckten. Es handelt sich um eine kleine, theaterähnliche Anlage mit elf Sitzreihen, die größtenteils erhalten sind. Zwei kleine Statuen-Basen tragen Inschriften zu Ehren von vornehmen Bürgern der Römerzeit. Ein Odeion wurde für Musikaufführungen benutzt und an einigen Orten auch für Schauspiele.

Nicht weit nordöstlich von der Akropolis liegen die Ruinen eines großen Gebäudes (B auf Abb. 26), das durch die Inschrift als *Gymnasion* bezeugt ist. Die Inschrift unterrichtet uns über das

Schulwesen im 2. Jahrhundert v. Chr. Sie erwähnt die Stiftung von reichen Bürgern für die Berufung eines Lehrkörpers im Gymnasion. Die Schüler, Knaben und Mädchen, wurden in drei Klassen geteilt, um in drei Fächern von drei Lehrern unterrichtet zu werden, die ein Gehalt von 500 bis 600 Drachmen pro Jahr bezogen, etwa 1000 bis 1200 DM heute. Zwei Sportlehrer bezogen jeder ein Gehalt von 500 Drachmen. Solche Bezahlungen lagen damals nicht unter dem Durchschnitt; in einer Schule von Milet betrug das Gehalt vergleichsweise vierzig oder dreißig Drachmen monatlich. Der Musiklehrer wurde mit 700 Drachmen im Jahr etwas besser bezahlt. Ein Exerzier-Meister und ein Lehrer im Bogenschießen und im Speerwerfen wurden von auswärts für zwei Monate bei einer Entlohnung von 300 und 250 Drachmen verpflichtet. Die Überfüllung von Klassen forderte notfalls die Einrichtung von Sonderklassen. Die Vergütungen erscheinen uns heute gering; aber wir dürfen nicht vergessen, daß erst in neuer Zeit der Lehrerberuf höher bewertet wird. Wir können das antike Lehrergehalt mit dem vergleichen, das vor wenigen Jahren ein türkischer Dorfschulmeister erhielt.

Die Gebäude von Teos wurden mit einem bläulichen einheimischen Stein von Marmorart gebaut. Die *Steinbrüche* kann man heute bei einem kleinen Steilhügel eine Meile von Seferihisar auf dem Wege nach Siğacik sehen. Der Hügel wurde noch zur Zeit des Verfassers als Steinbruch benutzt. Eine halbe Meile nach Nordwesten liegt *ein kleiner See*, den man auf einem schlechten Weg erreicht, wenn man rechts der Hauptstraße 500 m hinter dem Hügel abbiegt. Entlang der Straße zum See lagen in einer Senke vor hundert Jahren fünfzehn bis zwanzig *gehauene Blöcke von riesiger Größe* bis zu 10 und 12 cbm; sie waren so außergewöhnlich bearbeitet, daß Hamilton keine Parallele dafür anführen konnte. Die meisten sind jetzt entfernt, aber zwei oder drei liegen noch sichtbar nahe der Straße; andere sind unter dichtem Buschwerk verborgen. Die Art der Bearbeitung kann man der beiliegenden Skizze entnehmen; doch gleichen sie einander nicht. Einige tragen lateinische Inschriften, die das Datum nach dem römischen Konsul des Jahres verzeichnen, den Platz (durch eine Zahl bestimmt), wo sie gebrochen wurden und den Namen des Steinbruchbesitzers. Hamilton vermutete, daß man sie als Basen für das Aufstellen von Statuen,

Oben: Lebedos. Küstenmauer

Unten: Ephesos. Theater

Ephesos. Statue der Artemis von Ephesos

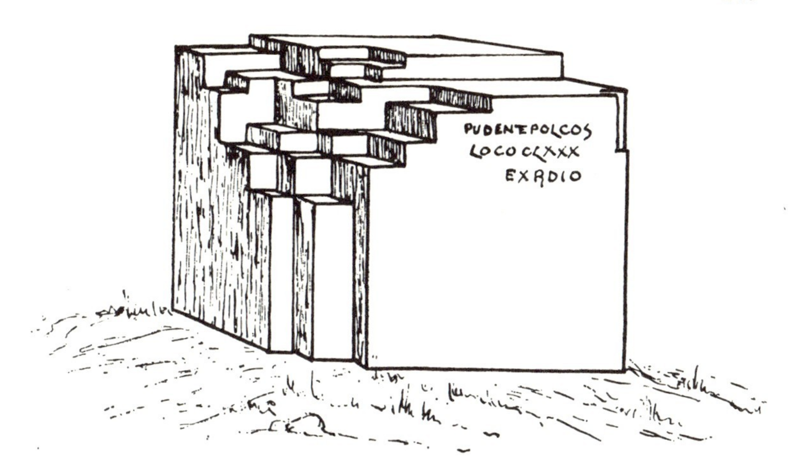

Abb. 27 Teos. Für den Transport bearbeiteter Steinblock

Gefäßen oder Geräten in einem Tempel-Schatzhaus verwenden wollte. Aber die wahre Erklärung ist viel einfacher. Ein ähnlicher Block liegt halb im Wasser im Meer nahe dem Kai von Siğacik. Hier war er beim Verladen in ein Boot abgekippt. Diese Steine waren also für die Ausfuhr bestimmt; aus Gründen der Wirtschaftlichkeit hatte man sie zurechtgeschnitten; man gewann so mehr Platz, als wenn man einen unbehauenen Stein verladen hätte. Marmor aus Teos hatte großen Wert. Die in den Inschriften genannten Konsulnamen weisen in die Jahre 165/66 n.Chr. Es scheint, daß zu jener Zeit der Marmorhandel aus irgendeinem Grunde ein plötzliches Ende fand; so ließ man die Blöcke, wie sie zugeschnitten waren, zurück. Der einzelne noch in der See liegende verwaschene Stein hat die gleichen Ausmaße wie die übrigen. Es überrascht, daß die Exporteure mit verhältnismäßig einfachem Gerät Steine im Gewicht von mehr als 30 t abschleppen und verladen ließen, anstatt sie handlich zu zerteilen. Offensichtlich wurden große Blöcke gewünscht. Bemerkenswert ist auch, daß der Stein, statt im Steinbruch entsprechend der letzten Zweckbestimmung des Auftraggebers gehauen zu werden, als einfacher Block ausgeführt wurde (Tafel 13 oben).
Plinius zählt Teos überraschenderweise unter die Inseln. Deswegen

haben einige Gelehrte angenommen, daß, wahrscheinlich von Alexander, ein Kanal zwischen dem Nord- und dem Südhafen angelegt worden war. Aber davon ist keine Spur zu sehen; auch spricht der Bericht des Livius über die Ereignisse von 190 v. Chr. nicht für die Existenz eines solchen Verbindungskanals. Es ist eher anzunehmen, daß die Angabe des Plinius auf einem Irrtum beruht.

MYONNESOS

Ein reizvoller, wenn auch nicht leichter Ausflug führt nach Çifit Kale, dem alten Myonnesos, der Mäuseinsel[5]. Die Insel ist ein etwa 60 m hoher, sehr malerischer Steilfelsen, der mit dem Festland durch einen *alten Dammweg* verbunden war; letzterer steht *jetzt unter Wasser*. Der Felsen liegt eine Meile nördlich von Doğanbey. Myonnesos ist auf dem Landweg schwer zu erreichen; der Weg von Seferihisar ist so weit wie von Doğanbey, sehr schlecht und ohne Führer schwer zu finden. Man kann also die Insel nur über den Dammweg erreichen, wenn man nicht hinüberschwimmen will; das Wasser reicht fast zu allen Jahreszeiten etwa bis an die Knie. Einfacher ist es, mit dem Boot von Siğacik zu fahren.

Myonnesos erscheint kaum in der Geschichte. Wie schon erwähnt, war es vorübergehend der Aufenthaltsort der Techniten des Dionysos, bis die Bewohner von Teos Einspruch erhoben und sie nach Lebedos ziehen mußten. Einige Jahre vorher, 190 v. Chr., versuchte Antiochos III. von Syrien, die Küste gegen die römische Flotte zu halten. Die Römer, die nach Unterstützung suchten, lagen eines Tages vor Teos, als sie bei Myonnesos zwölf bis fünfzehn Fahrzeuge ausmachten, von denen sie glaubten, es handle sich um einen Teil der königlichen Flotte. Bald aber nahmen sie wahr, daß es sich um Piratenschiffe handelte, die mit Beute von einem Unternehmen gegen Chios beladen waren, und sie machten Jagd auf sie. Die Piraten, die schneller waren und einen guten Start hatten, brachten sich nach Myonnesos in Sicherheit. Um sich die reiche Beute nicht entgehen zu lassen, beschloß der römische Befehlshaber, in See zu stechen und die Schiffe der Piraten aufzubringen. Er

[5] Dieser Name ist jetzt übertragen auf Siçan Adasi etwas östlich von Lebedos.

Abb. 28 Myonnesos

unternahm es nach Livius, weil er die Lage des Platzes nicht kannte. Der Geschichtsschreiber gibt uns eine Beschreibung von Myonnesos, wie sie nicht besser sein kann: »Der Felsen erhebt sich wie eine Pyramide auf einer breiten Basis zu einer scharfen Spitze; sie kann vom Festland aus über einen schmalen Damm erreicht werden; auf der Seeseite ist sie von zerklüfteten Klippen umgeben, die an vielen Stellen seewärts zu sehr überhängen, als daß sie Booten darunter Sicherheit geben könnten.« Die Römer wagten daher nicht näher zu kommen aus Furcht, daß die Felsüberhänge auf sie herabstürzten; sie gaben den Versuch auf und zogen sich nach Teos zurück. Dann folgten die oben beschriebenen Ereignisse[6], die mit der Schlacht von Myonnesos und der Niederlage des Antiochos endeten.

Aus dieser Überlieferung kann man natürlich folgern, daß der Felsen von Myonnesos nicht mehr war als ein Piratenversteck, wofür er hervorragend geeignet ist. Andere Nachrichten aber zeigen, daß Myonnesos eine Stadt war. Hekataios von Milet spricht um 500 v. Chr. von einer richtigen Stadt. Artemidoros von Ephesos andererseits nennt Myonnesos um 100 v. Chr. nur einen »Platz«, Plinius berichtet, daß Myonnesos eine schon zu seiner Zeit verlassene Stadt war. Es ist nicht denkbar, daß die Techniten des Dionysos in einem Piratennest wohnten; aber die Siedlung, welcher Art sie auch immer war, ist restlos verschwunden.

[6] Siehe Seite 138 f

Die *Felseninsel* ist höchst ungeeignet für eine Stadtanlage, da sie nirgendwo ebene Flächen aufweist. Sie ist in der Mitte durch eine große Kluft gespalten, die einige Fuß breit von Ost nach West verläuft. Im Nordteil befindet sich eine Strecke von gutem antiken Mauerwerk, das noch bis 3 m ansteht. Das *Mauerwerk* ist *von »kyklopischer« Art* und besteht aus sehr großen unregelmäßigen Blöcken. Diese vermitteln einen archaischen Eindruck und gehören zweifellos zu der »Stadt« des Hekataios. Die Mauerreste sind das einzige Zeugnis des alten Myonnesos; der übrige Teil der Insel ist mit Ruinen bedeckt, aber sie sind fast 2000 Jahre jünger, da Myonnesos auch eine Rolle in der türkischen Geschichte spielte. Die drei mit rotem Pflaster umrandeten *Zisternen* auf der Felsenkuppe können nicht datiert werden; sie gehören wahrscheinlich zu dieser jüngeren Siedlung.
Die Stadt und die Niederlassung der Techniten des Dionysos muß sich auf dem gegenüberliegenden Festland befunden haben. Hier erstreckt sich ein fruchtbares Tal, das stellenweise bebaut ist; es ist das Gebiet von Myonnesos. Die Oberfläche ist mit verstreuten Scherben bedeckt; doch ließ sich keine Spur eines alten Gebäudes nachweisen. Da das Land meilenweit im Umkreis verlassen ist, ist es wahrscheinlich, daß die Steine durch das Meer weggespült wurden; aber das völlige Fehlen von Grundrissen läßt vermuten, daß Myonnesos niemals die massiven Bauten besaß, denen wir an anderen Orten begegnen. Die Techniten des Dionysos können kaum ohne Theater existiert haben; aber nichts davon ist bisher entdeckt worden.

LEBEDOS

Von den zwölf jonischen Städten waren zwei bekanntlich kleiner als die übrigen. Es waren Myus und Lebedos. Ihre Ruinen sind sehr spärlich, und beide werden nur selten besucht. Myus wurde durch den Schlamm und die Moskitos des Maeander entvölkert. Lebedos lebte ruhig auf seiner Halbinsel und spielte keine bemerkenswerte Rolle in der Geschichte.
Die Gründungsüberlieferung ist recht einfach. Das Land gehörte ursprünglich den Karern, die im Zuge der jonischen Wanderung von den Söhnen des Kodros und seinen Nachfolgern vertrieben

Abb. 29 Lebedos

wurden. Dabei erscheint der Name Andraemon oder Andropompos; letzterer bedeutet »Männerbegleiter« und weist auf den Führer einer Kolonie; er darf als mythisch angesehen werden.

Lebedos ist ein charakteristisches Beispiel für die Besiedlung einer Halbinsel. Das niedrige Felsgebiet, etwa 300 m im Durchmesser, ist mit dem Festland durch eine Landenge verbunden. Auf dem gegenüberliegenden Festland liegt ein etwa 60 m hoher Hügel, der die Akropolis bildet. Das umliegende Land, das heute nur spärlich bevölkert ist, galt im Altertum als fruchtbar und hatte die besten und reichsten warmen Quellen der jonischen Küste. Aber die Lage der Stadt schloß sie von einer stetigen Wohlstandsentwicklung aus. Landeinwärts war Lebedos durch die Gebiete von Kolophon und Teos abgeschnitten; eine Entwicklung war nur von der See her zu erwarten. Doch fehlte ein guter Hafen; mit günstiger gelegenen Städten wie Ephesos und Teos konnte Lebedos im Seeverkehr kaum konkurrieren.

So bleibt die Geschichte von Lebedos ein unbeschriebenes Blatt. Nach der Überlieferung wurde von hier aus niemals eine Pflanzstadt gegründet; das große Zeitalter der jonischen Kultur brachte auf Lebedos keinen Dichter, Philosophen oder Gelehrten hervor. Niemals hat Lebedos einen berühmten Mann gehabt. Zur jonischen Flotte bei Lade steuerte die Stadt kein Schiff bei. Am Attischen Seebund war Lebedos mit drei Talenten beteiligt; die Summe war größer, als sie die Bürger aufbringen konnten, und so wurde die

Abgabe auf ein Talent herabgesetzt. Allein unter allen Städten Joniens prägte man in Lebedos in der klassischen griechischen Zeit keine Münzen.
In hellenistischer Zeit tritt die Stadt ein- oder zweimal hervor; aber sie erscheint kaum im hellen Licht. Wir haben schon den Plan des Antigonos erwähnt, Lebedos mit Teos zu verschmelzen[7]. Seine Durchführung hätte die vollkommene Aufgabe von Lebedos nach sich gezogen; doch kam es nicht dazu. Lysimachos, der Lebedos von Antigonos übernahm, soll die Stadt völlig entwurzelt und die Bevölkerung nach Ephesos gebracht haben. Doch alle Versuche, sie von der Karte verschwinden zu lassen, vermochte die Stadt zu überleben. Um 266 v. Chr. kam sie in den Besitz von Ptolemaios II. von Ägypten, der eine Art Neugründung unter dem Namen Ptolemaïs durchführte. Dieser Name hielt sich für sechs Jahrzehnte.
Im 2. Jahrhundert wurde Lebedos die ständige Heimat des jonischen Zweiges der Techniten des Dionysos. Diese unruhige Vereinigung, von Teos, Ephesos und Myonnesos vertrieben, wurde in Lebedos als Bevölkerungszuwachs begrüßt. Man empfand den Verlust an Einwohnern stets als störend. Die Techniten des Dionysos blieben dort die ganze Zeit hindurch, mit Ausnahme eines kurzen Aufenthalts in Priene. Zur Zeit Strabos wurde in Lebedos jährlich ein Fest mit Spielen zu Ehren des Dionysos gefeiert. Horaz, der kurz vor Strabo schrieb, nennt zwar Lebedos ein verlassenes Dorf; hier handelt es sich um einen Irrtum oder um eine Übertreibung. Die Stadt bestand weiter und ließ bis zum Ende des 2. Jahrhunderts n. Chr. auch Münzen prägen.

Die Halbinsel von Lebedos ist jetzt unter dem Namen Kisik bekannt. Auf älteren Karten wird sie Xingi genannt. Das Dorf Ürkmez liegt eine knappe Entfernung nach Nordwesten. Am reizvollsten ist ein Besuch mit einem Boot von Siğacik aus; doch kann man auch auf dem Landweg nach Lebedos gelangen. Man verläßt Seferihisar in Richtung Doğanbey und benutzt etwa 500 m außerhalb des Ortes nach einer Straßengabelung links einen staubigen Fahrweg. Hinter Lebedos setzt man den Weg über die Gümüldür-Schlucht nach Bulgurca und Cumaovasi fort, so daß

[7] Siehe Seite 136 f

man die Rundfahrt von Smyrna nach Teos und Lebedos an einem langen Tag in beiden Richtungen durchführen kann.

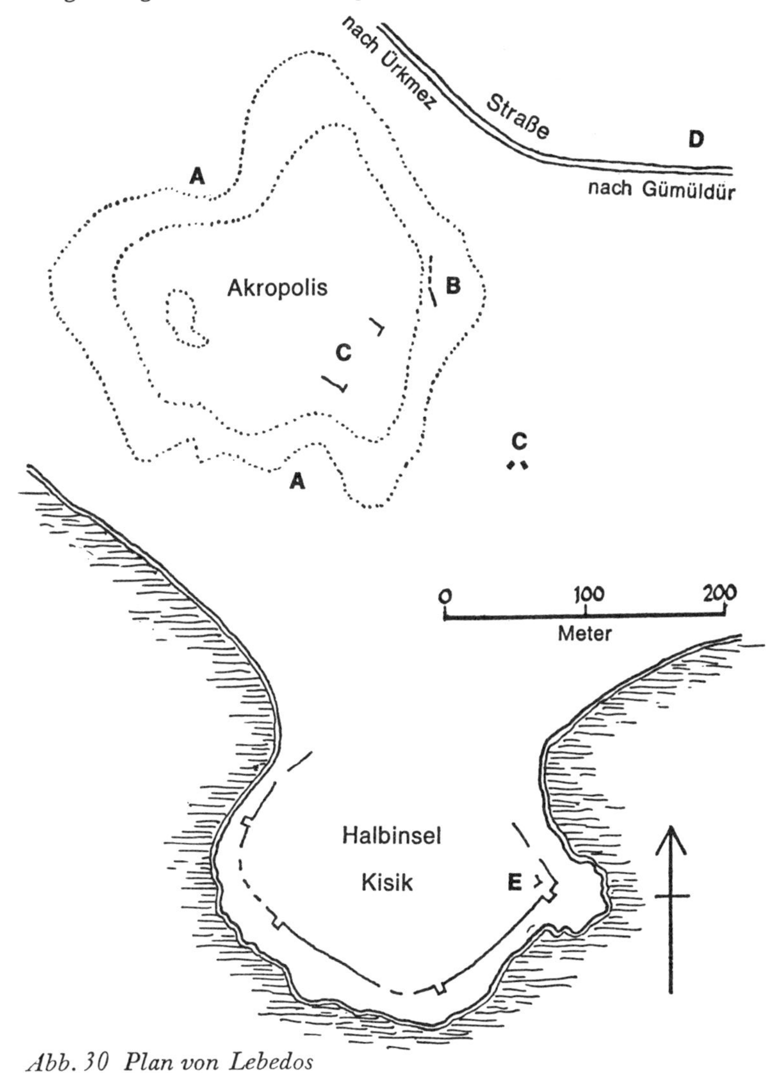

Abb. 30 Plan von Lebedos
A Theater (?) / B Stadtmauer (?) / C Gebäudereste / D Inschriftensteine E Kirche

Lebedos ist noch nicht ausgegraben; nur *wenige Ruinen* sind zu sehen. Am auffallendsten ist die *Mauer* rings um die Halbinsel, die noch in einer Höhe von drei oder vier Steinreihen ansteht. Sie ist etwas über 2 m stark, in gutem regelmäßigem Quaderwerk gewöhnlicher Bauart errichtet. Außen- und Innenwand bestehen aus behauenen Blöcken; der Zwischenraum ist mit Schutt gefüllt. Die Mauer besaß vier Türme und drei Tore, die sich direkt nach der See hin öffneten. Zum Südosttor, das am besten gegen das Wehen des Imbat geschützt ist, führt eine Felsenrampe vom Wasser herauf. Man sieht keine Spur einer Mole oder eines Kais, weder auf der Halbinsel noch auf der Landenge. Die Mauer ist jetzt nicht mehr über die Landenge zu verfolgen, die sie im Altertum durchzog. Hier wie in Myonnesos wurden wahrscheinlich viele Steine im Laufe der Zeit durch die See fortgespült; außerdem schleppten sie die Bauern von Ürkmez als Baumaterial weg. Innerhalb der Mauer gibt es allenthalben zahlreiche *Spuren von alten Gebäuden;* doch nur die Grundmauern sind übriggeblieben. An der Ostecke kann man noch *die Grundmauer einer alten Kirche in Basilikaform* mit drei Schiffen erkennen (Tafel 17 oben). Ein Bischof von Lebedos wird durch byzantinische Quellen bezeugt.

Die *Hauptsiedlung* befand sich sicherlich auf dem gegenüberliegenden Festland. Hier ist der Boden mit Scherben übersät. Die Hügelhänge weisen viele *Gebäudespuren* auf. Hier und dort kann man kurze Mauerstücke sehen; doch läßt sich nicht entscheiden, ob sie zu Terrassenanlagen oder zu Befestigungen gehörten. Unterhalb der Akropolis dehnt sich eine breite *Plattform;* an ihrem Rande im Süden und Südosten bemerken wir Grundmauern von großen Gebäuden; vielleicht gehörten sie auch nur einem einzigen großen Bauwerk, dessen Bestimmung unklar ist. Lebedos muß als ständiger Sitz der Techniten des Dionysos ein Theater besessen haben, aber wie in Myonnesos ist es bisher nicht gefunden worden. Mehrere Mulden am Abhang der Akropolis bieten günstige Lagebedingungen; sie öffnen sich teils nach der Halbinsel, teils nach Nordwesten. Doch zeichnen sich keine klaren Spuren einer Theateranlage ab.

Nahe der Nordseite des Weges, gegenüber der Landenge, liegen zwei Steinblöcke, von denen einer ein Kreuz trägt. Der andere gehörte einmal zu der *Mauer des Gymnasion.* Auf ihm sind grob die Namen von verschiedenen Schülern eingetragen. Sie sind von den Knaben selbst eingeritzt worden und dienten der Platzreservierung »Eikadios, Sohn des Menas, sein Platz« und ähnlich (Tafel 14 oben). Dasselbe Verfahren können wir wieder in Priene beobachten[8].

Wie bereits oben erwähnt, war Lebedos wegen seines Reichtums an *warmen Quellen* bekannt. Eine von ihnen liegt an einer Karakoç genannten Stelle, 17 km von Seferihisar an der Straße nach Ürkmez, auf der rechten Seite unterhalb des Weges. Das Wasser ist gut gegen Rheumatismus und schwankt in der Temperatur zwischen 40 und 50°. Schlammbäder und Heißwasserbäder werden im Sommer viel benutzt, sogar von Besuchern aus Ankara. Dicht neben den modernen Anlagen liegen die *Ruinen der alten Bäder*. Andere Heilquellen zum Baden und Trinken gibt es an der Westküste von Lebedos. Man kann sie auf einem Wege erreichen, der eine Meile nördlich von Karakoç rechts abzweigt.

ERYTHRAE

Die Überlieferung erzählt, daß eine Statue des vergöttlichten Herakles aus irgendeinem Grunde auf einem Floß in der phönizischen Stadt Tyrus zu Wasser gelassen wurde. Das Floß fuhr zu den Küsten Joniens und landete auf dem Festland bei Mesate (heute Top Nurnu), halbwegs zwischen Chios und Erythrae. Die Chier und die Erythraeer bemühten sich sehr um die Statue, konnten sie aber nicht transportieren, bis ein blinder Fischer von Erythrae eine hilfreiche Vision hatte: es wurde ihm im Traum enthüllt, daß die Frauen von Erythrae ihre Haare abschneiden müßten, aus denen die Männer ein Seil flechten sollten, um das Floß an Land zu bringen. Die vornehmen Frauen weigerten sich, an einem so unsinnigen Vorhaben teilzunehmen; aber die thrakischen Frauen, sowohl Sklaven wie fremde Ansiedler, stimmten eifrig zu, und mittels des Seils setzten sich die Erythraeer in den sicheren Besitz von Floß und Statue. Der blinde Fischer erhielt sein Augenlicht wieder, und ein Heiligtum für die Statue wurde gebaut; dort wurden keine Frauen außer den Thrakerinnen zugelassen. Das Seil

[8] Siehe Seite 214

wurde aufbewahrt und konnte noch zur Zeit des Pausanias gesehen werden. Er erzählt, daß Statue und Tempel sehr alt seien. Die Statue war mehr ägyptisch als griechisch. Man kann sie auf den Münzen der Stadt sehen (Tafel 30 unten).

Erythrae hat seinen Namen in Ildir gewechselt; auch die Namen Ritri und Litri sind bezeugt. Top Burnu liegt halbwegs zwischen der Stadt und Chios; es ist aber nicht sicher, daß Erythrae immer so lag. Professor J. M. Cook hat neuerdings vermutet, daß die Stadt um die Mitte des 4. Jahrhunderts v. Chr. von der kleinen Halbinsel Kalem Burnu westlich von Ilica verlegt wurde. Er weist darauf hin, daß die Scherben als Datierungszeugnisse für die Besiedlung im 4. Jahrhundert bei Kalem Burnu aufhören und bei Ildir beginnen; weiterhin wurde eine Inschrift des 4. Jahrhunderts bei Ildir gefunden, die von einem Straßennetz wie für die Neugründung einer Stadt berichtet. Ein jüngst entdeckter Fund von archaischen Scherben und anderen Gegenständen auf der Akropolis mag jedoch der Theorie entgegenstehen.

Die ursprüngliche Gründung geht nach der Überlieferung auf eine kretische Gruppe unter der Führung eines gewissen Erythros zurück, der seinen Namen »der Rote« der Stadt gab; aber solche »eponymen« Gründer sind rein mythisch. Später sammelte ein Sohn des Kodros namens Knopos eine Schar von Joniern aus anderen Städten Westkleinasiens und brachte sie mit Gewalt oder nach Übereinkunft (die Überlieferung schwankt hier) nach Erythrae. Die frühe Stadt wird als reich und wohlhabend beschrieben; doch weiß man nichts von ihrer Geschichte. Herodot berichtet, daß die Leute von Erythrae und Chios denselben jonischen Dialekt sprachen. Aber trotzdem bestand keine Freundschaft zwischen beiden Städten; denn im 7. Jahrhundert war Erythrae in einen Krieg mit den verbündeten Chiern und Milesiern verwickelt. Die Beziehungen wechselten ständig; etwas vorher hatte sich Erythrae mit Milet verbündet, um die Kolonie Parion am Marmarameer zu gründen.

In der Schlacht von Lade 494 v. Chr. steuerte Erythrae acht Schiffe zur jonischen Flotte bei, Chios dagegen hundert. Im Delischen Seebund betrug die Abgabe von Erythrae sieben Talente, vergleichbar den höchsten Summen der anderen jonischen Städte. In diesem Falle ist kein Vergleich mit Chios möglich, da Chios keine Geldabgaben entrichtete, sondern Schiffe beisteuerte, deren Zahl wir nicht kennen. Der Wohlstand von Erythrae wuchs zweifellos aus denselben Gründen wie der von Teos[9].

Inschriften des 4. Jahrhunderts, bei Ildir gefunden, geben uns nur einen flüchtigen Einblick in die Geschichte der Stadt; wir werden nur spärlich unterrichtet. Es handelt sich um einen Erlaß zu Ehren des Mausolos, des Herrschers von Karien, der als Wohltäter von Erythrae bezeichnet wird; doch wissen wir nicht, warum. Eine andere Inschrift bezieht sich auf die von einigen Oligarchen verübte Entstellung der Statue eines Patrioten, der »den Tyrannen« erschlagen hatte. Wiederum fehlen uns Detailangaben. Eine dritte Inschrift enttäuscht ebenfalls: sie ehrt einen Bürger, der Geldmittel beschafft hatte »für das Entsenden von Soldaten und die Zerstörung der Akropolis«. Wir möchten gern erfahren, wohin die Soldaten geschickt wurden und warum die Akropolis gerade zu der Zeit zerstört werden mußte, in der sie erbaut worden war. So bleiben wir auf Vermutungen angewiesen.

Unter den Ehrentiteln der Stadt findet sich der Besitz der berühmten Sibylle namens Herophile. Als Sibyllen bezeichnete man eine Reihe von weissagenden Frauen, deren Zahl zwischen vier und zehn schwankt. Am berühmtesten war die Sibylle von Cumae in Italien, und nach ihr Herophile. Diese Frau soll begeistert von sich in Versen folgender Art gesprochen haben:

»Ich stehe von Natur aus halbwegs zwischen einer Sterblichen und einer Göttin.
Meine Mutter war eine Nymphe, mein Vater ein Fischesser.
Idageboren bin ich von meiner Mutter;
mein Heimatland ist das rote Marpessos,
das meiner Mutter heilig ist,
und der Fluß Aidoneus.«

Nach dieser Stelle wurde Herophile in der wegen ihrer roten Erde bekannten Stadt Marpessos in der Troas unterhalb des Idagebirges geboren. Die Erythraeer bestritten diese Herkunft und forderten die Sibylle für sich selbst. Um ihren Anspruch zu behaupten, nahmen sie Zuflucht zu einer »höheren Art von Kritik«. Sie verwarfen

[9] Siehe Seite 136

in dem Spruch die letzte Zeile, so daß der Text gelesen werden mußte: »Mein Heimatland ist rot«. Dies konnte sich nur auf Erythrae (griechisch: rot) beziehen. Den Ausdruck »Idageboren« bezogen sie nicht auf das Idagebirge, sondern auf ein poetisches Wort *ida* in der Bedeutung »Waldgebiet«. Ihre eigene Meinung war, daß Herophile in einer Höhle am Berg Korykos auf dem Gebiet von Erythrae geboren worden war, daß sie weit gereist war und neunhundert Jahre lebte. 1891 wurde der Sitz der Sibylle in Ildir gefunden; es handelte sich um ein Quellhaus, das eine Anzahl Inschriften des 2. Jahrhunderts n. Chr. enthielt. In einer von ihnen behauptete die Sibylle wieder fest ihre Herkunft aus Erythrae gegen den Anspruch von Marpessos. Leider wurde die Entdeckung sehr geheimnisvoll behandelt und die Stelle kann nicht mehr identifiziert werden[10].

Die Ruinen von Erythrae sind ärmlich, da die Steine von Unternehmern des 19. Jahrhunderts weggebracht wurden. Die Lage selbst ist schön. Die 85 m hohe *Akropolis* hebt sich unmittelbar an der Küste gegen die umgebenden Hügel ab. Der Hafen ist hervorragend durch eine vorgelagerte Insel geschützt, eine der Gruppe, die im Altertum die ›Pferde‹ genannt wurde. Die zweieinhalb Meilen lange *Umwallung* folgt dem niedrigen Hügelrücken gegen Norden und Osten. Das umschlossene Gebiet wird von einem Bach bewässert, der im Osten innerhalb der Stadtmauer entspringt. Er ist im ganzen weniger als eine Meile lang. Sein Wasser ist bitter und zum Trinken ungeeignet. Es wird zur Bewässerung verwendet, ist aber nicht gut. An seinem Ende bildet der Bach einen Sumpf; er fließt reichlich und treibt zwei Mühlen auf seinem Weg. Sein antiker Name ist nicht bezeugt; die Inschriften sprechen von einem Fluß Aleon, was von Plinius bestätigt wird, der vermerkt, daß er die ungewöhnliche Eigenschaft habe, den Haarwuchs am Körper zu mehren. Andererseits zeigen die Münzen von Erythrae einen Flußgott namens Axos. Wenn es sich um zwei Flüsse handelt, so bleibt unklar, welcher beschrieben ist und wo der andere fließt. Da das Wasser nicht trinkbar war,

[10] Sie wird beschrieben als »am Ostfuß der Akropolis, nahe der Linken des Weges, wenn man von Süden kommt« — was kaum mit der heutigen Linienführung des Weges zu verbinden ist.

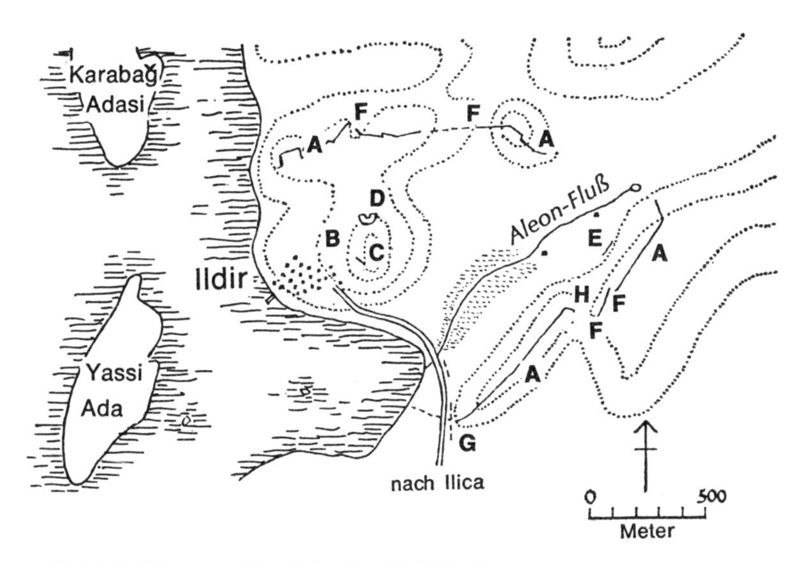

Abb. 31 Plan von Erythrae (nach Weber)
A Stadtmauer / B Akropolis-Mauer / C Terrassenmauer / D Theater
E Terrasse / F Tore / G Aquädukt / H Steinwechsel (s. Text unten)

war die Stadt auf *Röhrenleitungen* angewiesen; viele davon sind gefunden worden. Der *Aquädukt (G)* gehört in spätere Zeit (Tafel 16 unten).

Man kann den größten Teil der *Stadtmauer* in einem reizvollen Spaziergang von etwa einer Stunde abgehen. Die Mauer aus gutem Quaderwerk ist etwa 3,5 bis 5 m stark, mit Toren und Türmen ausgestattet. Bei H ist ein auffallender Teil, wo der fahle, meist weiße Stein von zwei Reihen aus dunkelbraunem Stein unterbrochen ist. Die Wirkung ist ungewöhnlich. Die Mauer endet an der Nordseite an einem kleinen Felshügel, der *eine zweite Akropolis* bildet; entlang der Küste sind keine Trümmer erhalten (Tafel 14 Mitte).

Von der inneren Verteidigungsmauer der Akropolis ist mit Ausnahme von einigen Stücken über dem Dorf bei B nicht mehr viel zu sehen. Das Mauerwerk ist dem der Außenmauer gleich. Bei C liegt eine kurze Polygonalmauer, die mehr *eine Terrassenanlage* als eine Befestigung zu bilden scheint. *Das Mauerwerk ist in einem* für die frühe hellenistische Zeit *typischen Polygonalstil* errichtet. Auf der Höhe der Akropolis ist nichts geblieben außer der Ruine einer griechischen Kirche.

Das *Theater* ist am Nordhang der Akropolis angelegt; aber sein Erhaltungszustand ist bescheiden. Eine Ausgrabung wurde hier 1963 vom Izmir-Museum durchgeführt. Es ergab sich, daß die Treppen der Cavea noch sehr gut erhalten sind, von den Sitzreihen jedoch nicht viel übriggeblieben ist. Vom Bühnengebäude ist nichts zu sehen. Das Theater ist nach Norden orientiert, was den Beifall des Vitruv gefunden haben dürfte. Eine Ausrichtung nach Süden sah er als unerwünscht an, nicht, weil die Sonne in die Augen der Zuschauer schien (ein Gesichtspunkt, den er nicht erwähnt), sondern weil sich die heiße Luft im Zuschauerraum fing und schweißtreibend wirkte. In Wirklichkeit folgte man keinesfalls immer der Anweisung des Vitruv, und die griechischen Theater sind ganz verschieden orientiert. Die von Milet und Priene sind nach Süden ausgerichtet, die von Teos und Kyme nach Südosten und Südwesten. Richtungweisend war immer das Vorhandensein einer geeigneten Mulde. Wenn jemand wirklich glaubt, daß die Griechen bei der Theateranlage zuerst an die Aussicht dachten, muß er das Theater von Erythrae als Beispiel nehmen, wo die Aussicht nach Osten, Westen und Süden im Gegensatz zur Nordorientierung hervorragend ist. Es ist nicht bekannt, wann das Theater ursprünglich gebaut wurde; ein Theater ist in einer Inschrift des 2. Jahrhunderts v. Chr. erwähnt (Tafel 14 unten).

Bei E hat sich *schönes Mauerwerk* erhalten, das eine Terrasse trägt; ohne Führer ist es nicht leicht zu finden. Es besteht aus Quadern und Polygonalsteinen. Nahebei gibt es jonische Architekturteile und eine Anzahl von *Weihenischen* im Felsen gegen Süden, die zeigen, daß hier ein Heiligtum war. Hamilton dachte an den berühmten Tempel des Herakles, aber andere überlegten, daß dazu die vom Meer und dem ältesten Stadtteil entfernte Lage nicht passe. Wenn Erythrae wirklich im 4. Jahrhundert von einer anderen Stätte hierher verlegt wurde, verliert dieser Einwand an Stärke. Aber wir wissen tatsächlich nicht, wo irgendein Tempel von Erythrae lag; die Ruinen sind zu stark zerstört. Wir wissen aber, daß es zahlreiche Heiligtümer gab, eine Inschrift verzeichnet den offiziellen Verkauf von einigen vierzig Priesterschaften durch die Stadt.

Nördlich vom Dorf, nicht weit vom Theater, befindet sich ein gut erhaltener *Mosaikfußboden.* Das Gebäude, zu dem er gehörte, ist zerstört. Andere Mosaiken sind an verschiedenen Stellen gefunden worden, heute aber nicht mehr zu sehen. Ein kleines *Museum* ist im Dorf für die Aufnahme der Kleinfunde aus der letzten Grabung errichtet. Zu ihnen gehören ungewöhnlich reich verzierte Steinblöcke, die in der Skizze abgebildet sind.

Abb. 32 Erythrae. Architekturstücke mit Reliefornamentik

Erythrae ist heute weniger unzugänglich als früher. Eine gute Straße wurde neuerdings von Ilica nach Ildir gebaut; andererseits können Besucher auch ein Motorboot zu mäßigen Preisen von Ilica aus nehmen. Die halb so lange Fahrt erfordert eine Stunde Zeit.

Ilica selbst ist keine alte Stadt, aber es besitzt die Stelle der warmen Quellen, durch die Erythrae ebenso wie Lebedos berühmt war. Heute ist es ein beliebter Strandort, der vor allem von den Bewohnern von Smyrna aufgesucht wird. Ildir andererseits bietet ein trauriges Bild. Die Häuser sind meist leere Ruinen, seitdem die griechischen Bewohner nach dem ersten Weltkrieg das Land verlassen haben.

7. Ephesos

Vor dem letzten Weltkrieg war der Besuch von Ephesos ein Abenteuer. »Ephesos«, schreibt H. V. Morton 1936, »steht würdig und allein da in seinem Tode ... mit keiner Spur von Leben außer einem Schafhirten, der sich an einen zerbrochenen Sarkophag lehnt oder einem Bauern, der sich gegen den traurigen Sonnenuntergang abzeichnet. Nur wenige Besucher kommen. Ephesos bietet ein unheimliches spukhaftes Bild.« 1939 war die Straße von Smyrna nach Ephesos so schlecht, daß der Wagen des Verfassers unmöglich weiterfahren konnte, sondern in einem Getreidefeld steckenblieb. Jetzt ist die Situation anders. Eine lange Autostraße führt den Autofahrer in etwas über einer Stunde von Izmir nach Ephesos; Hunderte von Besuchern können in der Hauptsaison täglich gezählt werden; man kann sich in einem Restaurant erfrischen, das in einer Ecke der Agora errichtet ist. Die österreichischen Grabungen, 1896 begonnen, sind wiederaufgenommen worden und werden ständig fortgesetzt.

Ramsay nennt Ephesos eine Stadt des Wandels. Seine Geschichte ist wechselvoll; auch die Lage hat sich verändert. Wie viele griechische Städte, darunter Smyrna und Klazomenae, lag Ephesos ursprünglich an anderer Stelle als die heutigen Ruinen.

Die von Athenaios (VIII, 361) mitgeteilte Gründungsüberlieferung ist etwas malerisch. Da die Gründer keinen Platz finden konnten, wandten sie sich an das Orakel, das ihnen mitteilte, sie sollten eine Stelle wählen, auf die ein Fisch und ein Wildeber hinzeigen würden. Es traf sich, daß einige Fischer gerade einen Fisch für ihre Mittagsmahlzeit nahe dem späteren Hafen rösteten und ein

19

Oben: Ephesos
Tor in der
Kureten-Straße

Unten: Ephesos
Belevi-
Mausoleum,
korinthisches
Kapitell

20

Oben: Ephesos
Die wieder-
errichtete
Johannes-
Basilika
auf dem Hügel
über Selçuk

Unten: Ephesos
Marmorstraße
und dorische
Halle (Stoa)

Fisch aus der Pfanne sprang, so daß die mitgerissene Holzkohle Späne in Brand setzte. Das Feuer breitete sich in einem Dickicht aus, in dem sich ein Wildeber verborgen hatte; der Eber wurde aufgeschreckt, verfolgt und schließlich dort erlegt, wo später der Tempel der Athena stand. Zur Erinnerung an diese bemerkenswerte Erfüllung des Orakels stand bis um das Jahr 400 n. Chr. die Figur eines Ebers neben der Hauptstraße der Stadt.

Die Gründer waren nach Strabo und Pausanias Jonier, die ein gewisser Androklos führte, einer der zahlreichen Söhne des sagenhaften Königs Kodros von Athen. Sie fanden das Gebiet von Karern und Lydern bewohnt, die um ein Heiligtum der großen anatolischen Muttergöttin siedelten. Mit ihnen kamen sie zu einer freundschaftlichen Vereinbarung, gründeten eine neue Stadt und nahmen den Kult der einheimischen Göttin unter dem Namen ihrer Göttin Artemis an. Diese älteste Stadt Ephesos lag am Nordhang des Theaterhügels, dem alten Berg Pion, heute Panayir Daği, an dessen Fuß die Küste verlief. Das Meer zog sich dann bis zum heutigen Selçuk zurück. In der Nachbarschaft stand wahrscheinlich der Athenatempel, der jedoch noch nicht bestimmt werden konnte. Von dieser ältesten Stadt ist nichts mehr zu sehen als ein Stück Polygonalmauer am Nordhang des Hügels.

Hier blieb die Stadt an die vierhundert Jahre. Zwei Vorteile gaben ihr eine hervorragende Stelle unter den griechischen Siedlungen in Jonien. So lag der Hafen vorteilhaft an der mittleren Westküste Kleinasiens an der Mündung des Kaystrosflusses. Außerdem war *der Tempel der Artemis* seit prähistorischer Zeit *ein Wallfahrtsort*. Seit dem 6. Jahrhundert war Ephesos auf dem Wege zum Wohlstand. Vielleicht wurde es aus diesem Grunde das erste Ziel der lydischen Angriffe unter Kroisos. Die Ephesier verteidigten sich, indem sie vom Tempel der Artemis bis zur Stadt über eine Entfernung von dreiviertel Meilen ein Tau spannten und sich so unter den Schutz der Gottheit begaben. Dieses fromme Mittel half natürlich nicht. Kroisos, der nie ein erbitterter Gegner der Griechen war, schonte das Heiligtum; die von ihm gestifteten Säulenreliefs kann man heute mit seinem Namen im Britischen Museum sehen. Aber die Stadt zerstörte er und siedelte die Einwohner landeinwärts in die Ebene südlich vom Artemistempel um.

Daß diese Lage durch die klassische Zeit hindurch bestand, wurde durch Messungen bewiesen; Ausgrabungen wurden noch nicht unternommen. Sie sind sehr schwierig, weil der Wasserspiegel seit dem Altertum gestiegen ist. Diese klassische Stadt war ohne Mauer und militärisch wertlos; aber ihr Hafen und der Artemistempel waren bedeutsam. So blieb der Wohlstand zuerst unter den Lydern unvermindert, dann unter den Persern, schließlich in der Mitgliedschaft des Attischen Seebundes. Die gewöhnliche Abgabe von sechs oder sieben Talenten stellt Ephesos in eine Reihe mit Milet, Teos und Erythrae; die einzige Stadt an der Küste mit höherer Abgabe an den Seebund war Kyme. Mit dem Königsfrieden von 386 v. Chr. fiel Ephesos wieder unter persische Herrschaft bis zur Ankunft Alexanders.

Im Laufe dieser Zeit war der große Tempel der Artemis den verschiedensten Wechselfällen unterworfen. Das älteste Gebäude, von dem Spuren gefunden worden sind, scheint in das 8. Jahrhundert zu gehören; es wurde von den Kimmeriern zerstört und durch ein anderes ersetzt, das Chersiphron als Baumeister errichtete. Es war im 6. Jahrhundert noch nicht vollendet, als Kroisos einfiel und seine Säulen stiftete. Im Jahre 356 v. Chr. – die Überlieferung spricht von derselben Nacht, in der Alexander geboren wurde – wurde der Tempel von dem wahnsinnigen Herostratos angezündet und zerstört, der dadurch dauernden Ruhm erlangen wollte. Die Ephesier machten sich sogleich an einen neuen schöneren Tempelbau unter dem Baumeister Deinokrates oder Cheirokrates. Der Bau war noch im Entstehen, als Alexander 334 v. Chr. in Ephesos ankam; stark beeindruckt von dem, was er sah, wollte er auf alle Abgaben für die Vergangenheit und die Zukunft verzichten, wenn ihm gestattet würde, eine Weihinschrift in seinem Namen anzubringen. Dieses Ansinnen wurde jedoch höflich mit der Begründung abgelehnt, daß es sich für einen Gott nicht zieme, eine Weihung an einen anderen Gott zu stiften.

Der Tempel, schließlich mit den eigenen Mitteln der Ephesier errichtet, *wurde* später *zu den sieben Wundern der alten Welt gezählt*. Das Verzeichnis dieser Wunderwerke geht nicht über die hellenistische Zeit hinaus. Es schließt außer dem Tempel der Artemis die Pyramiden in Ägypten, den Koloß von Rhodos, die Statue des Zeus in Olympia, die hängenden Gärten von Babylon, den Leuchtturm von Alexandria und das Mausoleum von Halikarnassos ein. Später rechnete man noch andere Bauwerke hinzu; schließlich wurde die Liste beträchtlich über die sieben Weltwunder hinaus erweitert[1].

Nach dem Tod Alexanders kam Ephesos mit dem Rest von Jonien unter die Herrschaft des Lysimachos. Der Hafen lag zu dieser Zeit zwischen dem Nordrand des Panayir Daği und der Mündung des Kaystros nach Nordosten. Der Schwemmsand, den der Fluß mit sich brachte, erwies sich immer mehr als Hindernis. Der Prozeß konnte schon zur Zeit des Herodot beobachtet werden. Lysimachos, der erkannte, daß die Stadt in dieser Lage dem unausweichlichen Verfall ausgesetzt war, unternahm eine vollkommene Neugründung an anderer Stelle. Diesem großen Entgegenkommen erwiesen die Ephesier wenig Dankbarkeit. Wie es sich so oft ereignet, weigerten sie sich, ihre Häuser zu verlassen, und der König war zu einer Kriegslist gezwungen. Er nahm die Gelegenheit eines heftigen Regens wahr, die Wasserkanäle der Stadt zu verstopfen, so daß die Häuser unbewohnbar wurden.

Der Platz, den Lysimachos ausgewählt hatte, befand sich dort, wo die heutigen Ruinen stehen. Aber von den ursprünglichen Gebäuden der hellenistischen Zeit ist kaum mehr etwas erhalten. Die Stadt war in eindrucksvollem Maßstab mit einer Stadtmauer von sechs Meilen Ausdehnung angelegt. Der alte Hafen wurde zu Gunsten eines neuen in der Bucht westlich unterhalb des Berges Pion aufgegeben. In den Kriegen der hellenistischen Könige war Ephesos nicht besonders bündnistreu. Nach dem Tode des Lysimachos unterstützte die Stadt zuerst die Seleukidenkönige in Syrien, dann eine kurze Zeit die Ptolemaeer in Ägypten, Ephesos diente als Hauptquartier für Antiochos den Großen und ging dann nach seiner Niederlage bei Magnesia in den Machtbereich des Eumenes von Pergamon über. Als Aristonikos den Römern ihre Erbschaft in Pergamon streitig zu machen suchte, schlugen sich die Ephesier auf Seiten Roms und besiegten den Bewerber mit eigenen Kräften in einer Seeschlacht bei Kyme. Andererseits unterstützten sie Mithridates als anerkannten Befreier und beteiligten sich mit ganzem Herzen am Blutbad unter der römischen Bevölkerung.

Als Hauptstadt der Provinz Asia und Residenz des römischen

[1] Siehe Seite 91

Gouverneurs blühte Ephesos in reichem Maße auf. Strabo, der zur Zeit des Augustus schreibt, berichtet, daß die Stadt täglich an Wohlstand zunahm und das größte Handelszentrum in ganz Asien westlich des Tauros war. Ihre Bevölkerung in der frühen Kaiserzeit wird auf eine Viertelmillion geschätzt. In ihren Inschriften bezeichnet sich die Stadt selbst als »die erste und größte Metropolis von Asien«. Es gab aber eine beständige Bedrohung, mit der die Ephesier zu kämpfen hatten: die dauernde Versandung des Hafens durch den Kaystros. Einen mißglückten Versuch, diese Gefahr zu beseitigen, unternahm Attalos II. von Pergamon, der versuchte, den Wasserkanal für die großen Handelsschiffe durch eine Mole am Hafeneingang zu vertiefen. Die Maßnahme hatte die gegenteilige Wirkung, und seit dem 1. Jahrhundert der Kaiserzeit war die Situation sehr ernst. Im Jahre 61 n. Chr. ließ der Prokonsul für Asien unter Nero den ganzen Hafen ausbaggern. Im nächsten Jahrhundert versuchte Hadrian eine andere Abhilfe durch Umleiten des Kaystros. Vom 3. Jahrhundert teilt uns eine Inschrift mit, daß Privatleute eine Stiftung von 20 000 Denaren machten, um den Hafen zu reinigen. Aber nichts konnte auf die Dauer helfen. Der Schwemmsand nahm zu, so daß der Hafen von Ephesos heute reichlich 5 km vom Meer entfernt liegt.

Der Ruhm des Tempels der Artemis blieb unbeeinträchtigt. Zu seinen Privilegien gehörte das Asyl, welches das Heiligtum bot; es garantierte die vollkommene Unverletzlichkeit eines jeden, der Zuflucht im Tempel suchte. Alexander dehnte die Grenzen dieses Schutzgebietes auf eine Stadie rund um den Tempel aus. Mithridates bestimmte sie, indem er einen Pfeil über 180 m von der Ecke des Tempeldaches aus schoß. M. Antonius, der mit der Aktion des Julius Caesar in Didyma wetteifern wollte, verdoppelte diese Ausdehnung, so daß schließlich ein Teil der Stadt einbezogen wurde. Doch erwiesen sich diese Maßnahmen als unbefriedigend, da zahlreiche Verbrecher in der Stadt Zuflucht suchten. So wurde die erweiterte Asylzone von Augustus wieder aufgehoben. Im Jahre 22 n. Chr. ordnete Tiberius eine strenge Untersuchung der Asylansprüche an, die sich in den verschiedenen griechischen Tempeln behauptet hatten, da die Beschwerden über Mißbrauch zunahmen. Die Städte wurden nach Rom eingeladen, um ihre Ansprüche zu verteidigen. Die Ephesier, die sich auf den noch frischen Erlaß des

Augustus stützen konnten, hatten die Genugtuung, daß ihr Antrag erfolgreich war.
Die hervorragende Bedeutung des Artemiskultes wurde durch den Kaiserkult nicht beeinträchtigt. Alle führenden Städte der Provinz waren eifrig bedacht, einen Tempel für den kaiserlichen Kult zu errichten; die Gründung konnte nur mit Genehmigung des Kaisers selbst geschehen, und der Wettbewerb war hart. Das Privileg, das mit dem Titel des Neokoros, des Tempelaufsehers, verbunden war, wurde Ephesos insgesamt viermal von Kaisern eingeräumt. Caracalla machte sich mit seinen eigenen Worten »in seiner Bescheidenheit zum Tempelaufseher der Göttin«, so daß kein neuer Tempel für ihn gebaut wurde; der Titel spricht für die große Bedeutung des Artemiskultes. Die stolze Stellung von Ephesos als »viermalige Tempelwächterin« wird veranschaulicht durch eine Münzprägung des 3. Jahrhunderts (Tafel 30 unten). Von den vier dargestellten Tempeln und Statuen gehört der obere links der Artemis, die anderen drei gehören den Kaisern. Dieses außergewöhnliche Kompliment für die altanatolische Göttin zeigt die Beflissenheit der römischen Verwaltung, die langbestehenden Einrichtungen der östlichen Welt zu fördern.
Aber der Gegner, der schließlich den Stolz der ephesischen Artemis demütigen sollte, war bereits da. Das Christentum hatte schnell in Ephesos eine Heimat gefunden. Paulus kam im Jahre 53 n. Chr. und fand einen kleinen Kreis von Bekehrten vor. Johannes, angeblich von der Gottesmutter begleitet[2], hielt sich in Ephesos und in anderen Städten seit 67 oder vielleicht schon eher auf; er hatte die Gemeinden gegründet, die später von Paulus besucht wurden. Paulus selbst lebte drei Jahre in der Stadt. Sein Missionserfolg wird durch das Begebnis im neunzehnten Kapitel der Apostelgeschichte bezeugt. Ein Silberschmied namens Demetrios lebte davon, Silberschreine der Artemis herzustellen. Er fand, daß die Predigten des Paulus sein Geschäft schädigten. So berief er eine Zusammenkunft von Berufsgenossen, die er auf die Gefahr für ihren Lebensunterhalt und die Ehre der Göttin hinwies. Zornig und erbittert erhoben sie ein Geschrei, das sich rasch durch die Stadt verbreitete. Das Volk drängte zum Theater und zog einige

[2] Siehe Seite 180

Begleiter des Paulus mit sich. Paulus selbst wollte auch gehen, doch es wurde ihm abgeraten. Im Theater tobte der Aufruhr. Für mehr als eine Stunde riefen die Leute, von denen viele gar nicht wußten, worum es sich handelte, »Groß ist die Artemis der Ephesier«. Der Tumult wurde schließlich von dem Sekretär beim städtischen Rat unterdrückt, der mit beruhigenden Worten auf die Bühne trat. »Die Größe der Artemis«, sagte er, »ist nicht in Gefahr, und diese Männer haben keinen anklagbaren Angriff gegen sie unternommen; wenn einer glaubt, sie haben es getan, mag er sich in der vorgeschriebenen Weise an den Gerichtshof wenden. Wenn dieser Aufruhr anhält, werden wir bald Rechenschaft vor den römischen Behörden ablegen müssen und haben nichts zur Verteidigung«. Der Zwischenfall ging vorüber, aber Paulus verließ daraufhin Ephesos.
Der Verfall des Römischen Reiches im 3. Jahrhundert traf Ephesos wie andere Orte. Viel schlimmer aber wirkte sich aus, daß die Verschlammung des Hafens plötzlich nicht mehr aufzuhalten war. Als Justinian im 6. Jahrhundert die große Kirche des Heiligen Johannes gründete, erbaute er sie nicht mehr in der Stadt, sondern auf einem Hügel nordöstlich über der heutigen Stadt Selçuk, die seitdem Mittelpunkt der Besiedlung wurde. Die Verbindung mit dem Meer war zerrissen, die großen Tage von Ephesos waren vorbei. (Tafel 20 oben)

Der heutige Besucher von **Ephesos** beginnt seinen Rundgang am besten mit der Besichtigung des Platzes, auf dem der *Artemistempel* stand. Er liegt an bezeichneter Stelle wenige Schritte nördlich der Straße nach Kuşadasi, ist an den Schutthalden der Ausgrabung zu erkennen und bietet ein trauriges Bild. Bis vor wenigen Jahren war dort nur eine riesige Wasserlache zu sehen, aus der einige Marmorblöcke hervorragten. Die österreichischen Ausgräber leiteten 1966 auf der Suche nach dem Altar das Wasser ab, und eine Weile konnte man die Grundmauern erkennen; zur Zeit der Abfassung dieses Werkes begann der alte Zustand wieder einzutreten.
Die Entdeckung des großen Tempels war die Lebensaufgabe des englischen Ingenieurs J. T. Wood. Die Lage des Tempels war völlig unbekannt; man wußte nur, daß er tief verschüttet war, und eine

Zeitlang bot sich kein Anhaltspunkt. Wood arbeitete in Ephesos von 1863 bis 1874 und versuchte sein Glück mit mehr oder weniger zufälligen Messungen an verschiedenen Stellen. Den Anhaltspunkt bot eine lange, aber zerstörte Inschrift, die im Theater gefunden worden war. Sie enthielt eine Anweisung, daß bei einem Schauspiel oder einer Versammlung im Theater die heiligen Bilder aus dem Tempel dorthin gebracht und wieder zurückgeführt werden mußten. Der beschriebene heilige Weg führte vom Magnesia-Tor aus. So war die Aufgabe, das Magnesia-Tor zu finden, das naturgemäß in der Richtung nach Magnesia liegen mußte, und die heilige Straße zu verfolgen. Wood arbeitete mit großem Erfolg. Die Straße tief unter dem Schutt erwies sich mit einem 12 m breiten Marmorpflaster als sehr gut erhalten. Sie führte zu einer Umfassungsmauer und damit zu dem Tempel selbst, der über 4 m unter der Erde lag. Diese Entdeckung gehört zu den Sternstunden der Archaeologie. Wood grub aber den Tempel nicht bis zu seiner tiefsten Schicht aus. Diese Aufgabe blieb D. G. Hogarth 1904 vorbehalten, der das berühmte Tempeldepot mit Goldfunden hob. (Tafel 19 oben und 20 unten)

Die wenig eindrucksvolle Lage des Artemisions in der Ebene außerhalb der Stadt wurde schon oft bemerkt. Leake wies darauf hin, daß die größeren Tempel Kleinasiens ausnahmslos ähnlich liegen. Er glaubte, daß der Grund dafür in der hohen schlanken jonischen Ordnung zu suchen sei, die in der Ebene besser zur Geltung käme, während die gedrängte Bauweise der dorischen Tempel besser für eine erhöhte Lage geeignet schien. Wir werden noch Beispiele in Magnesia, Sardes und Didyma kennenlernen; eine Ausnahme bildet Klaros.

Die Artemis der Ephesier wurde niemals eine rein griechische Gottheit, sondern behielt viel von ihrem orientalischen Ursprung. Ihr nichtgriechischer Charakter wird vor allem in der Darstellungsweise deutlich (Tafel 18). Die geschlossenen Schenkel und Füße vermitteln den Eindruck eines Pfeilers. Die Reihen von eiförmigem Behang über der Brust deutete man als Brüste; aber die jüngste Vermutung ist die, daß es sich tatsächlich um Eier handelt, die das übliche Symbol der Fruchtbarkeit waren. Dieses Gesamtbild verträgt sich nicht mit der griechischen Auffassung von der jungfräulichen Jägerin. Andererseits dürften die zahlreichen Tiermotive unterhalb der Brust, die Stiere, Löwen Sphingen und anderen Wesen die Tierwelt vertreten, die die griechische Artemis liebte und beschützte. Daß sich unter ihnen die Chimaere befindet, deutet wiederum auf östlichen Einfluß.

Ein ähnliches Bild bietet der Kult. Ihm dienten Priester, deren Ordnung von der griechischen Hierarchie völlig verschieden war. An der Spitze standen ein oder mehrere Priester; es handelte sich um Eunuchen mit dem Titel ›Megabyxos‹. Dieses Wort ist persisch und bedeutet »freigesetzt von der Gottheit« oder vielleicht auch »gegeben von Gott«. Der Megabyxos wurde nach Strabo stets von auswärts gewählt; er war zweifellos nichtgriechischer Herkunft und hatte eine hohe Ehrenstellung inne. Ihm zur Seite standen zahlreiche Jungfrauen, die von Plutarch mit den Vestalinnen in Rom verglichen werden. Man teilte sie in drei Klassen: die Neu-Priesterin oder Novizin, die Priesterin, die das Kultritual besorgte, und die Ex-Priesterinnen, deren Aufgabe darin bestand, die Novizen zu unterweisen. Eine weitere Priesterordnung bildeten die ›Essener‹. Auch hier handelt es sich um ein nichtgriechisches Wort im Sinne von »König«. Es ist nicht semitisch; ob Verbindungen mit der jüdischen Sekte der Essener bestehen, ist nicht erwiesen. Man hat vermutet, daß die ephesische Hierarchie um die Biene aufgebaut war, da die Biene das Nationalsymbol von Ephesos ist, das auf den Münzen und dem Bild der Artemis erscheint. Nach einer antiken Deutung bezeichnet das Wort ›Essen‹ soviel wie ›Bienenkönig‹, also Bienenkönigin, weil die Griechen in dieser Hinsicht irrten; man hat auch geglaubt, daß die jungfräulichen Priesterinnen Melissen genannt wurden, also »Bienen«. Es ist bekannt, daß bestimmte Priesterinnen der Muttergöttin diesen Titel hatten, aber er ist für Ephesos nicht bewiesen, so daß die ganze Theorie zweifelhaft erscheint. Die Essener scheinen die Mittler zwischen dem religiösen und dem bürgerlichen Bereich gewesen zu sein. Sie opferten der Artemis im Namen der Stadt, sie wiesen Neubürger einer Teilgruppe zu, und sie organisierten die öffentlichen Bankette, die den religiösen Zeremonien folgten.

Ein anderes Priesterkollegium im Dienst der Artemis waren die Kureten. In der griechischen Mythologie waren die Kureten Halbgötter, die ursprünglich mit Zeus verbunden waren. Aber eine örtliche Überlieferung berichtet, daß sie der Leto bei der Geburt

der Artemis in der Nähe von Ephesos beistanden; sie wehrten die Hera ab, die eifersüchtig der Leto zu schaden suchte, wo sie nur konnte. Dieser Mythos wurde jährlich in einem Fest gefeiert, bei welchem die Kultgemeinschaft der Kureten Opfer brachte und Bankette abhielt.
Eine andere Kultgemeinschaft hatte den merkwürdigen Namen ›Akrobaten‹ oder »die auf Zehenspitzen Gehenden«. Wir wissen nicht, warum sie diesen Gang hatten; alles, was wir wissen, ist, daß es sich um zwanzig Teilnehmer handelte, die Opfer brachten. Strabos Bericht läßt vermuten, daß nicht alle fremden Erscheinungen im Kult der Artemis unverändert bis in seine Zeit weiterlebten. Es ist aber bemerkenswert, daß die Göttin und ihre Hierarchie dem griechischen Einfluß lange und erfolgreich widerstanden.

Die heute noch sichtbaren **Ruinen von Ephesos** gehören ausschließlich in die römische Zeit. Eine Ausnahme bildet *die von Lysimachos gebaute Umfassungsmauer*. In der Ebene ist sie verschwunden, aber sie zieht sich noch den 300 m hohen Bergrücken im Süden der Stadt entlang, der jetzt Bülbül Daği genannt wird, und vermittelt einen empfehlenswerten Rundgang, wenn man einen halben Tag Muße hat. Mit ihren Türmen und Toren bietet die Mauer ein hervorragendes Beispiel für den hellenistischen Festungsbau. Als sie noch unzerstört stand, enthielt sie nach Miltners Berechnung allein ohne die Türme nicht weniger als 200 000 Kubikmeter Stein. Wo die Mauer an ihrem Westende zum alten Hafen hinunterzieht, besitzt sie einen stattlichen *Turm*, der ganz unbegründet »Gefängnis des Heiligen Paulus« genannt wird. Man kann ihn von der Stadt aus sehen. Eine Inschrift in dem Turm bezeichnet die Stelle, auf der er steht, als »Hügel des Astyages«; doch wissen wir nicht, wer Astyages war.
Die Abzweigung von der Straße von Kuşadasi zu den Ruinen führt den Besucher zuerst zu dem *Gymnasion des Vedius*, das im 2. Jahrhundert n. Chr. als ein Geschenk an die Stadt von dem reichen Bürger Publius Vedius Antoninus mit der Weihung an Artemis (Diana) und den Kaiser Antoninus Pius (138–161) erbaut wurde. Man betritt es von der Rückseite. Heute stehen noch die Reste der Bäder, die gewöhnlich in der römischen Zeit mit einem Gymnasion verbunden waren. Wir haben ähnliches in dem oberen

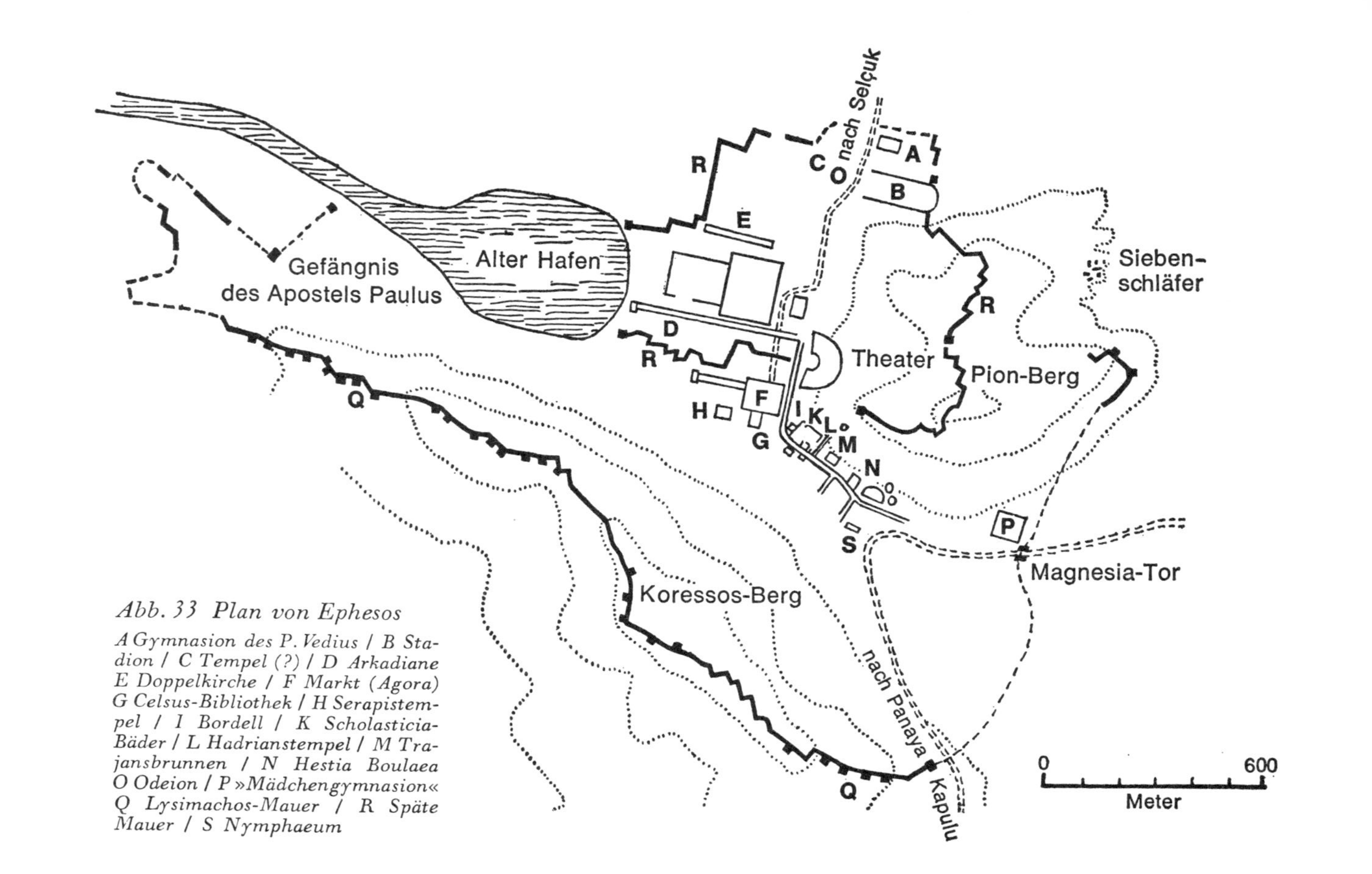

Abb. 33 Plan von Ephesos

A Gymnasion des P. Vedius / B Stadion / C Tempel (?) / D Arkadiane E Doppelkirche / F Markt (Agora) G Celsus-Bibliothek / H Serapistempel / I Bordell / K Scholasticia-Bäder / L Hadrianstempel / M Trajansbrunnen / N Hestia Boulaea O Odeion / P »Mädchengymnasion« Q Lysimachos-Mauer / R Späte Mauer / S Nymphaeum

Gymnasion in Pergamon gesehen. Die *Palaestra*, der offene Hof für athletische Übungen, liegt im Osten mit einer gut erhaltenen Latrine in der Südwestecke.
Südlich schließt das *Stadion* an. In seinem gegenwärtigen Zustand ist es nicht älter als das 3. Jahrhundert n. Chr., und sein ärmliches Aussehen geht auf Raubbau für die byzantinische Befestigung auf dem Hügel über Selçuk zurück. Die Ablauf-Stellen sind nicht erhalten; am interessantesten ist der Teil am Ostende, wo eine Rundanlage als Arena für Gladiatorenspiele und ähnliche Veranstaltungen diente und Räume für den Aufenthalt von wilden Tieren angelegt waren[3]. Wie in den meisten griechischen Städten so gab es auch in Ephesos kein Amphitheater. Da ein Ersatz dafür an keiner Stelle des Stadions während des Baues geschaffen wurde, hat man sich offensichtlich erst recht spät dazu entschlossen, diese Art Schauspiel zu veranstalten.
Unmittelbar gegenüber dem Stadion auf der anderen Seite des Weges liegt *ein kleiner Hügel;* hier stand einst ein Gebäude, von dem lediglich die Felsvertiefungen geblieben sind. Wahrscheinlich handelte es sich um einen Tempel, der vielleicht zu dem frühen jonischen Ephesos vor der Zeit des Kroisos gehörte; doch fehlen alle Anhaltspunkte.
Weiter gegen Süden liegt **das Große Theater.** Es ist ein schönes Beispiel des sogenannten griechisch-römischen Typus', eines griechischen Theaters in römischem Gewand. Die ursprüngliche Anlage entstand in der Zeit des Lysimachos oder kurz danach. Aus dieser Zeit stammen der Hauptteil des Bühnengebäudes und die allgemeine Form der *Cavea* mit drei Rängen von je 22 Stufenreihen, mit zwölf Zugangstreppen, die die Cavea in elf Sektoren teilten, und zwei Diazomata. Bemerkenswert ist, daß die Cavea über jedem Diazoma steiler wird. So wurde die Sicht der oberen Ränge verbessert. Das *Bühnengebäude* erhob sich 2,70 m über der Orchestra. Die Hinterwand des Bühnenhauses war mit Statuennischen und Reliefs geschmückt, unterbrochen von fünf mit Doppelsäulen flankierten Türen, die zu einem langgestreckten Gang

[3] Während der Drucklegung war die Trennmauer der Sicht entzogen durch Gestrüpp und Disteln, und das Stadion befand sich insgesamt in einem ärmlichen Zustand.

mit mehreren Räumen führten. Vom Bühnenhaus gingen an beiden Seiten zwei Treppen und Rampen in die Orchestra hinunter. Vom Oberbau, der den Hintergrund der Bühne bildete, steht nur noch wenig (Tafel 17 unten).

In der klassischen Zeit hatte das Theater keine Bühne. Die Schauspieler in den Stücken des Euripides oder Aristophanes spielten auf derselben Ebene wie der Chor in der Orchestra, oder sie standen ihm gegenüber nur leicht erhöht auf einer niedrigen Estrade oder Plattform. Als in der hellenistischen Zeit die Bedeutung des Chores nachließ, wurde eine hohe schmale Bühne für die Schauspieler eingeführt, die damit viel besser von den oberen Reihen her gehört werden konnten, ohne von den unteren weniger sichtbar zu sein. Diese hellenistische Bühne war gewöhnlich 2,50–3 m hoch und ungefähr ebenso tief; ein gutes Beispiel ist in Priene erhalten[4]. In römischer Zeit wurde das ganze Schauspiel auf der Bühne aufgeführt, die entsprechend auf das Doppelte von vorn nach hinten erweitert war; die für die Schauspieler nunmehr nutzlose Orchestra wurde während der Aufführung mit Stühlen für die angeseheneren Zuschauer besetzt.

Während des 1. Jahrhunderts n. Chr. wurde das Theater von Ephesos umgebaut, um es so modern wie möglich zu machen. Die Bühne, noch in derselben Höhe, wurde 3 m in die Orchestra verbreitert. Sie erhielt außerdem zwei Säulenreihen und eine Pfeilerreihe, die heute noch stehen. Hinter der Bühne errichtete man eine große Fassade von drei Stockwerken, die mit Säulen und Statuennischen ausgestattet war. Die Seitengänge zur Orchestra, die sogenannten Parodoi, waren im hellenistischen Theater offene Gänge zwischen Bühne und Cavea. An ihre Stelle traten im Neubau gedeckte Eingänge, von denen der der Nordseite gut erhalten ist. Diese Veränderungen brachten eine Verkleinerung des Zuschauerraumes auf beiden Seiten um 1,50 m. Neue Stützmauern waren erforderlich. Eine Inschrift bezeugt, daß das prunkvolle Werk dem Kaiser Domitian im Jahre 92 n. Chr. gewidmet wurde.

Mit diesem Umbau hatte man um das Jahr 40 n. Chr. begonnen; siebzig Jahre später war er dann vollendet. Die Arbeiten waren also noch im Gange, als Paulus in den fünfziger Jahren in Ephesos

[4] Siehe die Seiten 202—205

war. Um uns die erregte Versammlung vorzustellen, die der Silberschmied Demetrios einberufen hatte, müssen wir uns das Bühnengebäude eingerüstet denken und dabei die erstaunten Arbeiter während der unerwarteten Ruhepause.

Die Akustik des Theaters war wie immer ausgezeichnet und wurde außerdem im Altertum durch Lautverstärker aus Bronze oder Ton an verschiedenen Punkten im Zuschauerraum verbessert; der Gedanke des Lautsprechers ist hier vorweggenommen[5]. Die Schauspieler waren gegen die Sonne durch eine riesige Plane geschützt, die sich von einem Ende der Cavea bis zum anderen spannte.

Vom *Hügel über dem Theater* hat man einen ausgezeichneten Blick auf den größeren Teil der Stadt. Vorn rechts verläuft eine 530 m lange *marmorgepflasterte Straße, die Arkadiane, zum alten Hafen,* dessen Umriß an der verschiedenen Färbung des Grases abgelesen werden kann. Es führte immer eine Straße dorthin, aber das heute sichtbare Pflaster gehört in die Zeit um 400 n. Chr. Die Straße war über 5 m breit und hatte eine Säulenhalle auf beiden Seiten. Der Straßenname ist durch eine dort gefundene Inschrift bezeugt, die besagt: »Arkadiane hat zwei Säulenhallen, so weit wie bis zu dem Standbild des wilden Ebers mit fünfzig Laternen«. Der wilde Eber erinnert an die Gründungsüberlieferung der Stadt. Die Vorsorge für Straßenbeleuchtung ist bemerkenswert und sehr selten. Antiochia hatte sie im 4. Jahrhundert, aber in Rom waren die Straßen im 1. Jahrhundert, wie wir durch Juvenal erfahren, unbeleuchtet. Der Name Arkadiane, zu Ehren des Kaisers Arcadius gegeben, (395–408 n. Chr.), gibt ein annäherndes Datum. Eine andere Inschrift, die neben der Straße gefunden wurde, gibt uns Auskunft über die Abgaben, die von den Ladenbesitzern zu entrichten waren. Beispielsweise hatte ein Petersilienverkäufer 1 Denar Lizenzgebühr zu bezahlen. Das Ausrufen eines Siegers bei den Spielen kostete 6 Denare. Für eine Geburtsanzeige hatte man 1 Denar zu entrichten; doch wenn die Mutter zu einer gesperrten Klasse gehörte, wenn sie z. B. Priesterin oder Sklavin war, betrug der Satz 100 Denare. Offensichtlich garantierte der Besitz einer Geburtsurkunde in solchen Fällen bestimmte Privilegien und war es wert, bezahlt zu werden.

[5] Siehe Seite 142

Von der Arkadiane gelangt der Besucher auf einem kurzen Weg nach Norden zu der *Kirche der Jungfrau Maria*, die auch die Doppelkirche genannt wird. Das ursprüngliche Bauwerk war keine Kirche, sondern ein Profangebäude von langgestreckter Form, 30 m breit und über achtmal so lang, mit einer Apsis an beiden Enden und einer Reihe von kleinen Räumen auf jeder Seite. Es handelt sich um das Museum, eine dem Musendienst geweihte Halle, die als Stätte höherer Bildung für Vorlesungen und Disputationen bestimmt war. Dieses Gebäude wurde durch Feuer zerstört. Im 3. Jahrhundert n. Chr. wurden die Ruinen der Westhälfte in eine christliche Basilika mit einem Vorhof im Westen (A – G in der Skizze Abb. 34) umgewandelt. In dieser Kirche, die der Jungfrau Maria geweiht war, fand 431 n. Chr. das stürmische 3. ökumenische Konzil statt, das die Lehre der Nestorianer verurteilte. Nördlich vom Vorhof wurde ein *Baptisterium* angelegt. Dieses ist verhältnismäßig gut erhalten und hat im Fußboden des Mittelraumes eine Quelle zum Tauchen des Täuflings; Stufen führen beiderseits hinab. Die Form der frühen Basilika ist wegen der späteren Veränderungen nicht leicht zu erkennen. Nicht datierbar ist die *überwölbte Ziegelkirche* (E in der Skizze), die in den westlichen Teil der Kirche mit einer neuen Apsis eingebaut wurde. Noch später, als auch diese Kirche zerstört war, errichtete man eine kleine Basilika zwischen dem Ziegelbau und dem Ostende der frühen Basilika (G in der Skizze). Die Reste dieser späteren Anlagen haben meist die ursprüngliche Kirche der Jungfrau Maria überdeckt. Der Vorhof blieb unverändert; eine Anzahl von Inschriftsteinen wurde für seine Pflasterung gebraucht. Den östlichen Teil (H) des ursprünglichen Museums verwendete man für Wohnräume. Vor dem Theater rechtwinklig zur Arkadiane verläuft eine ähnlich gepflasterte Marmorstraße. Auf regen Fahrverkehr deuten die Wagenspuren[6]. Das Pflaster gehört wahrscheinlich in dieselbe Zeit wie die Arkadiane; aber die ansehnliche *dorische Halle* (Stoa) auf der Westseite wurde in der Mitte des 1. Jahrhundert n. Chr. geweiht (Tafel 20 unten).

[6] Wenigstens ein großer Teil der Straße war demnach für Wagen freigegeben.

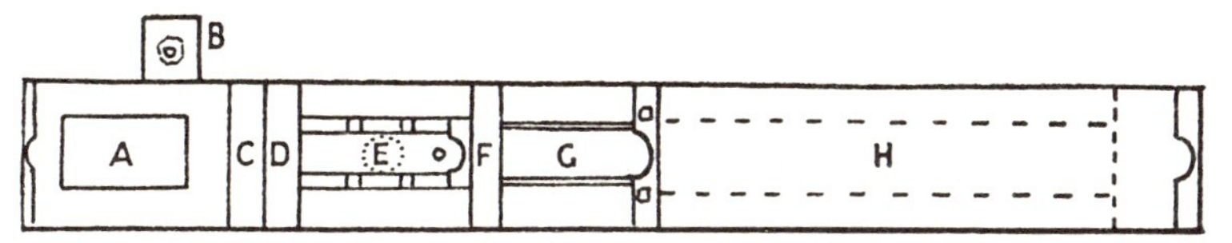

Abb. 34 Plan der Kirche der Jungfrau Maria
A Westteil des Museums, Hof der frühen Basilika / B Taufstätte, Baptisterium C Narthex der frühen Basilika / D Narthex der Ziegelkirche / E Ziegelkirche / F Narthex der späten Basilika / G Späte Basilika: Ostende der frühen Basilika / H Ostteil des Museums

Jenseits dieser Halle (Stoa) rechts liegt **die Bibliothek des Celsus,** wahrscheinlich das schönste erhaltene Gebäude dieser Art. Es folgt den Richtlinien, die der römische Architekt Vitruv aufgestellt hat, und ist nach Osten orientiert, so daß das Morgenlicht einfällt. Vom Vorhof vorn führen Treppen hinauf zu einer zweistöckigen Fassade mit Fenstern im oberen Stockwerk. Eine Inschrift bezeichnet das Gebäude als Bibliothek des Celsus und erwähnt, daß ein Julius Aquila 25 000 Denare für den Unterhalt und für den Ankauf von Büchern hinterließ. Dieser Aquila war der Sohn des Julius Celsus Polemaeanus, der im Jahr 106/07 Proconsul von Asien war; zu seinen Ehren und als sein Grab wurde die Bibliothek gebaut. Statuen des Celsus, mit Ehreninschriften in Griechisch und Lateinisch, standen an der Stufenfront.

Das Innere bestand aus einem einzigen großen 15 m hohen Raum, der von dreistöckigen Galerien umgeben war. Es gibt eine Anzahl Gemeinsamkeiten mit der Bibliothek von Pergamon. In der Mitte der Rückwand befand sich eine halbrunde Nische, wahrscheinlich für eine Statue der Athena. An den Wänden unten verlief eine fast 1 m hohe und ebenso breite Plattform, die Säulen zum Stützen einer darüberliegenden Galerie trug. An den Wänden befinden sich zehn rechteckige Nischen für die Bücher. Ähnliche Nischen, mit einer schmalen Galerie davor, standen zweifellos im zweiten und dritten Stock. Im Mauerwerk hinter den Nischen ist ein 1 m breiter Gang ausgespart, um die Bücher gegen Feuchtigkeit zu schützen. An der Rückwand öffnet sich die Tür zu einer unter der Mittelnische angelegten *Grabkammer.* Sie birgt den Marmorsarkophag für die sterblichen Überreste des Proconsuls Celsus. Gräber lagen im Altertum gewöhnlich außerhalb der Stadt; das Privileg eines Grabes in der Stadt war eine besondere Auszeichnung.

Vom Vorhof der Bibliothek führt *ein Tor mit drei Bogen* zu der Agora im Norden. Dieses Tor aus Marmor wurde von zwei reichen Bürgern, Mithridates und Mazaeos, für Augustus und seinen Schwiegersohn Agrippa errichtet. Die Inschrift, die ursprünglich über dem Tor stand, liegt heute an der Längsseite der Agora. Dieser Mithridates hat natürlich keine Verbindung mit dem berühmten König von Pontos. In der Mauer zwischen dem Tor und dem Vorhof befindet sich eine Inschrift des 3. Jahrhunderts n. Chr., die einen bestimmten Marktaufseher wegen der Verbilligung des Brotes rühmt. »Ein 14 Unzen-Laib feines Brot wurde für 4 Obolen verkauft; ein 10 Unzen-Laib grobes Brot kostete 2 Obolen.« Ein Jahrhundert früher war das Brot um die Hälfte billiger. Unterdessen hatte sich die Währung verschlechtert; die Inflation wirkte sich aus. Inschriften dieser Art lassen die alte Stadt vielleicht mehr aufleben als eine größere Zahl von eindrucksvollen Bauwerken. So sagt ein roh in eine Nische desselben Tores auf der anderen Seite eingeritztes Graffito: »Wer hier sein Bedürfnis verrichtet, den soll der Zorn der Hekate treffen.«
Hinter der Bibliothek nach Westen befindet sich die Ruine des *Serapistempels*, der im 2. Jahrhundert n. Chr. gebaut wurde. Serapis, der heilige Stier Apis, war eine ägyptische Gottheit. Ptolemaios I. hatte ihm einen Tempel in Alexandria gebaut, in dem die Statue des Gottes die Erscheinungsform des Pluto, des griechischen Gottes der Unterwelt, erhielt. Es war der Versuch, einen Kult einzurichten, der von den Ägyptern wie von den Griechen angenommen werden konnte. Die Ägypter ließen ihn bald fallen und wandten sich wieder dem alten Kult zu; aber seine Ausbreitung durch die Griechen und die Römer war bemerkenswert. In der Kaiserzeit hatte fast jede Stadt von Ruf ihren Serapiskult, meist begleitet von Isis und anderen ägyptischen Gottheiten.
Das Serapeion in Ephesos fällt vor allem durch seine eindrucksvolle Architektur auf. An der Vorderseite standen acht Säulen, die jede einzeln aus einem einzigen Steinblock gearbeitet waren. Der Durchmesser beträgt ungefähr 1,50 m, die Höhe über 14 m, so daß jede Säule nicht weniger als 60 t wog. Die Leistung, diese Monolithen zu transportieren und aufzustellen, die Kapitelle und das schwere Gebälk aufzusetzen, ist beachtlich. Vom Reichtum der Dekoration gibt ein Block eine Vorstellung, der vor den Stufen des

1

ben: Ephesos
uädukt im Tal
dlich der Stadt

aten: Ephesos
levi-
ausoleum,
e Grabkammer

22

Oben: Ephesos
Belevi-Tumulu

Unten: Ephes
Panaya Kapu
(vermeintlich
Haus der Jung-
frau Maria)

Tempels liegt. Aushöhlungen im Boden zeigen an, wo sich die schwere Doppeltür in das Innere öffnete. Einige der verbliebenen Steine, einschließlich der Säulen, zeigen Spuren von roter Farbe, mit der sie ursprünglich bemalt waren; die Tempel und die Statuen waren im Altertum gewöhnlich bemalt. Rot und blau waren die am meisten gebrauchten Farben; die rote Farbe erwies sich als haltbarer, während man blau nur selten sehen kann.

Gegenüber der Bibliothek wendet sich die gepflasterte Straße nach Osten und steigt leicht am Fuß des Berges Pion zum *Magnesia-Tor* an. Dieser Stadtteil befand sich während der Drucklegung noch in der Ausgrabung durch österreichische Archaeologen. Besonders wird der Besucher durch den **Tempel des Hadrian** angezogen (Tafel 16 oben), der an der Nordseite der Straße liegt. Die Fassade wurde aus den gefundenen Steinen wieder aufgerichtet. Dieser Tempel brachte Ephesos die zweite Tempel-Wärterschaft ein. Im 4. Jahrhundert wurde das Bauwerk durch Feuer oder Erdbeben zerstört. Die *Reliefs der Vorhalle* oder Pronaos gehören zu der damals erfolgten Renovierung. Am Gebäude befinden sich nur Kopien; die Originale sind im Museum. Das Relief an der Ostseite ist besonders interessant. Es zeigt eine Gruppe von dreizehn Figuren, darunter Athena mit dem Rundschild und andere griechische Gottheiten; eine Gruppe von fünf Personen zeigt den Kaiser Theodosius und seine Familie beiderseits einer Artemisfigur. Wenn wir berücksichtigen, daß Theodosius zu den schärfsten Gegnern des Heidentums gehörte, ist diese Rücksicht auf eine heidnische Gottheit in der kaiserlichen Familie besonders bemerkenswert; hier offenbart sich die große Bedeutung der Artemis in der Spätantike. Ein ähnliches Zeugnis bietet sich im *Tempel der Hestia Boulaea*, der weiter oben zum Magnesischen Tor hin an das Odeion anschließt. In diesem Heiligtum brannte das heilige Feuer, das niemals ausgehen durfte. Es bildete das politische Zentrum der Stadt. Als dieses Gebäude ausgegraben wurde, fand man, daß es schon im Altertum planmäßig ausgeplündert und seines Inhalts beraubt worden war. Dennoch enthielt es zwei sorgfältig erhaltene Artemisstatuen, die von den christlichen Plünderern des Tempels umgestürzt, aber aus Ehrfurcht vor der Göttin nicht aus dem heiligen Bezirk verschleppt worden waren.

Der Plünderer dieses Heiligtums ist bekannt. Hinter dem Tempel des Hadrian lagen die *Thermen der Scholasticia.* Diese Frau, an die eine im Gebäude gefundene Statue erinnert, erneuerte die Bäder im 4. Jahrhundert, vielleicht nach dem Erdbeben, das auch den Tempel des Hadrian zerstört hatte. Sie ließ dafür Teile aus dem Tempel der Hestia Boulaea verwenden. Dieser Befund ergibt sich deutlich aus der Verwendung von starken Säulen in der Vorhalle der Bäder. Sie sind mit Inschriften bedeckt, die Mitgliedslisten der Gemeinschaft der Kureten zeigt; ähnliche Listen wurden an der Außenmauer des Tempels der Hestia gefunden, so daß sich mit Sicherheit die ursprüngliche Zugehörigkeit der Säulen zu diesem Tempel ergibt.

An die Thermen der Scholasticia grenzt ein Gebäude, das durch *Inschriften und erotische Figuren* als *Bordell* gesichert ist (Aşkevi auf dem Wegweiser).

Unter den Inschriften längs der Straße befindet sich 30 m vom Hadrianstempel entfernt die wiederaufgestellte Statuenbasis des Heiligen Kollegiums der Silberschmiede, dem auch Demetrios angehörte.

Oberhalb des Hadrianstempels befand sich der reich verzierte *Trajansbrunnen* vor einer Monumentalfassade mit Pfeilern, zwischen denen Statuen standen, unter ihnen die des Trajan und des Nerva.

Seit langem bekannt ist das *Odeion*, das um die Mitte des 2. Jahrhunderts n. Chr. im Auftrag des reichen Bürgers Vedius Antonius errichtet wurde. Die Säulenkapitelle der Zugangshalle sind mit Stierköpfen geschmückt. In der Cavea waren dreiundzwanzig Stufenreihen angelegt, die etwa 2200 Personen Platz boten.

Gegenüber dem Odeion befand sich eine große Brunnenanlage, ein *Nymphaeum*, das für die Wasserversorgung der Stadt wichtig war. Es wurde aus der Marnasquelle durch einen Aquädukt gespeist, der teilweise erhalten ist (Tafel 21 oben). Er überquerte das Tal drei Meilen südlich von Selçuk, unmittelbar unterhalb der heutigen Hauptstraße. Das zweistöckige Bauwerk ist inschriftlich in die Zeit des Augustus datiert. Weiter aufwärts liegt das *Magnesia-Tor*, von dem nur wenig übriggeblieben ist, und in der Nähe das *Ostgymnasion*, auch Mädchen-Gymnasion genannt, wegen der zahlreichen dort gefundenen weiblichen Statuen.

Wenn der Besucher von hier aus seinen Rundgang um den östlichen Ausläufer des Berges Pion fortsetzen will, kommt er nach einer halben Meile zu einer eindrucksvollen **Nekropole** in einer Schlucht. Außer zahlreichen Einzelgräbern sind dort große gewölbte Hallen aus Ziegelwerk, mit Bestattungsnischen und Kammern in den Wänden, erbaut, oft in zwei oder mehr Stockwerken. Die ganze Anlage stammt aus christlicher Zeit und gruppiert sich um *die Grabstätte der berühmten Siebenschläfer von Ephesos.* Diese jungen Männer, so erzählt die Legende, waren Christen, die zur Zeit des römischen Kaisers Decius um 250 n. Chr. lebten. Um ihrer Verpflichtung zu einem Opfer im Tempel des Kaisers zu entgehen, verließen sie die Stadt und legten sich zum Schlafen in einer Höhle nieder. Als sie erwachten und in die Stadt zurückkamen, um Brot zu kaufen, entdeckten sie, daß sie nicht eine Nacht, sondern fast zweihundert Jahre geschlafen hatten und daß das Christentum nunmehr Staatsreligion im römischen Reich geworden war. Kaiser Theodosius II. wurde von dieser merkwürdigen Begebenheit unterrichtet und sah darin den Beweis für die Lehre von der körperlichen Auferstehung, die damals in der Kirche sehr erörtert wurde. Als die jungen Leute starben, gab man ihren auf wunderbare Weise vor Verfall bewahrten Körpern ein prächtiges Begräbnis, und über ihrem Ruheplatz wurde eine Kirche erbaut.
Die Ausgrabung brachte *eine kleine Kirche* zutage über einer in den Felsen gehauenen Kammeranlage, in deren Wände fromme Anrufungen der heiligen jungen Schläfer eingeritzt waren. Aus dem Wunsch, so nahe wie möglich bei ihnen beigesetzt zu werden, entstand die Nekropole, die sich in den folgenden Jahrhunderten sehr ausdehnte. Die Stelle wurde seitdem für heilig gehalten.
Die Ausgrabungen dauern an. Sie haben in den letzten Jahren das Bild von Ephesos sehr verändert; aber es bleibt noch viel zu tun. Man rechnet heute, daß die bisher ausgegrabenen Teile von Ephesos nur ein Zwanzigstel der ganzen Stadt ausmachen.

PANAYA KAPULU

Außerhalb der Stadt im Süden führt eine neue Straße zur Panaya Kapulu, dem *Hause der Jungfrau Maria,* Meryem Ana im Türkischen. Es handelt sich um ein kleines Gebäude, das jetzt in eine

Kapelle umgewandelt ist. Sie liegt an einem schönen Platz mit Terrassen und einer reichlich fließenden Quelle. Ob es sich wirklich um das Haus der Jungfrau Maria handelt, ob die Jungfrau Maria überhaupt in Ephesos lebte und starb, ist ein vieldiskutiertes Problem. (Tafel 22 unten)
Die kanonische Überlieferung glaubt, daß Maria im Alter von 63 Jahren in Jerusalem starb. Aber die Zeugnisse für diese Überlieferung sind weder alt noch überzeugend. Hauptgewährsmann ist der Heilige Johannes von Damaskus aus dem 8. Jahrhundert, der berichtet, daß 485 n. Chr. die Kaiserin Pulcheria an den Bischof von Jerusalem geschrieben und ihn gebeten habe, den Leichnam der Jungfrau Maria nach Konstantinopel zu schicken. Der Bischof antwortete, daß er dem Wunsche nicht entsprechen könne, da die Jungfrau Maria nach einer zuverlässigen Überlieferung in Gethsemane begraben worden und ihr Grab drei Tage später von den Aposteln leer aufgefunden worden sei. Es besteht Grund zur Vermutung, daß diese Stelle in den Text bei Johannes von Damaskus eingeschoben worden ist; denn es ist merkwürdig, daß frühere Autoren wie Eusebius und Hieronymus das Grab in Gethsemane überhaupt nicht erwähnen. Sie schweigen sich in ihren Schriften völlig über das spätere Leben der Jungfrau Maria aus.
Die konkurrierende Überlieferung, die letztlich auf das Konzil von Ephesos 431 n. Chr. zurückgeht, behauptet, daß Maria mit dem Heiligen Johannes zwischen 37 und 48 nach Ephesos kam, hier lebte und starb. Christus am Kreuze empfahl seine Mutter seinem Lieblingsjünger Johannes. »Und von da an nahm der Jünger sie in sein Haus.« Es kann angenommen werden, behaupten die Parteigänger von Ephesos, daß von dieser Zeit an die beiden unzertrennlich waren. Johannes war sicherlich seit 67 in Kleinasien. Aber, wenn Maria im Alter von 63 Jahren starb, kann sie nicht bis zu dieser Zeit gelebt haben; wir müssen daher annehmen, daß Johannes eher nach Ephesos kam. Wir müssen in die Zeit vor 48 zurückgehen, da er sich in diesem Jahr in Jerusalem befand. Zwischen 37 und 48 haben wir keine Kunde darüber, wo er war oder was er tat; dieses Schweigen kann damit erklärt werden, daß er sich mit Maria in Ephesos befand, fern von den Ereignissen in Jerusalem. Wir würden dann verstehen, daß Paulus in den fünfziger Jahren Kirchen in Kleinasien vorfand.

Nichts hindert uns also zu glauben, daß Maria eine Zeitlang in Ephesos lebte und dort starb; die Überlieferung behauptet sich seit dem 5. Jahrhundert. Aber die Lage ihres Hauses und ihres Grabes waren natürlich unbekannt; das Haus war seit langem verfallen. Seine Entdeckung geht auf das 1852 erschienene Werk Clemens Brentanos »Das Leben der heiligen Jungfrau Maria nach den Betrachtungen der gottseligen Anna Katharina Emmerich« zurück, in dem der Dichter die Visionen der 1824 gestorbenen stigmatisierten Augustinernonne festgehalten hatte. In diesen Visionen der Katharina Emmerich, die zwölf Jahre lang nicht ihr Bett verlassen konnte und niemals in Ephesos war, war die Lage des Hauses auf einem Hügel über der Stadt festgelegt und sein Aussehen in allen Einzelheiten beschrieben. 1891 begann M. Poulin, der Superior der Lazaristen, mit der Suche auf den Hügeln um Ephesos und fand ein zerfallenes Haus, das genau der Beschreibung der Vision entsprach, so genau, daß nach der Meinung eines Beobachters das Haus und seine Umgebung nach den Visionen der Katharina Emmerich gedeutet werden konnten. Es handelte sich um *Panaya Kapulu.* Das Mauerwerk des Hauses gehört in das 6. oder 7. Jahrhundert, aber zuständige Gelehrte waren zu der Annahme bereit, daß die Grundmauern in das 1. Jahrhundert zurückgehen können. Überdies erfuhr die Untersuchungskommission, daß hier jedes Jahr am 15. August die orthodoxen Christen von nah und fern seit langem sich versammelten, um die Himmelfahrt Marias zu feiern, die man an dieser Stelle verstorben glaubte. Dieser Glaube hat sich durch Generationen erhalten und dürfte alt sein.

So ist die Lage der Forschung in Panaya Kapulu. Sie gewann die Anerkennung des Erzbischofs von Smyrna, der 1892 die Erlaubnis zum Messelesen in dem Haus gab und diesen Platz zur Pilgerstätte erklärte.

Seitdem sind zahlreiche Wunderheilungen verzeichnet. In einer Ecke der Kapelle finden sich Krücken, Stöcke, Beinstützen und andere Geräte, die von dankbaren Kranken als entbehrlich gestiftet wurden. Der Glaube an die Heilkraft des Ortes hält an. Als der Verfasser vor kurzem dort war, traf er auf einen von Rheumatismus geplagten Mann, der unter Schmerzen seine verkrüppelten Glieder in der Kapelle übte, bis er gezwungen war, zu seinem Roll-

stuhl zurückzukehren. Bis vor kurzem konnte man in der Kapelle Hunderte von Kleiderfetzen sehen, die von Besuchern wegen einer Heilung oder in Erwartung derselben gestiftet worden waren. Dieses Brauchtum kann man auch an anderen Stellen der Türkei beobachten, die für heilig gehalten werden.
Über das Grab der Jungfrau Maria erklärte Katharina Emmerich, daß es sich eine Meile entfernt vom Haus befände. Aber alle Forschungen danach waren bisher ohne Erfolg.

BELEVI

13 km von Ephesos, nahe dem Dorf Belevi, befinden sich zwei Denkmäler von verhältnismäßig hohem Alter, die einen Besuch verdienen. Sie liegen etwa 3 km vom Ort entfernt rechts neben der Straße, die nach Tire führt.

Das erste Denkmal nahe der Straße auf einer kleinen Anhöhe ist ein **Mausoleum** von ungewöhnlicher Form. Der Kern der Anlage besteht aus einem prismatischen Felsblock mit einer Basis von etwa 20 qm. Die vier Würfelflächen waren aus dem anstehenden Kalksteinhügel sorgfältig herausgeschnitten und abgeschrotet, bevor sie eine Marmorverkleidung erhielten. Umgeben war das Mausoleum von einer korinthischen Säulenstellung; das Gebälk schmückten Reliefs mit geflügelten Löwen zu beiden Seiten von runden Urnen. Das Dach über der Kammer war wahrscheinlich pyramidenförmig; vielleicht wurde es von einem Viergespann gekrönt (Tafel 19 unten).
In der Grabkammer befand sich der sorgfältig ausgearbeitete Relief-Sarkophag mit Sirenenmotiven. Auf dem Sarkophagdeckel ist der Verstorbene dargestellt, der sich auf seinen Ellenbogen lehnt. Die Grabkammer war durch die Marmorverkleidung verdeckt und von außen nicht zu sehen (Tafel 21 unten und 23 oben). Der Sarkophag steht jetzt im Museum von Ephesos.
Nur ein Mann war in diesem Grab beigesetzt. Der Aufwand spricht für einen Vornehmen. Doch fehlt jede Inschrift. Man hat vermutet, daß hier Antiochos II. von Syrien beigesetzt war, der 246 v. Chr. in Ephesos unter dem Verdacht starb, von seiner Frau Laodikeia vergiftet worden zu sein. Der Tradition gemäß wäre der

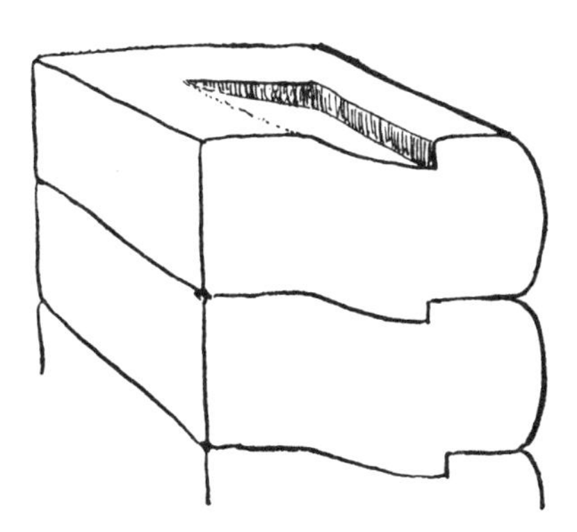

Abb. 35 Belevi
Mauerblöcke vom Tumulus

Leichnam des Königs nach Syrien überführt worden; aber da Krieg herrschte, könnte man beschlossen haben, ihn nahe Ephesos beizusetzen. Demgegenüber lautet die andere Meinung, daß das Mausoleum in eine ältere Zeit gehört, wahrscheinlich in das 4. Jahrhundert v. Chr., während die Perser im Land waren. Die Bildung der geflügelten Löwen würde besonders für persischen Einfluß sprechen. Der Verstorbene wäre dann ein einheimischer Würdenträger mit Macht und Ansehen gewesen. Mehr kann man darüber nicht sagen.

Auch das zweite Denkmal ist ein **Grab,** doch vom ersten ganz verschieden. Es steht auf einem Hügel westlich vom Mausoleum und hat die *Form eines Tumulus,* der von der Hügelkuppe gebildet wird. Ringsum zieht sich eine Mauer aus sorgfältig gearbeiteten Quadern. Gegen den Erddruck ist in jeden Block eine Falzleiste eingearbeitet, der auf der Unterseite des darüberliegenden Blocks eine Nutleiste entsprach. So griffen die Steine ineinander. Der Eingang im Süden führt zu einem 20 m langen Gang, an dessen Ende, fast im Zentrum des Tumulus, sich *zwei Grabkammern* befinden. Die Ringmauer wurde über den Eingang hinweggeführt, so daß er von außen nicht sichtbar war. Gang und Grabkammer sind durch einen Felseinschnitt von oben gearbeitet; die Felswand wurde geglättet und mit großen Steinplatten überdacht. Der Gang ist jetzt mit Erd- und Steinhaufen versperrt, die von Schatzsuchern stammen. Die Decken der viereckigen Kammern sind sorgfältig gegen Einsturzgefahr gesichert. Im Außenraum ist die

Dachspannung durch Blöcke verringert, die schräg gegen die Ecken liegen; im Innenraum ist die Decke durch ein Kragsteingewölbe gebildet. Über der Decke jeder Kammer befindet sich ein Entlastungsraum. Dieser war ursprünglich nicht zugänglich; doch haben Grabräuber das Dach der Innenkammer geöffnet, weder ein Sarkophag noch eine andere Spur der Beisetzung wurde gefunden, ebensowenig Inschriften. Auf der Hügelkuppe liegen eine Anzahl von Quaderblöcken, die zeigen, daß hier irgendein Denkmal stand. Der Steinbruch, aus dem die Blöcke geschnitten sind, schließt sich südwestlich an (Tafel 22 oben).

Ganz verschiedene Datierungen sind für den Tumulus vorgeschlagen worden, der wie das Mausoleum nicht das Grab eines gewöhnlichen Sterblichen gewesen sein kann. Die letzte Auffassung ist die, daß die Anlage im 4. Jahrhundert, etwas früher als das Mausoleum, errichtet wurde.

8. Kolophon, Notion, Klaros

Diese drei Orte liegen dicht nebeneinander in einem Tal und waren immer eng miteinander verbunden. Kolophon und Notion waren Städte, Klaros nicht. Kolophon war Mitglied des Jonischen Bundes; seine Gründungsüberlieferung hängt mit Klaros zusammen und soll unten behandelt werden. Notion war ursprünglich nicht im Jonischen Bund; es wird von Herodot dem Verzeichnis der aeolischen Städte eingefügt. Einige Gelehrte fanden es überraschend, daß eine aeolische Stadt so weit südlich von den übrigen lag, und vermuteten, daß entweder Herodot sich irrt oder daß seine Angabe sich auf eine andere Stadt mit demselben Namen bezieht. Der Name Notion in der Bedeutung »südlich« könnte auf einer Karte öfters erscheinen. Aber wir kennen bisher kein zweites Notion in diesem Gebiet, und die Überlieferung kann nicht angezweifelt werden. Magnesia am Maeander war ebenfalls eine aeolische Gründung, in ähnlicher Entfernung von der Aeolis und gehörte wie Notion niemals zum Jonischen Bund. Der Name Notion paßt in der Tat zu der weit südlichen Lage gegenüber der eigentlichen Aeolis. (Man kann auch an »Südlich von Kolophon« denken.) Wie dem auch sein mag, Kolophon und Notion standen seit früher Zeit in enger Verbindung miteinander; sie mußten diese Beziehungen pflegen, wenn sie leben wollten. Als die Kolophonier eine Kolonie in Myrleia (heute Mudanya) am Marmarameer gründeten, mußten sie von Notion aus in See stechen; wir erfahren, daß Kolophon in der Frühzeit eine ansehnliche Flotte gehabt hat.

KOLOPHON

Das Gebiet von Kolophon erstreckte sich ostwärts über die Ebene von Cumaovasi und bot geeignetes Gelände für Reiterei. So überrascht es nicht, daß die Stadt wegen ihrer Pferde berühmt war. So berühmt, daß bei einem Kampf mit zweifelhaftem Ausgang das Eingreifen der Reiterei von Kolophon entscheidend war. Daher rührt nach Strabo der Ausdruck »Kolophon darauf nehmen«, gleichbedeutend mit einer sofortigen Erledigung einer Sache. Diese Erklärung ist zweifelhaft, da das Wort kolophon einen Höhepunkt oder einen Gipfel meint und sich nicht auf die Stadt zu beziehen braucht.

In der Schlacht verwendeten die Kolophonier Hundemeuten, weil sie nach Plinius fanden, daß Hunde die zuverlässigsten Verbündeten wären, die man außerdem nicht zu bezahlen brauchte. Wenn die Hunde so waren wie die heutigen anatolischen Schäferhunde, so können wir uns wohl vorstellen, daß sie furchtbare Gegner waren. Der Hund spielte, wie Pausanias mitteilt, noch eine andere Rolle in Kolophon, denn er wurde wie in Sparta als Opfertier verwendet. Wenn die Griechen ein Tier opferten, wurde das Fleisch gewöhnlich nachher vom Eigentümer und von Eingeladenen gegessen; ein besonderer Teil gehörte dem Priester. Die Gottheit erhielt etwas Haar oder Fett oder einen anderen Teil, der einen starken Geruch beim Verbrennen entwickelte; der Geruch erfreute die Götter. Die Griechen aßen Fleisch selten außer nach dem Opfer, sie opferten also das Fleisch sozusagen vor dem Essen. Ein Hundeopfer war daher ein Opfer im wahrsten Sinne und keinesfalls die Gelegenheit für eine gute Mahlzeit. In Kolophon war es Sitte, eine schwarze Hündin zur Nachtzeit der Hekate zu opfern, der strengen dreiköpfigen Göttin der Unterwelt, die die Geister sandte und an den Straßenkreuzungen spukte. In Sparta opferte man Hunde dem Kriegsgott.

Dank des reichen Landes und der mächtigen Flotte brachte es Kolophon zu großem Wohlstand; bald galt Kolophon als eine Stadt, in der die Reichen die Mehrheit bildeten. Der Überfluß wirkte sich wie gewöhnlich schädlich aus, weil sich die Bürger dem Luxus ergaben und verweichlichten. Wir erfahren, daß an die tausend Bürger den Marktplatz in parfümierten Purpurgewändern betraten, die ihr Gewicht in Silber wert waren. Wegen dieses Aufwandes und der Völlerei verglich man die Kolophonier mit den Sybariten in Unteritalien. Das liederliche Leben, behaupten die Historiker, brachte die Bürger und die Stadt an den Rand des Verderbens. In den Kriegen mit den Lydern war Kolophon neben Magnesia die einzige griechische Stadt, die Gyges erobern konnte. Später fiel Kolophon an die Perser und erlangte niemals mehr seinen einstigen Wohlstand. Als die Perser nach der Niederlage von Salamis vertrieben worden waren und der Delische Seebund gegründet wurde, zahlten die Kolophonier drei Talente, also nur halb so viel wie beispielsweise Teos.

In dieser frühen Zeit hört man wenig von Notion. Thukydides erwähnt »das Notion der Kolophonier« und die Abgabe an den Seebund, die nur ein Drittel Talent betrug und damit niedriger war als die Zahlung von vielen der kleinen karischen Seestädte. Es wurde die Abgabe immer getrennt von Kolophon bezahlt. Während des Peloponnesischen Krieges ereignete sich ein Zwischenfall, der ein Licht auf die politischen Strömungen der Zeit wirft. Nicht alle Kolophonier waren mit der Entrichtung der Abgabe an die attische Konföderation einverstanden; viele zogen die alte Zeit unter der Perserherrschaft vor. Diese taten sich daher zusammen und riefen die persischen Truppen ins Land, die die Stadt besetzten. Ihre Gegner, die antipersische Partei, suchten Zuflucht in Notion; aber kurz darauf entstand auch dort ein ähnliches Zerwürfnis, und die Stadt teilte sich in zwei Lager. Die perserfreundliche Partei umgab einen großen Teil der Stadt mit einer Mauer und rief Gesinnungsgenossen von Kolophon nach Notion; die andere Partei verließ sich auf die Hilfe von Athen. Der attische Befehlshaber Paches lud daher den Obersten der persischen Partei, Hippias, zu einer Besprechung ein, wobei er ihm freies Geleit auch für die Rückkehr versprach, falls keine Vereinbarung erreicht würde. Als Hippias darauf einging, nahm ihn Paches in Haft und gewann in einem unerwarteten Aufstand die Stadt. Dann schenkte er Hippias gemäß seiner Zusicherung wieder die Freiheit; aber sobald er innerhalb der Mauern war, ließ er ihn ergreifen und umbringen. Notion wurde der attischen Partei zurückgegeben, aber Kolophon blieb in persischen Händen bis zur Ankunft Alexanders.

Aristoteles schrieb im 4. Jahrhundert, daß Notion und Kolophon beispielhaft dafür seien, daß Parteikämpfe ausbrechen könnten,

wenn das Gelände für die Bildung einer einzigen Stadt ungünstig sei und die Hauptplätze zu weit von einander entfernt seien. Aus der Mitteilung ergibt sich, daß vorher Kolophon und Notion politisch eine Stadt bildeten. Das Jahr 299 v. Chr. war für Kolophon wichtig. Man war so unbesonnen, Lysimachos Widerstand zu leisten, der die Stadt eroberte und zerstörte. Die Einwohner wurden nach Ephesos gebracht, um dort die gerade gegründete neue Stadt zu bevölkern. Pausanias sagt, daß das Grab der Kolophonier, die bei diesem Kampfe fielen, links vom Weg nach Klaros lag; wahrscheinlich handelt es sich um ein oder zwei Tumulusgräber, die noch eine Meile nördlich des Dorfes Çile zu sehen sind.
Nach dem Tode des Lysimachos im Jahre 281 wurde Kolophon wiederaufgebaut und mit einer neuen Mauer von mehreren Meilen Länge ausgestattet. Aber die neue Stadt war niemals von großer Bedeutung; in hellenistischer Zeit betonte man den Handel zur See, und ohne Notion war Kolophon nichts. Daher wurden die zwei Städte wieder vereinigt. Kolophon hieß die alte Stadt, Notion war Neu-Kolophon oder Kolophon am Meer; der eigene alte Name kam außer Gebrauch. Aber auch die beiden vereinigten Städte konnten nicht mit Ephesos konkurrieren und hörten auf, eine Rolle in der Geschichte zu spielen. Die Blüte, die sie hinter sich hatten, ging auf das berühmte Orakel von Klaros über.
Die drei Stätten können leicht mit dem Motorboot von Izmir aus an einem Tage besucht werden. Die Straße ist bis Cumaovasi gut, wird aber dann schlecht. Die *Ruinen von Kolophon* bei Değirmendere, sind, abgesehen von *hellenistischen Mauerzügen*, spärlich. Auf der 200 m hohen Akropolis wurden auf Gebäuderesten des 7./6. Jahrhunderts v. Chr. Bauten des 4. Jahrhunderts v. Chr. freigelegt, darunter eine Stoa mit Läden. Von den Straßen ist eine sorgfältig gepflastert. Außer einer Badeanlage wurden Wohnviertel ausgegraben, zu denen ein Tempel der Muttergöttin Antaia gehörte; ihr Kult erreichte im 4. Jahrhundert v. Chr. seinen Höhepunkt.

NOTION

Notion ist seiner Lage nach eine typisch griechische Siedlung auf einem Hügel unmittelbar am Meer, mit einem Fluß in der Nähe

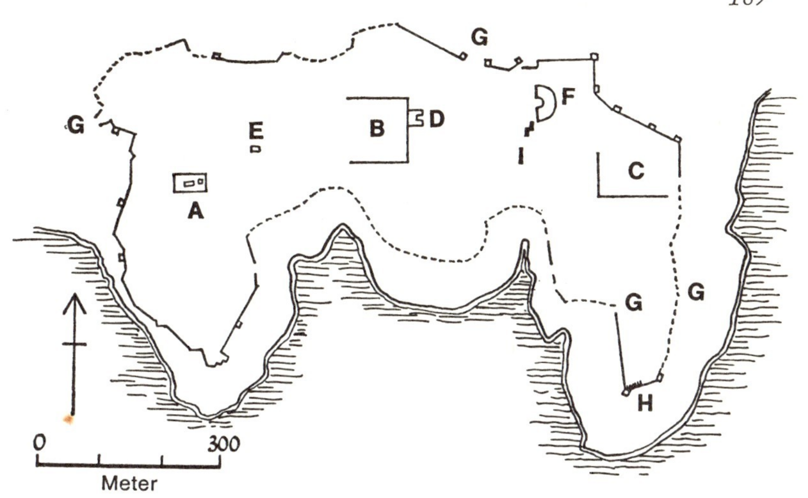

Abb. 36 Plan von Notion
A Athenatempel / B u. C. Markt (Agora) / D Ratshalle / E Unbestimmter Tempel / F Theater / G Tore / H Stufenweg / I Mauerreste

und einem bescheidenen Landstrich im Tal. Von den **antiken Bauwerken** ist wenig erhalten; doch ist die Stätte sehr reizvoll. Der Hügelrücken erstreckt sich über einen Kilometer Länge und hat zwei Erhebungen mit einem Sattel in der Mitte. Das Ganze ist umgeben von einer über zwei Meilen langen *Ringmauer* aus der gleichen Zeit wie die von Kolophon; beträchtliche Teile sind in sehr gutem Zustand.

Auf der westlichen Erhebung liegt *ein kleiner Tempel (A)* mit einem Altar vor der Ostseite, umgeben von einer Halle, die nicht parallel zu den Tempelmauern verläuft. Zeitweise vermutete man in dem Tempel das Heiligtum des Klarischen Apollon; als die französischen Archäologen 1921 hier arbeiteten, fanden sie eine Inschrift, die für Athena als Tempelherrin spricht.

Die *Agora (B)* liegt auf dem Sattelhang; anschließend nach Osten bei D finden sich dürftige Ruinen eines Gebäudes mit Sitzreihen, in dem die Ausgräber das Gerichtsgebäude vermuten. Die Anlage der Sitzreihen auf drei Seiten eines Vierecks wie die Nähe der Agora erinnern an die Rathäuser von Priene und Herakleia[1]. Es

[1] Siehe die Seiten 205 und 261

ist daher sehr wahrscheinlich, daß das Gebäude dieselbe Bestimmung hatte.
Auf der östlichen Erhebung liegt *eine zweite Agora (C)*, außerdem das *Theater (F)* mit siebenundzwanzig Sitzreihen. Die Form der Cavea ist griechisch, da sie mehr als einen Halbkreis umschließt; aber sie ist in römischer Zeit wiederhergestellt worden. Erhalten ist ein Teil der südlichen Stützmauer mit einem überwölbten Gang. Auch von dem Bühnengebäude stehen noch die Mauerreste, die jedoch überwachsen sind.
Es wäre interessant, wenn man die von der persischen Partei erbaute Mauer bestimmen könnte. Ihr genauer Verlauf ist aber sehr zweifelhaft. Sie müßte sich über die schmalste Stelle des Ortes zwischen dem Theater und der Agora B ziehen. Einige Mauerreste sind besonders bei I in der Nähe des Theaters zu sehen; sie sind aber kaum überzeugend. Es ist sehr wahrscheinlich, daß die Mauer als unerwünschtes Hindernis beseitigt wurde, nachdem die Krise überwunden war.
Auf den Westhängen des Hügels im Norden der Stadt liegt eine ausgedehnte *Nekropole*. Es handelt sich um Erdgräber oder um Felsgruben; manchmal wurde darüber eine Kammer gebaut. Westlich der Stadt, auf der anderen Seite des Flusses und nahe der Küste, liegt eine 15 m tiefe und breite Höhle, die über 3 m hoch ist. An der leicht gewölbten Rückwand befindet sich eine spärliche Quelle mit Trinkwasser; in den Felsen sind zahlreiche Nischen gehauen. Diese Stelle war wahrscheinlich im Altertum heilig; wir wissen aber nicht, welcher Gottheit sie geweiht war. 1963 war der Boden mit Abfall bedeckt, da man den Versuch unternommen hatte, Notion zu einem Badeplatz zu machen; zwei Restaurants sind jetzt am Strande zu finden, wo der Besucher bescheiden, aber teuer essen kann.

KLAROS

Südlich von Kolophon und über eine Meile von Notion und dem Meer entfernt liegt Klaros, das niemals eine Stadt war. Der Platz lag auf dem Gebiet von Kolophon und besaß das berühmte Orakel des Apollon mit zugehörigen Gebäuden. Wie die meisten großen Tempel Kleinasiens stand das Heiligtum auf ebener Erde. Aber in diesem Falle kann nicht die Erklärung gegeben werden, daß die jonische Ordnung bei solcher Lage zur besseren Wirkung kam, denn die Architektur ist dorisch. Das Heiligtum liegt im Tal eines kleinen Flusses, der im Altertum Ales oder Halesos hieß und zu den kältesten Joniens gerechnet wurde. Er tritt im Winter stets über die Ufer und hat im Verlauf der Jahrhunderte die Ruinen tief unter seinen Schwemmassen begraben; daher war bis vor kurzem die genaue Lage des Ortes unbekannt.

Die Kolophonier behaupteten, daß Heiligtum und Orakel des Apollon von Klaros sehr alt seien. Zuerst wird es im Homerischen Apollonhymnus erwähnt, der vielleicht in das 7. Jahrhundert v. Chr. gehört. Ein weiterer Hinweis in dem kleinen Artemishymnus dürfte beträchtlich später sein. Keinesfalls enthalten die Stellen ein Zeugnis für das Orakel. Auch war Klaros nicht unter den von Kroisos im 6. Jahrhundert befragten Orakeln, so daß der Ort nicht vor frühhellenistischer Zeit als Orakelstätte galt.

Andererseits war die Stelle seit ältester Zeit nach der Überlieferung mit Weissagungen verbunden. Schon vor dem Trojanischen Krieg soll die Sibylle Herophile dorthin gelangt sein und geweissagt haben; sie prophezeite, daß Helena Europa und Asien zerstören würde. Die ursprünglich karischen Einwohner waren von Griechen aus Kreta vertrieben worden. Später siedelte sich auch eine Gruppe von Thebanern an, einschließlich der Prophetin Manto, die den kretischen Führer heiratete. Ihr Sohn war der berühmte Seher Mopsos. Nach dem Trojanischen Krieg kam der berühmte Seher Kalchas nach Klaros. Ein Wettstreit in der Kunst des Weissagens folgte; er endete mit der Niederlage des Kalchas, der vor Gram starb. Der Sinn der Streitfragen bleibt uns verschlossen. Man hört nichts von Klaros in klassischer Zeit, wiewohl das Heiligtum bestand. Der Tempel, dessen Reste man heute sehen kann, stammt aus hellenistischer Zeit. Einer der ersten Ratschläge, die Apollon in seinem neuen Hause gab, war die Anweisung, das neue Smyrna am Meles zu gründen[2]. Wie so viele andere griechische Heiligtümer litt auch Klaros unter Piratenüberfällen. Das Orakel war vorübergehend bedeutungslos, doch lebte es zur Römerzeit wieder auf. Der Tempel wurde durch Hadrian gegen Ende seiner

[2] Siehe Seite 40

Regierungszeit wieder eingeweiht. Zu dieser Zeit kamen Gesandtschaften aus vielen Teilen der Welt, aus Karien, Phrygien, Pisidien, Pontos, Thrakien, Kreta und Korinth, um den Gott um Rat zu fragen und Hymnen zu seinen Ehren zu singen. Erinnerungen an diese Besucher sind zu hunderten auf den Stufen des Tempels eingeritzt, an den Propylaeen, auf den Basen und Kanneluren der Säulen. Jonien ist nur durch Chios und Phokaea vertreten; es scheint, daß die benachbarten Städte meist das Orakel von Didyma vorgezogen haben.
Für die Art der Orakelbefragung haben wir eine Beschreibung bei Tacitus, der von einem Besuch des Germanicus im Jahre 18 n. Chr. berichtet. »Da ist nicht eine Frau wie in Delphi, sondern ein Priester, der sich zunächst die Zahl und Namen der Besucher anhört, um dann in eine Höhle zu gehen; dort trinkt er von der geheimen Quelle, und wiewohl gewöhnlich ungelehrt und ungebildet, gibt er die Antworten in Versen, die sich auf die verschiedenen Angelegenheiten der Befrager beziehen.« Diese Art der Antwort, ohne die Fragen anzuhören, scheint charakteristisch für das Orakel des Apollon von Klaros gewesen zu sein. Auch Plinius erwähnt »ein Wasserbecken in der Höhle des Apollon von Klaros, aus dem nur ein Schluck genügt, um zu wunderbaren Orakeln anzuregen; doch verkürzt das Wasser das Leben des Trinkers.« Aus den Inschriften erfahren wir, daß die zur Befragung des Gottes ausgesandten Boten gewöhnlich in die örtlichen Mysterien eingeweiht waren; aber über die Art der Mysterien erfahren wir leider nichts. Das Orakel von Klaros gehört zu den letzten, die bis in christliche Zeit hinein lebendig waren; nach einem Erdbeben wurden die Tempelruinen unter den Anschwemmungen des Flusses begraben.
Alles mußte wiederentdeckt werden. 1826 sah Rev. F. V. J. Arundell zwei Marmorsäulen aus dem Erdboden ragen. Als 1907 das Ottomanische Museum eine Ausgrabung unternahm, waren sie verschwunden; man fand sie erst wieder, als ein Bauer berichtete, daß er häufig mit seinem Pflug gegen einen Stein im Erdboden stieße. Die Grabung brachte ein Gebäude zutage, das man zunächst für den Tempel hielt. Später erwies es sich als Teil der Propylaeen des Heiligtums. Mehr wurde nicht unternommen, und der Fluß konnte sein Werk fortsetzen. Als der Verfasser 1946 die Stätte besuchte, fand er nur überwachsene Mulden und die

23

Oben: Ephesos
Belevi-Mausoleum

Mitte: Klaros
Orakelkammer

Unten: Klaros
Arm der Kolossalstatue
des Apollon

Links: Klaros. Der Apollontempel: Zugang zur Orakelkammer

Rechts: Priene. Prunksitz im Theater

24

Stümpfe einer Säule und eines Pfeilers vor. Die entscheidende Grabung unternahmen die Franzosen 1950. Man fand den **Tempel des Apollon** und legte ihn frei; auch eine Reihe anderer Gebäude kam zutage.

Nach den Worten des Tacitus und des Plinius mußte man annehmen, daß das Orakel nicht im Apollontempel, sondern in einer Höhle außerhalb lag. Gegenüber dem Heiligtum öffnet sich ein Seitental im Osten vom Haupttal, und eine halbe Meile davon entfernt befindet sich eine Höhle hoch in einem Felsen, die man nur mit einem Seilgerät erreichen kann. Als man sie 1913 betrat, fand man eine Quelle und zahlreiche Stalaktiten, auch Scherben, die vom 3. Jahrtausend bis in römische Zeit reichten. Diese Höhle wurde zuversichtlich als das Orakel des Apollon angesprochen. Die Stelle bei Tacitus, der von einem Abstieg in die Höhle berichtet, kann ein Mißverständnis sein; das Orakel ist jetzt mit Sicherheit innerhalb des Tempels lokalisiert. Nichtsdestoweniger war die Höhle im Altertum sehr bedeutsam und wahrscheinlich heilig. Jeder Zweifel, daß es sich um die heilige Stätte von Klaros vor dem Tempelbau handelt, scheint behoben.

Die französischen Ausgrabungen wurden wegen des Grundwassers unter großen Schwierigkeiten durchgeführt; für die tieferen Schichten waren Pumpen notwendig. Man muß fürchten, daß die Anschwemmungen binnen kurzem wieder den Platz überdecken. Zur Zeit der Drucklegung dieses Buches reichte das Wasser schon wieder bis zum Tempelfußboden.

Von den *Propylaeen* führte eine mit Denkmälern ausgestattete *heilige Straße* zum Tempel. Der *Tempel* war *in dorischem Stil* erbaut; mit sechs Fassaden- und elf Langseitensäulen ruhte er auf einem fünfstufigen Unterbau. Die Ostfront ist am besten erhalten; die Steinblöcke der Westseite sind für spätere Bauten verwendet. In der Cella befand sich *die 7–8 m hohe Kolossalstatue des Apollon*, von der Bruchstücke gefunden wurden: der rechte Arm mißt über 3 m. Der Gott war sitzend mit einem Lorbeerzweig in seiner Rechten dargestellt, wie die Münzen von Kolophon bezeugen. Zu seiner Rechten stand seine Schwester Artemis, zur Linken seine Mutter Leto. Die drei Figuren erscheinen ebenfalls auf den Münzen. Auch Bruchstücke der weiblichen Statuen hat man gefunden (Tafel 23 unten, 30 unten).

Der interessanteste Teil des Tempels ist das *Adyton*, das Allerheiligste, die Orakelstätte unter der Cella (Tafel 23 Mitte). Hier waren die Ausgrabungen besonders schwierig, doch wurde das Unternehmen durch zwei trockene Sommer begünstigt. Der ganze Bereich ist jetzt wieder überschwemmt; aber 1963 konnte man den ganzen Plan der Anlage an Ort und Stelle sehen (Tafel 24 links).
Vom Pronaos im Osten führten *zwei Treppen aus blauem Marmor* zu zwei unterirdischen Gängen, die sich rechtwinklig zu einem Gang vereinigten und dann wieder trennten, um den Zugang zu den beiden gewölbten Orakelkammern, dem Adyton, zu bilden. Die Kammer unmittelbar unter der Statue des Apollon hatte an der Rückwand ein großes Wasserbecken mit einem brusthohen Geländer. Diesen Raum betrat der Orakelverkünder allein, um sich Anregung beim heiligen Wasser zu holen. Hier handelt es sich um »die Höhle und die geheime Quelle«, nach der die Forscher so lange suchten. Die andere Kammer war für die übrige Priesterschaft bestimmt. Besucher wurden, wie es scheint, nicht in das Allerheiligste zugelassen, obwohl der Zugang geeignet war, einen Bittsteller zu beeindrucken und ihn in eine demütige Haltung vor der Gegenwart des Gottes zu bringen. Die Titel der Geistlichkeit kennen wir aus den Inschriften; außer dem Propheten nennen sie den Priester des Apollon, einen Thespioden und einen oder zwei Schriftführer. Die Aufgabe des Thespioden bestand darin, die Orakel in Verse zu bringen; es scheint, daß sich Tacitus täuschte, wenn er glaubte, daß dies von einem ungebildeten Priester getan wurde. In der Kammer für die Priesterschaft machte man eine bemerkenswerte Entdeckung; es fand sich ein 70 cm hoher eiförmiger Stein aus blauem Marmor. Dies war *der Omphalos* (siehe auch Tafel 15 links) oder Nabelstein des Apollon, der auch eine Besonderheit des Apollontempels in Delphi war. Die Überlieferung erzählte, daß Zeus, um den Mittelpunkt der Erde zu bestimmen, zwei Adler von den Enden der Welt aussandte; sie trafen sich in Delphi, das daraufhin zum Nabel der Erde wurde. Auch dort fand sich ein Nabelstein, dem der von Klaros sehr ähnlich ist. Im Laufe der Zeit betrachtete man den Omphalos mehr als zu Apollon als zu Delphi gehörig; daher wurden ähnliche Steine auch an anderen Orten gefunden, an denen man den Gott verehrte.
Etwa 30 m vor der Front des Tempels erhob sich der 18,45 m lange

und 9 m breite *Hauptaltar aus Marmor*, an dem zwei getrennte, Apollon und Dionysos geweihte Opfertische erkannt wurden. Diese Kultgemeinsamkeit erinnert wiederum an Delphi, wo Apollon sich während der drei Wintermonate zurückzog, um sich am Sonnenschein bei den Hyperboraeern jenseits des Nordwindes zu erfreuen, und Dionysos an seiner Stelle in Delphi regierte.

Etwas nordwestlich von dem Haupttempel lag ein kleinerer Tempel in jonischem Stil, der der Artemis von Klaros geweiht war. Er wurde durch eine archaische Statue am Altar vor dem Tempel mit einer Weihinschrift des 6. Jahrhunderts für Artemis bestimmt. In diesem Tempel wurde keine Kultstatue gefunden; nach den Münzen hatte das Bild der Göttin von Klaros eine der Artemis von Ephesos ähnliche ungriechische Form (Tafel 30 unten).

Wir kennen eine Anzahl von Antworten, die das Orakel von Klaros gegeben hat. Die Anweisung des Gottes für die Gründung von Neu-Smyrna wurde schon erwähnt. Germanicus wurde im Jahre 18 n. Chr. vor seinem nahen Ende gewarnt. Er starb in der Tat ein Jahr darauf in Syrien, vergiftet (wie man glaubte) mit dem stillschweigenden Einverständnis seines Adoptivvaters Tiberius. Wir lesen bei Pausanias, daß der römische Kaiser den Lauf des Flusses Orontes in Syrien umleiten ließ; damals fand man im trockengelegten Bett des Flusses einen riesigen Sarkophag und ein besonders langes Skelett. Die Syrer wandten sich mit der Bitte um Deutung nach Klaros, und der Gott erklärte, daß es sich um den Leichnam des Orontes, eines Inders, handle. Dieser Orontes ist uns völlig unbekannt. Apollons Antwort hat den großen Vorteil, nicht nachprüfbar zu sein, während sie gleichzeitig die Herkunft des Flußnamens erklärte. Im 2. Jahrhundert n. Chr. sandten die Pergamener anläßlich einer schweren Seuche Boten nach Klaros in der Hoffnung auf Hilfe. Apollons Rat war charakteristisch: die Bürger sollten sich in vier Gruppen teilen für die Verehrung des Zeus, des Dionysos, der Athena und des Asklepios. Sie sollten diesen Gottheiten bestimmte Opfer bringen und um Heilung beten. Opfer an bestimmte Gottheiten waren der allgemein übliche Inhalt der Orakelsprüche. Die französischen Ausgräber haben anscheinend keine neuen Antworten ans Licht gebracht; doch stand zur Zeit der Drucklegung die Veröffentlichung noch aus. Vielleicht kann sie uns die merkwürdige Mitteilung des Tacitus erklären, daß die

Kolophonier gewöhnlich einen Milesier zum Apollonpriester wählten. Diese überraschende Angabe konnte bisher durch die Forschung nicht gestützt werden. Der Fall des Dichters Nicander widerspricht dieser Behauptung. Es wird berichtet, daß er im 3. Jahrhundert v. Chr. die Priesterschaft innehatte, die in seiner Familie erblich gewesen sein soll. Aber Nicander stammte aus Kolophon.

9. Priene und das Panjonion

Das Ruinenfeld der antiken Stadt Priene liegt auf der alten milesischen Halbinsel 15 km südwestlich von Söke und 132 km entfernt von Izmir auf einer Felsterrasse, die im Norden von einem zur Mykale gehörenden 371 m hohen Marmorfelsklotz überragt wird. Südlich der Terrasse dehnt sich die Schwemmlandebene des Maeander aus, die durch Versandung des Latmischen Meerbusens entstand. Von der Ebene aus muß Priene im Altertum wegen seiner sich steigernden Terrassenanlage einen besonders reizvollen Eindruck geboten haben, den der moderne Besucher dank der hervorragenden Ausgrabungen noch nachempfinden kann. Die mächtigen römischen Bauten fehlen, so daß Priene dem Besucher das Bild einer hellenistischen Stadt aus dem 4./3. Jahrhundert v. Chr. vermittelt.

Die heutige Stätte neben dem Dorf Turunçlar ist nicht der ursprüngliche Siedlungsplatz, über dessen Lage uns nichts bekannt ist. Der Name Priene ist vorgriechisch.

Die Überlieferung erzählt, daß die Stadt während der jonischen Wanderung von Aepytos, einem Enkel des Kodros, des letzten Königs von Athen, gegründet wurde. Er wurde später unterstützt von einer thebanischen Gruppe unter Philotas. Priene betrachtete stets Athen als seine Mutterstadt. Von Anfang an war die erste Gründung Mitglied des Jonischen Bundes, aber keine Spuren der ersten Siedlung haben sich bisher gefunden; sie liegt zweifellos tief unter dem Schwemmland des Maeanders. Die Geschichte der archaischen Stadt ist sehr dürftig. Wir wissen, daß Priene sehr unter der persischen Eroberung litt und zeitweise schwer um seine

Existenz rang. Zwölf Schiffe wurden gegen die Perser in der Schlacht bei Lade 494 v. Chr. gestellt. Wir kennen aber keine Inschriften und keine einzige Münze des alten Priene.
Bedeutung erlangte Priene als Vaterstadt des Bias, eines der sieben Weisen des Altertums. Zwei seiner Antworten waren besonders berühmt. Als Kroisos Jonien überrannt hatte und eine Flotte zu bauen begann, um auch die Inseln anzugreifen, brachte Bias in der Hoffnung, die Stadt zu retten, die falsche Nachricht an den Königshof nach Sardes, daß die Inselbewohner ein Reiteraufgebot gegen die Lyder aufstellten. Der König zeigte sich erfreut. »Nichts Besseres kann mich treffen, als wenn die Inselbewohner sich mit der berühmten lydischen Reiterei zu Land messen.« Bias antwortete: »Was glaubst du denn, daß die Inselbewohner denken, wenn sie hören, daß die Landmacht Lydien beabsichtigt, sich mit ihnen auf der See einzulassen?« Kroisos sah das ein und hörte mit dem Schiffsbau auf. Als später die persische Herrschaft die lydische verdrängt hatte, riet Bias den im Panjonion versammelten Joniern, ihre Städte zu verlassen und geschlossen nach Sardinien zu fahren, wo sie eine neue Stadt gründen und ein glückliches Leben in Freiheit finden würden. Die Phokaeer waren schon ähnlichen Ratschlägen gefolgt, und die Bewohner von Teos handelten kurz danach ebenso; aber die Jonier konnten sich nicht dazu entschließen, ihre Heimat aufzugeben. So groß war der Ruf des Bias, daß nach ihm später im neuen Priene ein Gebäude, das Biantion, benannt wurde; eine gleiche Ehre wurde in Priene Alexander erwiesen und in Smyrna Homer.
Größte Bedeutung hatte Priene durch das Panjonion, das auf dem Gebiet der Stadt lag. Die Bürger von Priene waren mit der Leitung beauftragt. Sie hatten zum Beispiel das Privileg, den Vorsitzenden bei den verschiedenen Treffen zu ernennen. Der Küstenstreifen, auf dem das Panjonion lag, wurde auch von den Samiern beansprucht; der Streit dauerte Jahrhunderte, doch blieb Priene im Vorteil.
Da das Schwemmland des Maeander die Küstenlinie weiter nach Westen trieb, entschied man sich um die Mitte des 4. Jahrhunderts v. Chr., wahrscheinlich auf Betreiben des Mausolos, die Stadt an der Stelle neu zu gründen, wo jetzt ihre Ruinen stehen. Der neue Ort war derselbe, der vorher als Hafen von Priene gedient hatte,

Naulochos genannt. Strabo erzählt, daß Priene ursprünglich an der Küste lag, zu seiner Zeit aber vierzig Stadien oder über vier Meilen vom Meer entfernt war. Wenn diese Mitteilung zutrifft, muß die Küstenverschiebung damals größer gewesen sein als in späterer Zeit[1].

Die neue Stadt war im Aufbau, als Alexander 334 v. Chr. ankam. Er fand den Athenatempel, das Hauptheiligtum der Stadt, noch unvollendet und machte denselben Vorschlag wie in Ephesos, nämlich die Baukosten für das Privileg zu übernehmen, eine Weihinschrift anzubringen. Die Leute von Priene, nicht so stolz und unabhängig wie die Ephesier, vielleicht auch nicht so wohlhabend, nahmen das Angebot an. Alexanders Weiheinschrift wurde von den ersten Ausgräbern gefunden; sie befindet sich jetzt im Britischen Museum. Sie war an der Tempelmauer angebracht, anstatt auf dem Architrav über den Säulen; vielleicht war der Tempelbau noch nicht so weit vorgeschritten.

Als die Stadt im 2. Jahrhundert unter der Herrschaft von Pergamon stand, traf sie ein unverdientes Schicksal. Ariarathes, der König von Kappadokien, war von seinem Bruder Orophernes abgesetzt worden; letzterer hinterlegte im Verlauf seiner Regierungszeit 400 Talente aus Sicherheitsgründen in Priene. Als Ariarathes später mit Hilfe von Attalos II. den Orophernes vertrieben hatte, forderte er das Geld zurück. Die Bürger von Priene antworteten, daß sie es allein dem Mann zurückgeben würden, der es bei ihnen hinterlegt hätte, worauf Ariarathes mit Zustimmung des Attalos das Gebiet von Priene plünderte. Die Bürger wandten sich nach Rom. Sie hatten große Hoffnung, das Geld für sich zu behalten; aber man verlangte von ihnen, die 400 Talente dem Orophernes zurückzugeben, wiewohl sie unterdessen wegen ihres Eintretens für ihn schwer gelitten hatten.

Als eine Stadt der römischen Provinz Asia hatte Priene wie die anderen Städte sehr unter den Steuereinnehmern und unter den Härten des Mithridatischen Krieges zu leiden. Als bessere Zeiten für das Römerreich kamen, gewann Priene nicht mehr seinen alten Wohlstand wieder, weil der Hafen Naulochos durch das Schwemmland der Maeander unbrauchbar geworden war. So war die Stadt

[1] Siehe Seite 219

der Konkurrenz von Milet nicht mehr gewachsen und sank zur Bedeutungslosigkeit herab. Da keine mächtigen Bauwerke über den einfacheren Gebäuden der älteren Zeit errichtet wurden, bleibt Priene das beste Beispiel für eine hellenistische Stadt.
Die Ruinen der im 4. Jahrhundert v. Chr. neu gegründeten Stadt erstrecken sich auf einem Hügel, der von den Ausläufern des Samsun Daği beherrscht wird. Überragt wurde die Stadt von der *Akropolis*, im Altertum Teloneia genannt. Sie beherbergte eine ständige Garnison, deren Befehlshaber, für vier Monate gewählt, die Akropolis während seiner Dienstzeit nicht verlassen durfte. Von der Akropolis ist nichts übriggeblieben außer einigen Ruinen der Festungsmauer; die schön geschichtete 2 m dicke Stadtmauer hatte etwa 2,5 km Umfang. Der Aufstieg auf die Akropolis, der sich wegen der hervorragenden Aussicht über die Stadt und die Ebene mit den Windungen des Maeander lohnt, erfolgt auf einem schwindelerregenden Treppenpfad. Auf dem Weg nach oben kommt man an einem reizvoll gelegenen kleinen Tempel mit Felsreliefs und Statuennischen vorbei.

Das Hauptheiligtum von Priene ist der *Athena* geweiht. Der *Tempel* beherrschte die Stadt. Die englischen Ausgräber fanden 1868/69 die Tempelmauern noch mannshoch, aber die Steine wurden später von den Einwohnern entfernt, so daß heute nur noch wenig mehr als die Grundmauern zu sehen ist. Für das Bauwerk entsandte Mausolos seinen eigenen Architekten, den Karier Pytheos, der auch am Mausoleum von Halikarnassos mitgearbeitet hatte. Er schrieb später ein Buch, wobei er den Athenatempel von Priene als ein Beispiel für den Tempelbau wählte. Das Buch wurde als Leitfaden noch in römischer Zeit gebraucht.
Der Plan des Tempels ist typisch für die Tempel der klassischen Periode. Man betrat den Vorraum (Pronaos) im Osten zwischen zwei Säulen. Von hier führte eine Tür in den Hauptraum (Cella) mit der von Orophernes gestifteten Kultstatue, deren Vorbild die berühmte Athena Parthenos war. Auf der Rückseite befand sich ein dritter Raum, der Opisthodomos, der von der Cella durch eine Mauer getrennt war und auch zwischen zwei Säulen betreten wurde. In vielen Fällen diente der Opisthodomos der Unterbringung von Tempelschätzen, deswegen waren die Zwischenräume

zwischen den Säulen und den Seitenmauern mit Gittern oder Marmorsteinen verschlossen. Spuren dieses Verschlusses kann man in Priene noch sehen. Das ganze Gebäude war mit einer Reihe von jonischen Säulen umgeben, elf auf den Längsseiten, sechs auf den Schmalseiten. Die Trommeln waren, da sie für Hausbauten weniger geeignet waren, nicht von den Bauern verschleppt worden; viele liegen noch auf der Tempelterrasse und am Hang darunter, als Zeugen eines heftigen Erdbebens. 1964 wurden einige Säulen wiederhergestellt, was die Tempelansicht verbesserte.

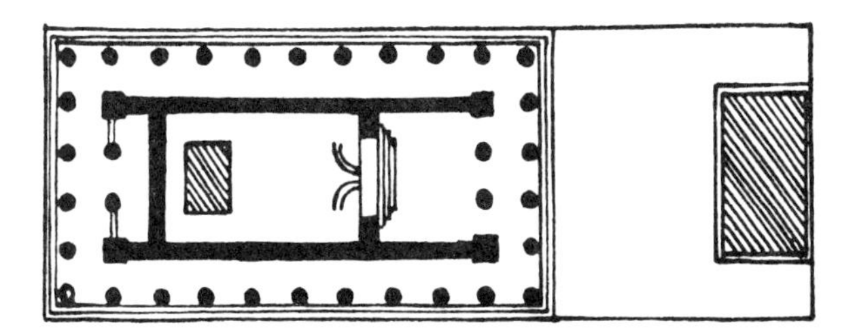

Abb. 37 Grundriß des Athenatempels

Antike Tempel wurden nicht wie moderne Kirchen für Gemeindedienste gebraucht. Das Gebäude war ein Gotteshaus. Bei Zeremonien wurde es nur von den Priestern und anderen, die besondere Dienste zu verrichten hatten, betreten. Die Gemeinde blieb außerhalb des Tempels.
Wie schon erwähnt, wurde der Athenatempel von Alexander 334 v. Chr. geweiht. Später weihte ihn Augustus noch einmal, so daß der Tempel seitdem ihm gemeinsam mit Athena gehörte. Architravblöcke tragen die neue Weihinschrift; sie liegen noch auf der Plattform des Tempels. Zu dieser Zeit wurden auch die Propylaeen östlich vom Tempel gebaut, von denen nur noch Ruinen vorhanden sind. Der Altar befand sich wie üblich vor der Ostseite des Tempels. Mit seinen Figuren in Hochrelief zwischen jonischen Säulen ähnelt er, wenn auch in kleinerem Maßstab, dem großen Altar von Pergamon; aber die vorhandenen Reste geben nur eine geringe Vorstellung von seinem früheren Aussehen (Tafel 25 rechts).

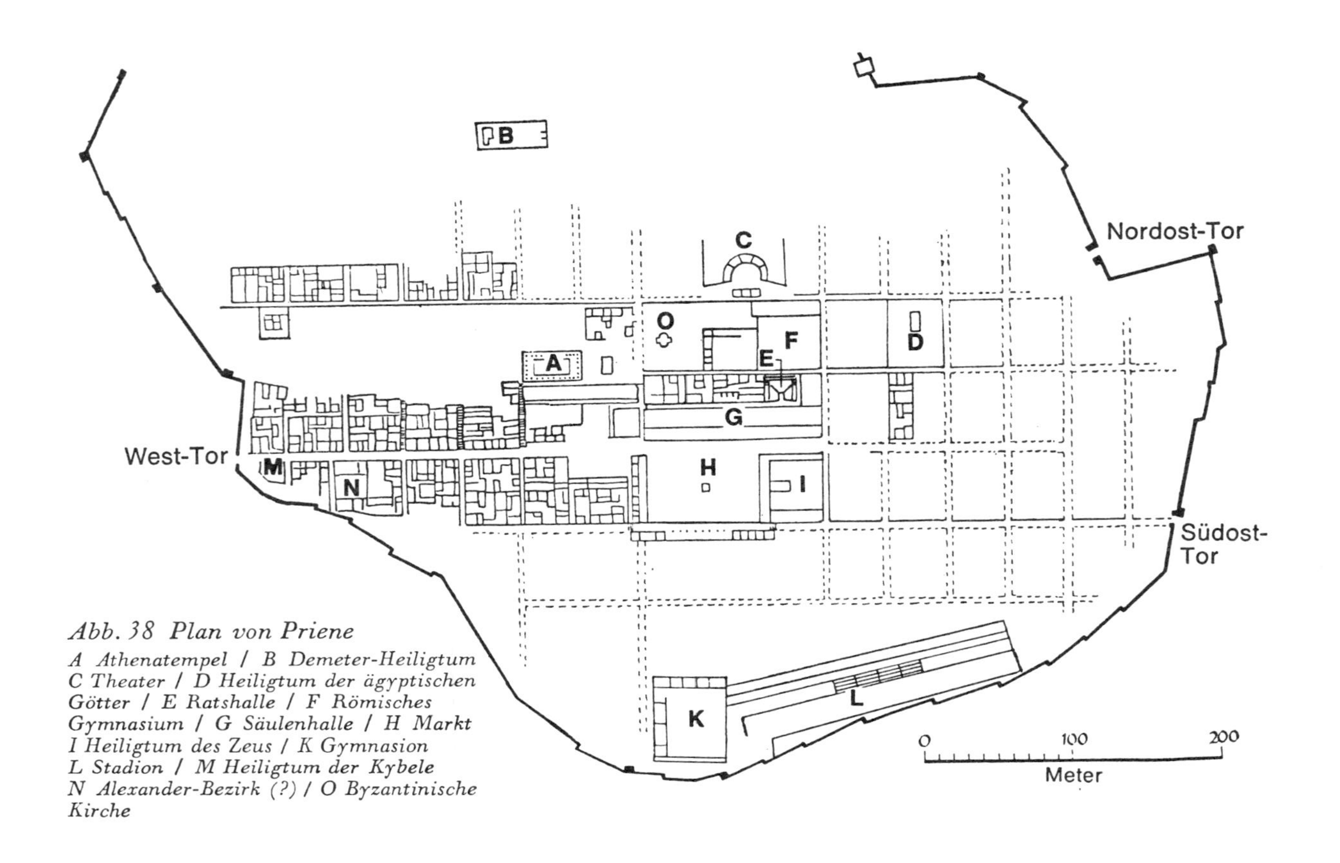

Abb. 38 Plan von Priene

A Athenatempel / B Demeter-Heiligtum C Theater / D Heiligtum der ägyptischen Götter / E Ratshalle / F Römisches Gymnasium / G Säulenhalle / H Markt I Heiligtum des Zeus / K Gymnasion L Stadion / M Heiligtum der Kybele N Alexander-Bezirk (?) / O Byzantinische Kirche

Die eindrucksvollste Ruine der Stadt ist das trefflich erhaltene **Theater,** das in die Gründungszeit von Priene zurückgeht. Die römischen Umbauten haben den griechischen Charakter nicht gestört; so bietet sich ein hervorragendes Beispiel für einen hellenistischen Theaterbau.

Das Theater war klein. Der Zuschauerraum (Cavea), von dem nur acht Sitzstufen ausgegraben worden sind, hatte einen Umgang (Diazoma) und fünf Abschnitte (Keile) zwischen sechs Treppen. Von den Sitzen durch einen Umgang zur Ableitung des Wassers getrennt, stand in der Orchestra (Durchmesser 18,65 m) zuerst eine Ehrenbank. An ihre Stelle traten später fünf Marmorsessel für Würdenträger und Ehrengäste. Ähnliche Thronsessel waren im Theater von Athen den Priestern vorbehalten. Bei den Marmorsesseln befand sich ein kleiner Altar des Dionysos, dem während der Spielzeit geopfert wurde. In der Mitte der fünften Reihe war eine »königliche Loge«, die jedoch nicht zum ursprünglichen Theater gehört.

Der Zuschauerraum umfaßte etwas mehr als ein Halbrund und wurde an den Enden von Stützmauern (Analemmata) aus gut erhaltenem Quaderwerk begrenzt. Zwischen ihnen und dem Bühnengebäude lagen beiderseits die Parodoi, offene Gänge, die als Eingang für die Zuschauer sowie für Auftritt und Abgang des Chores dienten.

Interessant ist eine *Wasseruhr* in der Westecke der Orchestra. Nur die Basis befindet sich noch in der ursprünglichen Lage. Man sieht die Wasserrinnen, kann aber nicht genau erklären, wie die Uhr funktionierte. Über eine zeitliche Begrenzung der Aufführungen erfahren wir aus der Überlieferung nichts. Wahrscheinlich wurde die Uhr für öffentliche Versammlungen im Theater verwendet. Bei Gerichtsverfahren war eine Uhr für die Sprechzeit üblich; es ist nicht ausgeschlossen, daß das Theater auch dem Gerichtshof diente (Tafel 24 rechts).

Das etwa 18 m lange *Bühnengebäude* (Skene) bestand ursprünglich aus drei 2,5 m hohen Räumen, über denen sich ein Obergeschoß erhob. Jeder der drei Räume öffnete sich mit einer Tür auf das *Proszenium*, das nirgends so gut erhalten ist wie hier. Seine Front bildeten zwölf Pfeiler mit zehn dorischen Halbsäulen, einem Architrav und Metopen-Triglyphenfries. Steinbalken, über denen Holz-

bretter lagen, bildeten die Flachdecke des Proszeniums, die man über eine rechts angebaute Treppe am Westende des Proszeniums betreten konnte. Die elf Interkolumnien waren auf verschiedene Weise geschlossen. Die beiden äußersten waren nur mit Eisenstangen vergittert. Das dritte, sechste und neunte Interkolumnium hatte Doppeltüren, und in den übrigen waren bemalte Holzbretter eingelassen. Die Fugen und Keile für diese Vorrichtungen sind noch an den Pfeilern zu sehen. Zahlreiche blaue und rote Farbspuren finden sich auf dem Epistyl; die rote Farbe auf den Säulen und Kapitellen gehört in eine spätere Zeit (Tafel 26 oben).
Welchem Zweck diente das Proszenium des 3. Jahrhunderts v. Chr.? In dieser Frage herrscht keine Einigkeit unter den Gelehrten. Aus Inschriften erfahren wir, daß in Priene im 4. Jahrhundert v. Chr. Tragödien aufgeführt wurden. Wie in klassischer Zeit befanden sich dabei Schauspieler und Chor in der Orchestra; man vermutet, daß diese Aufführungsweise auch nach Errichtung des Proszeniums beibehalten wurde, die Schauspieler also vor dem Proszenium wie vor einer Wand spielten. Die drei Türen dienten dem Auftreten und Abgehen der Schauspieler; die bemalten Holzverkleidungen der übrigen Interkolumnien dürften die Szenerie veranschaulicht haben und konnten wahrscheinlich ausgewechselt werden. Die Flachdecke des Proszeniums ermöglichte das Erscheinen des deus ex machina oder, wenn es die Situation erforderte, das Auftreten eines Schauspielers auf dem Hausdach; dafür diente die von außen angebaute Treppe.
Die andere Auffassung sieht in dem flachgedeckten Proszenium eine Bühne, die immer als solche gedient hat. Viele Besucher von Priene dürften diese Meinung teilen. Freilich sind dann die Türen und Verkleidungen der Interkolumnien sinnlos. Man begegnet auch dem Einwand, daß die Marmorsessel der Vorderreihe die beste Sicht vermittelten, wenn das Schauspiel in der Orchestra stattfand. Doch entfällt dieses Argument angesichts der schmalen Proszeniumdecke und der Tatsache, daß die Schauspieler hohe Kothurnen trugen.
Allgemein wird zugegeben, daß seit der Mitte des 2. Jahrhunderts v. Chr. das Schauspiel auf der Decke des Proszeniums stattfand und die Schauspieler durch die drei Türen des Bühnengebäudes eintraten. In dieser Zeit wurde die »königliche Loge« angelegt, um

an Stelle der Marmorsessel eine bessere Sicht zu schaffen. Infolge der hohen Bühne konnte man die Schauspieler besser sehen und verstehen. Von Nachteil war, daß die Schauspieler auf der Bühne vom Chor unten in der Orchestra getrennt waren. Diese Entwicklung war für die Aufführung von Dramen der zeitgenössischen Bühnenschriftsteller bedeutungslos, da diese wenig oder kaum Gebrauch vom Chor machten. Aber noch lange lebten die Tragödien und die Komödien der alten klassischen Meister weiter, wobei die Begegnung zwischen Chor und Schauspielern wichtig war. Falls notwendig, war es immerhin möglich, daß ein oder mehrere Schauspieler die Bühne von der Orchestra aus über die Treppe am Westende des Proszeniums besteigen konnten.
Auf beiden Seiten des Proszeniums fanden sich Basen für Statuen. Die Steinplatten vor der Front des Proszeniums trugen andere Stiftungen. Sie sind nicht etwa Reste einer gepflasterten Orchestra, deren Fläche nur festgetretene Erde bildete. Andere Statuen standen an beiden Enden des Zuschauerraumes; sie waren für die Sicht von bestimmten Sitzen nur hinderlich.
Während des 2. Jahrhunderts n. Chr. wurde das Theater nach römischer Weise umgebaut, indem man die Bühnentiefe verdoppelte. Man schob dabei die Bühne nicht in die Orchestra vor, sondern nahm die Front des Bühnengebäudes zurück. Auf diese Weise wurde der griechische Charakter des Theaters erhalten. In diesem Zusammenhang wurden die Interkolumnien des Proszeniums zugemauert und mit roter und gelber Farbe übermalt.

Zu den anziehendsten und besterhaltenen Gebäuden von Priene gehört auch das **Rathaus (Bouleuterion).** Es besteht aus einem einzigen Raum, der an ein kleines rechteckiges Theater mit Sitzreihen auf drei Seiten erinnert. Die vierte Seite enthält zwei Türen beiderseits einer Nische mit Steinbänken, die wahrscheinlich für die vorsitzenden Beamten bestimmt waren. Die Nische war oben mit einem offenen Rundbogen überspannt, durch den der Sitzungssaal Licht erhielt. In der Mitte des Raumes stand ein verzierter Altar für die Opfer, mit denen jede Versammlung begann. Es gab kein Podium für die Redner, die wahrscheinlich die Versammlung vom Altar aus ansprachen. Der Saal hatte ein Holzdach, das von Pfeilern getragen wurde; doch war die Spannweite von über 14 m zu groß, so

daß man später weitere Stützen zwischen den Sitzreihen einzog (Tafel 25 links).
Das Gebäude diente Versammlungen des städtischen Rates. Die Ratsversammlung oder Boule war die Hauptbehörde der Verwaltung. Gewöhnlich wurden hier die Vorlagen für die Gemeindeversammlung vorbereitet, die Ekklesia, deren Entscheidung dann endgültig war. Das Rathaus hatte Platz für 640 Personen. Doch kann der Rat in einer kleinen Stadt wie Priene nicht so groß gewesen sein; in Ephesos waren es nur 450. Wahrscheinlich wurde das Gebäude in älterer Zeit auch für die Volksversammlung gebraucht. Für diesen Zweck ist es überraschend klein; denn die Stadt zählte etwa 3000 freie Vollbürger. Wir haben keinen Grund zur Annahme, daß Priene im 4. Jahrhundert größer war. Später tagte die Volksversammlung wahrscheinlich im Theater.

Nach Süden grenzt an das Bouleuterion die **Heilige Halle** aus dem 2. Jahrhundert v. Chr. Auf sieben Stufen erhob sich eine zweischiffige Halle von 116 m Länge und 12,50 m Breite, wahrscheinlich von Orophernes gestiftet. Die Halle bestand aus zwei Reihen von 49 dorischen Außensäulen und aus einer Mittelreihe von 24 jonischen Säulen. Gegen Norden öffnete sich auf die Halle eine Reihe von Sälen, die meist als Amtsräume der höchsten Würdenträger von Priene dienten. In einem Raum wurde der Roma- und Augustuskult gepflegt. Eine Mauerinschrift feiert die Einführung des Julianischen Kalenders im Jahre 9 v. Chr.

Besucher, die über Zeit verfügen, können zum **Heiligtum der Demeter und der Persephone** hinaufsteigen. Dieses stammt aus frühhellenistischer Zeit und ist in mancher Hinsicht bemerkenswert; denn die Erdmutter Demeter unterschied sich von den anderen Olympischen Göttern, und ihre Heiligtümer hatten ein eigenes Aussehen.
Vor dem Eingang im Osten standen zwei Priesterinnenstatuen, von denen sich eine in Berlin befindet; die Basis der anderen Statue ist noch an Ort und Stelle. Den Mittelpunkt der Anlage bildet ein offener Hof wie in Pergamon und Eleusis. Wahrscheinlich wurden hier die Mysterienspiele gefeiert. Wie in Pergamon auch, stand der Tempel im Westen der Umfassungsmauer. Die Form des Hei-

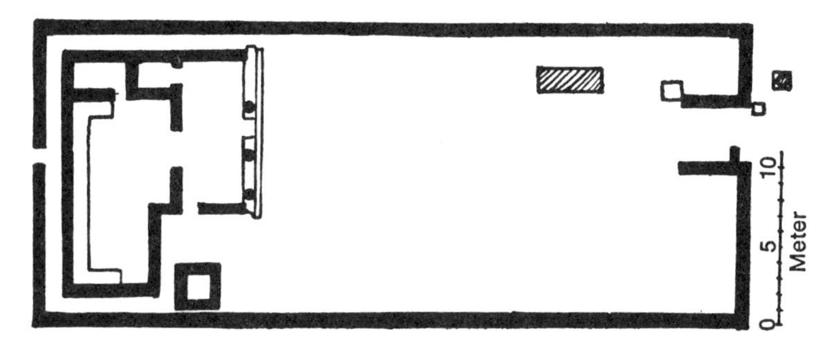

Abb. 39 Grundriß des Heiligtums der Demeter und Kore (Persephone)

ligtums ist ungewöhnlich. Vor dem Tempel lag eine Vorhalle mit drei dorischen Säulen zwischen den Seitenmauern; sie bildete eine Art Pronaos zum Hauptraum, der Cella. An der Westwand der Cella befand sich eine Steinbank, an der zwei Tische für das Göttermahl standen. Zwischen Tempel und Umfassungsmauer verlief ein schmaler Gang. Jede Einzelheit dieses Gebäudes ist der klassischen Tempelform fremd. Nicht weniger interessant ist die viereckige Opfergrube südöstlich vom Tempel. Sie war sorgfältig ausgemauert und mit Brettern bedeckt, die zwischen dreieckigen Steinblöcken lagen; einer von ihnen ist erhalten. Gruben dieser Art dienten besonders dem Blutopfer an die Götter der Unterwelt, unter denen Demeter und Persephone hervorragten. Das Brauchtum war allgemein üblich, aber die Gruben sind selten erhalten. Später errichtete man nordöstlich vom Tempel einen Altar, dessen Mauerwerk in römische Zeit führt. Vermutlich wurden die Opfertiere am Rande der Grube geschlachtet.

Das im 2. Jahrhundert v. Chr. angelegte **Stadion** liegt nahe der südlichen Stadtmauer. Es muß aber in Priene nach schriftlichem Zeugnis ein Stadion seit dem 4. Jahrhundert gegeben haben. Das griechische Stadion bezeichnet ursprünglich ein Längenmaß von 600 Fuß = 192,27 m. So lang war der kürzeste Lauf bei den offiziellen Spielen. Schließlich wurde das Wort für die Bahn gebraucht, in der Wettläufe und andere Spiele stattfanden.
In Priene ist das Stadion infolge der Geländebeschaffenheit auf

der untersten Terrasse sehr einfach angelegt. Die Laufbahn ist 20 m breit und 191 m lang. Die Zuschauer konnten nur an der Nordseite sitzen, wobei Steinsitze lediglich für den Mittelteil vorgesehen waren; an den Seiten müssen wir mit Holzsitzen rechnen oder Erdstufen. Alle Läufe endeten an der geradlinigen Ostseite, während die Westseite aus Gründen besserer Sicht leicht abgewinkelt war.

Die *Ablaufschranken* für den Wettlauf auf der Westseite sind leidlich erhalten. Die Einrichtung bestand aus einer Reihe von zehn Pfeilern mit korinthischen Kapitellen und einem Architrav. Die noch an Ort und Stelle befindlichen Basen lagen auf einem großen Steinfundament, dessen Einschnitte ein interessantes Problem bilden. Wie erfolgte der gleichzeitige Ablauf? Auf der Oberfläche des langen Fundaments, auch unter den Pfeilerbasen, verläuft eine fast 23 cm breite und etwas über 15 cm tiefe Rille. Im Zwischenraum zwischen den beiden Mittelsäulen, der größer ist als die übrigen, befinden sich zwei rechtwinklig dazu stehende Rillen. Die Basen haben an ihren Seiten über den Rillen viereckige Einschnitte von 10 x 15 cm. Wir begegnen ihnen nur auf den beiden Seiten der Mittelsäulen, auf der Innenseite der beiden Endbasen und auf der anderen Seite der übrigen sechs Basen. Eine schmale Leiste entlang der oberen Kante der langen Rille läßt vermuten, daß man eine Art Abdeckung darüber gelegt hat. Bruchstücke vom Säulengebälk über den Pfeilern, die von den Ausgräbern gefunden wurden, zeigen ebenfalls horizontale Rillen und vertikale Einschnitte.

Wie muß dieser Befund gedeutet werden? Eine vollkommene Erklärung ist bisher nicht gefunden worden, aber es bieten sich einige Überlegungsmöglichkeiten. In den meisten griechischen Startschwellen, soweit sie erhalten sind, finden wir Vertiefungen im Abstand von 10 bis 18 cm, bestimmt für die Zehen der Wettläufer beim Start. Da sie sehr dicht beieinander liegen, müssen wir im Altertum mit einer anderen Starttechnik als heute rechnen. Aber da die *Startschwelle* von Priene so wie sie heute daliegt äußerst ungeeignet für einen Start ist, scheint es möglich, daß Bretter oder Steinblöcke an der langen Rille zwischen den Pfeilern befestigt waren. Die lange Rille ist nichts anderes als ein Abfluß, um das Ausgleiten beim Start im Regenwetter zu verhindern.

25

Links: Priene
Tagungsort
des Stadtrats

Rechts: Priene
Stützmauer der
Tempelterrasse

26

Oben: Priene Theater

Unten: Priene Waschraum im Gymnasion

Auch die Frage, wie die Startschranke gehandhabt wurde, kann nur vermutungsweise beantwortet werden. Die senkrechten Einschnitte auf den Basen hatten offensichtlich Holzpfeiler an den Seiten der Steinpfeiler zu halten. Wir dürfen vermuten, daß diese Holzpfeiler waagerechte Stangen hielten, die wie »Signalarme« auf- und niedergingen. An diesen Armen angebundene Stricke konnten durch das Loch im Gebälk und entlang der Rille bis zu dem mittleren Zwischenraum gezogen werden, wo der Starter stand. Er konnte sie mit den Strickenden in seiner Hand freigeben und alle acht »Signalarme« gleichzeitig fallen lassen. Eine sehr ähnliche Methode wurde im Isthmischen Heiligtum von Korinth angewendet, wo deutliche Spuren von den Ausgräbern gefunden worden sind. Für die besonderen Einschnitte an den Mittel- und Endbasen konnte bisher eine befriedigende Erklärung nicht gefunden werden[2].

Abb. 40 Startschwellen im Stadion

Diese entwickelte Startvorrichtung gehört in Priene erst in die römische Zeit. Im 5. Jahrhundert v. Chr. gab es in den griechischen Stadien keine mechanische Vorrichtung, um die Läufer vor dem Start zurückzuhalten. Vor der Schlacht von Salamis im Jahre 480 v. Chr., als Themistokles die Perser ohne Verzögerung anzugreifen suchte, wurde er von dem korinthischen Befehlshaber gerügt: »Bei den Spielen, du weißt, Themistokles, gibt es für dieses voreilige Losspringen einen Schlag mit dem Stock.« Und auch in Priene, wo das Stadion nicht älter ist als aus dem 2. Jahrhundert, haben wir offensichtlich die Spuren einer älteren und einfacheren Startvorrichtung. Etwa 1,80 m vor der beschriebenen Startschwelle befindet sich eine einfache Reihe von acht Viereckssteinen im Erdboden; in der Mitte hat jeder eine Viereckvertiefung, die offen-

[2] Siehe Abb. 41 auf Seite 210

sichtlich dafür bestimmt ist, einen Pfahl zu halten. Mehr ist nicht übriggeblieben, und die Einzelheiten des Startvorgangs bleiben uns verschlossen.

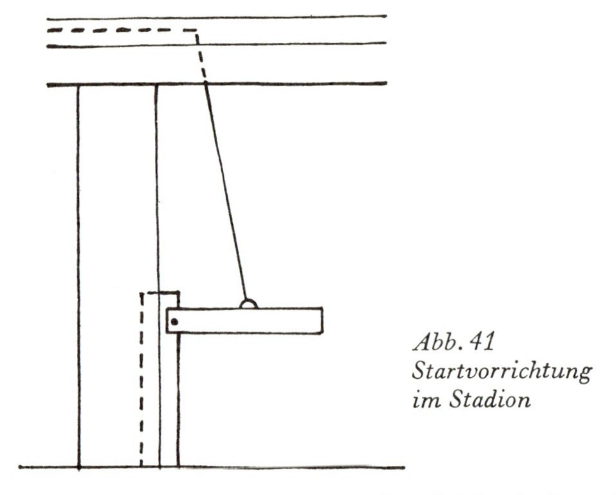

Abb. 41 Startvorrichtung im Stadion

Die Athletenkämpfe, die bei den offiziellen Spielen in den griechischen Städten ausgetragen wurden, umfaßten Wettläufe, Ringen, Boxen, das Pankration und das Pentathlon. Pferde- und Wagenrennen wurden getrennt im Hippodrom durchgeführt. Alle Athletenkämpfe waren nach Altersklassen eingeteilt, für Männer, Jünglinge und Knaben.
Es gab drei Arten von Wettlauf: Stadion-Lauf, Diaulos und Langlauf. Der Stadion-Lauf war ein einfaches Wettrennen von einem Ende der Bahn zum anderen. Der Diaulos umfaßte ein doppeltes Stadion, nämlich hin und zurück mit einer Haarnadelwendung am Ende der Bahn. Aber in Priene wurden dafür keine Zeugnisse gefunden. Der Langlauf scheint in der Streckenlänge nach Zeit und Ort verschieden gewesen zu sein. Wir hören von sieben und vierundzwanzig Stadien. Zeitabnahme war unbekannt; Wasser- und Sanduhren wurden nicht verwendet, so daß wir nichts über die Regeln sagen können. Ziel war allein der Sieg; zweite Preise für Athleten wurden selten vergeben.
Der *Ringkampf* wurde vorwiegend im Stand ausgetragen; eine Niederlage wurde gezählt, sobald der Rücken beim Fall ganz oder

Abb. 42 Pankration nach einem Vasenbild. Ein Ringer drückt seinen Daumen regelwidrig in das Auge des Gegners und wird vom Ordner gestraft.

teilweise den Boden berührte. Der Kampf wurde nicht auf dem Erdboden fortgesetzt. Er war entschieden, wenn der Gegner dreimal auf diese Weise niedergeworfen war; für die Entscheidung waren fünf Gänge notwendig. Der sogenannte griechisch-römische Stil des Ringkampfes ist nicht antik. Das *Pankration* war eine Kombination von Faust- und Ringkampf, wobei auf dem Boden weitergekämpft wurde, da die Rückenlage nicht als Niederlage galt; das Pankration wurde auf dem Boden fortgesetzt, bis sich ein Gegner ergab. Schlagen, Treten und Würgen waren erlaubt, also alle Mittel mit Ausnahme von Beißen und Betrügen. Einem Pankratiasten war der Trick erlaubt, die Finger des Gegners zu brechen.
Der antike *Faustkampf* war vom modernen Boxen sehr verschieden. Die üblichen Handschuhe hatten einen harten Lederrücken über den Knöcheln; sie waren nicht dazu bestimmt, die Hand des Boxers zu schützen, sondern den Schlag schwerer zu machen. Es

gab keinen Ring und keine Runden; wie beim Pankration kämpfte man so lange, bis sich einer für besiegt erklärte. Man teilte nur nach Altersgruppen ein, nicht nach Gewicht. Somit gab es in der Praxis in der Schwergewichtsklasse nur den Wettbewerb unter den Männern. Die Regeln waren wahrscheinlich sehr verschieden von unseren; aber wir haben keine Zeugnisse. Nach den Vasenbildern, die keine zuverlässigen Beweise sind, wurden meist nur Schläge gegen den Kopf geführt; gewöhnlich sind die Hände hochgehalten.
Das *Pentathlon* war eine Verbindung von fünf Sportarten, von denen drei für das Pentathlon vorbehalten waren: Springen, Diskus- und Speerwurf. Laufen und Ringen wurden auch gesondert gepflegt. Beim Diskus- und Speerwurf wurde allein die Entfernung bewertet. Man hatte keine Zielmarke. Keinesfalls durfte der Speer außerhalb der Arena in den Reihen der Zuschauer niedergehen. Der Speer wurde mit Hilfe eines Riemens geworfen, der zwei oder dreimal um den Schaft gewunden war und beim Wurf losgelassen wurde. Mit Hilfe dieses Riemens erzielte man bessere Leistungen als mit modernen Methoden.
Das *Springen* war ein Weitsprung. Hochsprung war bei den Spielen nicht vertreten und scheint in der Antike überhaupt nicht üblich gewesen zu sein. Aber es handelt sich nicht um einen einfachen Weitsprung, wie wir ihn heute kennen; seine Durchführung ist viel erörtert worden. Man gebrauchte Sprunggewichte aus Stein oder Metall im Gewicht von 2 bis 9 Pfund; sie wurden während des Sprunges in beiden Händen gehalten. Man verzeichnete Sprünge bis zu 55 Fuß (16,5 m), also mehr als außergewöhnliche Leistungen. Da ein Weitsprung von mehr als 30 Fuß (9 m) in neuerer Zeit niemals erreicht worden ist, hat man angenommen, daß dieser antike Sprung in Wirklichkeit eine Art *Dreisprung* war; diese Vermutung führte zur Aufnahme des Dreisprunges bei den Olympischen Spielen 1896. Der heutige Weltrekord beträgt 55 Fuß und 10,25 Zoll (ca. 17 m). Aber Experimente haben gezeigt, daß ein Dreisprung mit Gewichten außergewöhnlich beschwerlich ist und daß 10,5 m die Grenze der möglichen Leistung sind. Für einen Weitsprung aus dem Stand sind die Gewichte von großem Vorteil. Eine moderne Theorie behauptet, daß in der Antike ein fünffacher Sprung aus dem Stand üblich war, der Wettkampf also aus fünf aufeinanderfolgenden Sprüngen bestand, jeder

von der Stelle aus, die man vorher erreicht hatte. Unter diesen Bedingungen waren zehn Fuß (3 m) ein sehr gutes Ergebnis für den Einzelsprung; ein Weltrekord von 55 Fuß (über 16 m) ist wohl möglich[3]. Diese Annahme ist zunächst erwägenswert. Andererseits gibt es antike Vasenbilder, die einen laufenden Springer mit seinen Gewichten zeigen. In diesem Falle ist ein Sprung aus dem Stand ausgeschlossen, und die jüngste Annahme ist die eines Doppelsprunges, wobei auf einen Schritt ein Sprung folgte[4]. Eine solche Sprungart wird heute nicht geübt, so daß wir keine Vergleichswerte haben. Die Wirkung der Gewichte ist unsicher. Wir können hier nicht alle Argumente erörtern; doch hat die Annahme eines Doppelsprunges viel Wahrscheinlichkeit für sich.

Wie wurde der Sieger im Pentathlon bestimmt? Dieses reizvolle Problem ist heftig erörtert worden. Es ist nicht möglich, hier alle Beweise und Argumente anzuführen, aber eine Anzahl von Fakten dürfte gesichert sein. Bestimmt war das moderne Punktsystem in der Antike nicht üblich. Als Sieg verzeichnete man eine hervorragende Leistung; drei Siege in den fünf Sportarten genügten für die Entscheidung. Neue Erörterungen haben ergeben, daß die Zahl der Wettbewerber – sofern einer nicht drei Gewinne hintereinander zu verzeichnen hatte – stufenweise begrenzt wurde. Nach den ersten drei Sportarten, die für das Pentathlon charakteristisch waren, wurden nur diejenigen, die sich mit ihrer Leistung ausgezeichnet hatten, zur vierten Sportart zugelassen, dem Wettlauf. Nach dem Wettlauf wiederum kam nur eine begrenzte Zahl zum Ringkampf. Sobald ein Wettbewerber drei klare Siege errungen hatte, war das Pentathlon beendet. Bei Unentschieden wurde der Sieger im Ringkampf Endsieger. Die schwierige Frage, nach welchen Regeln die Zahl der Teilnehmer bestimmt wurde, ist bis heute nicht gelöst.

An das Stadion in Priene schließt sich *das Untere Gymnasion* an. Wir kennen eine Inschrift über die Bestimmung der Anlage; sie stammt aus der Zeit etwas nach 130 v. Chr. Wir erfahren, daß ein Beschluß, das Gebäude zu errichten, schon früher gefaßt wurde, wobei man sich auf Zuwendungen verließ, die von bestimmten

[3] Wir müssen dabei berücksichtigen, daß das griechische Fußmaß etwas kürzer war als das englische.

[4] H. A. Harris, Greek Athletes and Athletics, Kap. IV (c).

Königen versprochen worden waren. Doch wegen einem Wechsel in ihren Vermögensverhältnissen ging das Geld nicht ein; die Baukosten übernahm ein reicher Bürger namens Moschion.
Das Gymnasion besteht gewöhnlich aus einer offenen Palaestra für athletische Übungen, umgeben von einer Halle (Stoa) und Übungsräumen. Am besten erhalten sind die Räume auf der Nordseite. In der Mitte ist der Epheben-Raum, der hier für Vorlesungen gebraucht wurde. Bänke für die Schüler befanden sich ringsum an der Mauer. Darüber war die Wand mit korinthischen Halbsäulen geschmückt. Dieser Raum zeigt an den Wänden Inschriften von Schülern: »Phileas, Sohn des Metrodoros, sein Platz. Epikouros, Sohn des Pausanias, sein Platz«. Mehr als 700 Namen kann man hier lesen (Tafel 27 links).
Wie wir in Pergamon und Ephesos gesehen haben, waren in römischer Zeit an das Gymnasion Anlagen mit heißen Bädern (Thermen) angeschlossen. In Priene begegnen wir den einfacheren griechischen Einrichtungen, wie der gut erhaltene, *mit glatten Kieseln gepflasterte Waschraum* im Westen zeigt. Eine Reihe von Becken an der Rückwand wurde nur mit kaltem Wasser aus löwenköpfigen Wasserspeiern an einem Wasserrohr gespeist. Die Fußbecken standen beiderseits des Eingangs (Tafel 26 unten).
Der Regel nach waren die anderen Räume für die Ringer bestimmt, um sich mit feinem Sand abzureiben, für die Boxer, um sich am Faustball zu üben, und für die Athleten, um sich mit Öl einzusalben. Große Mengen Olivenöl wurden auf diese Weise verbraucht. Gewöhnlich verdankte man es Stiftern, die sich öffentlich beliebt machen wollten. »Der und der salbte die Bürger für ein Jahr«, heißt es wiederholt in den Inschriften.
Besonders reizvoll sind die *Straßen und Privathäuser* von Priene. Der Straßenplan war nach dem Prinzip des Hippodamos von Milet entworfen. Die Hauptstraßen sind auf die vier Himmelsrichtungen ausgerichtet und schneiden sich mit den dazwischenliegenden Gassen im rechten Winkel. Beispielhaft ist die von Osten nach Westen führende sogenannte Theaterstraße mit den Ansätzen der Querstraßen, die zur Akropolis hinauf und zur Unterstadt hinunterführen. Wegen der Neigung des Geländes sind die von Norden nach Süden verlaufenden Gassen oft abgestuft. Die sorgfältig gepflasterten und mit Abflußanlagen versehenen Straßen grenzten

rechteckige Wohnblöcke mit vier Häusern ab, sogenannte »Inseln«, wie die Römer zu sagen pflegten.

Den Haustypus kann man noch heute in den Mittelmeerländern antreffen. Er ist gegen die Straßen durch hohe Mauern abgeschlossen, in die in ziemlicher Höhe und von außen unerreichbar sehr schmale Fenster eingeschnitten sind. Die oft noch mannshoch stehenden Ruinen sind gewöhnlich aus mörtelverbundenem Bruchstein erbaut. Die Wandverkleidung bestand aus Gips oder Stuck; die Wandmalereien waren einfach und ahmten Mauerwerk nach. Das Mauerwerk, das sich in der Qualität mit dem der öffentlichen Bauten messen kann, reicht in die Gründungszeit der Stadt zurück.

Die Innengliederung der Häuser ist bemerkenswert einheitlich, wenn es heute auch nicht leicht ist, die einst durch die Grabung freigelegten Grundrisse zu verfolgen. Meist gliederten sich die verschiedenen Räume um einen Innenhof, den man oft von einer Seitenstraße her durch eine Tür und ein Vestibül erreichte. Neben der Tür stand gewöhnlich ein Altar für das Familienopfer; daneben befand sich eine Herme oder ein Bild des Hermes, des Gottes der guten Aussichten. An der Nordseite des Hofes lag ein offener Vorraum, durch den man zum Hauptraum des Hauses gelangte. Von den beiden Seitenräumen dieses Komplexes diente der eine als Küche, der andere als Speiseraum. Einige Häuser hatten ein oberes Stockwerk mit entsprechender Treppe. Nichts spricht für getrennte Frauengemächer; wahrscheinlich lebten die Frauen im Obergeschoß. Die Bauten waren oft 4,50 m bis 6,00 m hoch. Im Winter heizte man mit tragbaren Öfen. Nur ein kleines Badezimmer (1,80 x 0,90 m) wurde durch die Grabungen freigelegt. Aborte fanden sich nur in drei oder vier Häusern. Öffentliche Bedürfnisanstalten sind in Priene nicht zutage gekommen.

Datiert sind diese Bauten durch zahlreiche Münzfunde, von denen die meisten aus dem 3. Jahrhundert v. Chr. stammen. Einige Gebäude sind später zu Peristyl-Häusern umgewandelt worden, wie sie in römischer Zeit beliebt waren. Aber die meisten blieben so wie sie waren, als die letzte Siedlung angelegt wurde.

Interessant ist *ein kleines Heiligtum* zwischen den Häusern im dritten Block von Westen auf der Südseite der Hauptstraße, die zum Westtor führte. Es hat die Form eines gewöhnlichen Hofhauses mit einem Eingang von der Seitenstraße im Westen. Auf dem linken Türpfeiler fand sich eine Inschrift, auf der die Zugehörigkeit zu einer Priesterschaft verzeichnet war. Hinzugefügt war: »Kein Eintritt in dieses Heiligtum mit Ausnahme von Reinen und in weißer Kleidung.« An der Nordseite des Hofes lag hinter einer Vorhalle ein großer Raum; in der Nordostecke befand sich eine Steinbank für Opfer wie im Heiligtum der Demeter. Vor dieser Bank fand sich bei der Ausgrabung ein Marmortisch über einem Erdspalt. Unter einer Anzahl von Statuetten entdeckte man solche Alexanders des Großen. Daher wurde vermutet, daß es sich bei diesem Gebäude um das inschriftlich bezeugte Alexandreion handelt (N auf Abb. 38), das bisher nirgendwo in der Stadt gefunden wurde[5]. Der Alexanderkult ist gut bezeugt. Andererseits läßt der Altartisch über einer Erdspalte eher an Opfer an eine unterirdische Gottheit denken. Man muß also im Urteil zurückhaltend sein.

DAS PANJONION

Das schon mehrfach erwähnte Panjonion war seit archaischer Zeit *die religiöse Versammlungsstätte* der Jonier, die dort das große Fest der Panjonien feierten. Das Heiligtum war dem Poseidon Helikonios geweiht, benannt nach der Stadt Helike in Griechenland, wo ursprünglich sein Kult gepflegt wurde, bevor man ihn nach Jonien brachte. Der Platz befand sich auf dem Gebiet von Priene und stand unter der Verwaltung der Stadt. Gewöhnlich wurde ein junger Mann aus Priene zum Priester ernannt. Nach Strabo war es ein gutes Vorzeichen, wenn die Opfertiere während des Zeremoniells brüllten. Darauf bezogen sich nach antiker Auffassung die Verse Homers: »Er brüllte wie ein Stier brüllt, der zum Altar des Helikonischen Herrn geführt wird.« Die antike Lehrmeinung dürfte ebenso zu Recht bestehen wie der Schluß, daß Homer nach der jonischen Wanderung in Kleinasien gelebt hat.
Im 5. Jahrhundert war es vorübergehend unmöglich, die Panjonien wegen der beständigen Feindseligkeiten zu feiern; so wurde als sicherer Platz Ephesos gewählt. Thukydides berichtet, daß das Fest den Namen Ephesia hatte. Diodor, der von der Verlegung

[5] Siehe Seite 198

berichtet, sagt, daß neun Städte daran teilnahmen, nicht zwölf. Diese Angabe geht auf eine alte Textverderbnis zurück und wird allgemein als Fehler angesehen. Unter der Perserherrschaft ruhte die Tätigkeit des Jonischen Bundes für ein Jahrhundert. Alexanders Eroberungen führten zum Wiederaufleben, und die Panjonien wurden an ihrer ursprünglichen Stelle bis in römische Zeit gefeiert. Ihre Bedeutung wurde gemindert durch ein zweites Bundesfest, das die Jonier zu Ehren Alexanders eingerichtet hatten; es fand auf dem Gebiet von Erythrae statt. Daher behielten die Panjonien nicht mehr ihren alten Glanz.

Das *Panjonion* ist jetzt endgültig durch deutsche Archaeologen wiederentdeckt und ausgegraben. Die annähernde Lage wird von Herodot auf die Nordseite des Vorgebirges Mykale verlegt. Strabo bezeichnet das Panjonion als den ersten Platz nördlich der Straße von Samos, drei Stadien von der See entfernt. 1673 wurde eine Inschrift, die das Panjonion nennt, im Dorf Güzelcamli gefunden. Chandler sah sie 1764 in einer Kirche an der Küste wieder, aber die Kirche ist jetzt zerstört und die Inschrift verloren. Die genaue Lage wurde von dem deutschen Archaeologen Wiegand Ende des vergangenen Jahrhunderts vermutet, als er auf dem Hügel St. Elias nahe Güzelcamli die *Reste von acht Sitzreihen* in einem Hügelhang wie bei einem Theater sah. Diese Sitze konnte der Verfasser noch 1946 besichtigen; sie waren dann überwachsen und konnten 1957 nur mit Mühe von deutschen Archaeologen wiederentdeckt werden. Der beherrschende Platz hatte unterdessen einen anderen Namen erhalten. Man hatte ihn im ersten Weltkrieg und im folgenden griechisch-türkischen Krieg als Maschinengewehrstellung benutzt, so daß er den Namen Otomatik Tepe erhielt.

Auf dem Hügelrücken sind nur noch *Reste der heiligen Umfriedung* erhalten. Heute ist die Umfassungsmauer stellenweise noch drei Steinreihen hoch. Der Eingang lag im Westen. Den Mittelpunkt bildete eine Anlage von etwa 17 x 4 m Ausmaß. Sie ist jetzt völlig zerstört und kann nur noch an Spuren im Felsen und einigen Dübellöchern festgestellt werden. Hier stand kein Tempel, sondern ein Altar. Dazu fügt sich, daß die antiken Gewährsmänner keinen Tempel auf dem Panjonion erwähnen, wohl aber beständig von Opfern sprechen. Die wenigen Reste sind nach dem Befund schwer zu datieren; sie sind aber von den Ausgräbern aus

anderen Gründen in das späte 6. Jahrhundert v. Chr. gesetzt worden.
Etwa 50 m südwestlich von dieser Umfassung befindet sich eine *große Höhle*, über 30 Meter tief und breit. Nichts Bemerkenswertes wurde hier gefunden, aber da der ganze Platz Poseidon, dem Erderschütterer, geweiht war, ist es wahrscheinlich, daß die Höhle auch zu seinem Kult gehörte.
Unter der Höhle, am Fuß des Hügels, befindet sich die schon erwähnte *theaterähnliche Anlage*. Als sie ausgegraben wurde, hatte sie nachweislich elf Sitzreihen; mehr waren es offensichtlich nicht. Der Durchmesser insgesamt beträgt etwas über 30 m. Wo sich sonst die Bühne befindet, ist hier lediglich Felsen, der teilweise künstlich geglättet ist. An Stelle der Seiteneingänge (Parodoi) dienten Blöcke zur Markierung. Nach dem Befund konnte die Anlage kein Theater sein, doch war sie als Platz für ein großes Fest geeignet. Zweifellos haben wir hier die *Reste des Ratsplatzes* vor uns, wo sich die Abgesandten der jonischen Städte trafen, um ihre Beschlüsse im Interesse des Bundes zu fassen. Hier soll Bias gestanden haben, als er den Joniern riet, nach Sardinien auszuwandern. Thales von Milet dürfte eine allgemeine Versammlung der Jonier in Teos, näher der Landesmitte, veranlaßt haben; doch seine Vorschläge wurden nicht angenommen. Die Ausgräber sehen in der Anordnung der ersten Sitzreihe eine Bestätigung für die Angabe Diodors, daß nur neun Städte beteiligt waren; doch ist der archaeologische Beweis nicht zwingend.
Über 200 m westlich von dieser Stelle liegt eine Anhöhe mit den Ruinen eines römischen Gebäudes; offensichtlich handelt es sich um ein Grab.

10. Milet

Große Veränderungen sind während der letzten Jahre im Maeandertal erfolgt. Während früher der Maeander die Ebene zu überschwemmen pflegte, und man Milet nur auf einem schlechten, alljährlich erneuerten Pfad erreichen konnte, ist heute ein großer Teil der Ebene wieder kultiviert. Eine gute neue Straße führt von Söke nach Milas, und man kann mit dem Wagen das ganze Jahr Milet erreichen. Auf der alten Stätte lag früher teilweise das Dorf Balat, d. h. Palatia, benannt nach der byzantinischen Burg auf dem Hügel über dem Theater. Aber dieses Dorf wurde durch ein Erdbeben 1955 zerstört; ein neues namens Yeniköy wurde eine Meile südlich auf dem Weg nach Didyma angelegt.
Milet kann auf den modernen Besucher seltsam unwirklich wirken. Er könnte, wie der Verfasser bei seinem ersten Besuch, das Gefühl haben: »Das ist nicht das, was ich erwartet habe«. Wenn der Name Milet erwähnt wird, denkt man sofort an die große Seestadt der archaischen Zeit, die Herrin der Ägäis und die Geburtsstätte von Wissenschaft und Philosophie; von dieser Stadt sieht man jedoch nichts mehr. Das römische Milet, dessen Ruinen heute ins Auge fallen, war noch eine große Stadt; aber es befriedigt nicht wie Ephesos. Dieser Eindruck wird noch dadurch verstärkt, daß die Landschaft durch die Schwemmlandentwicklung des Maeander völlig verändert wurde. Herodot hat den Fluß als »Arbeiter« bezeichnet. Er verschiebt die Küstenlinie durchschnittlich um 6 m im Jahr, so daß Milet, in klassischer Zeit eine Stadt an der Küste der breiten Bucht, heute fast 10 km vom Meer entfernt ist. Die Insel Lade steht nun hoch und trocken in der Ebene, und der Golf von Latmos wurde der Süßwassersee von Bafa.

Die Höhe über dem Theater bietet einen guten Überblick über das Gelände, wenn es auch große Einbildungskraft erfordert, sich ein Bild vom alten Milet zu machen. Eine auch an der breitesten Stelle keinen Kilometer breite Halbinsel teilte sich nach Nordwesten, so daß der Theaterhügel zwischen zwei Häfen lag: dem ›Theaterhafen‹ und der ›Löwenbucht‹, benannt nach zwei gewaltigen Marmorlöwen, den Wappentieren der Stadt.

Milet wird als einzige unter den Städten Joniens von Homer erwähnt. Es war die Heimat »der Karer mit ihrer rauhen Sprache«, die gegen die Griechen vor Troja kämpften; nichts verlautet über eine griechische Siedlung. Die Homer-Stelle archaisiert, denn schon lange, bevor er im 8. Jahrhundert schrieb, war Milet eine griechische Stadt. Die Kolonisation wird wie gewöhnlich Joniern zugeschrieben, die von einem Sohn des Kodros namens Neleus geführt wurden. Sie fanden den Ort von Karern und von Kretern besetzt, die von der namensgleichen Stadt auf Kreta ausgewandert waren. Nach Herodots Bericht brachten die Jonier alle männlichen Einwohner um und heirateten die Frauen, da sie selbst keine Frauen mitgebracht hatten; deswegen verpflichteten sich die Frauen von Milet durch einen Eid, niemals mit ihren Männern zu Tisch zu sitzen noch sie bei ihren Namen anzurufen.

Das jonische Milet wuchs blühend empor und *war zweifellos die größte griechische Stadt* der Welt. Die günstige Lage und der Unternehmungsgeist der athenischen Führer gaben den Milesiern den führenden Platz unter den Seefahrern der damaligen Zeit. Zu Land waren die Verbindungen der Stadt spärlich. Es könnte heute scheinen, daß Milet als Ziel einer großen Karawanenstraße diente, die durch das Maeandertal hinunterführte. Aber ein flüchtiger Blick auf die Karte: Südjonien im Altertum[1] dürfte zeigen, daß diese Verbindung damals nicht existierte. In dieser Hinsicht lagen Priene und Myus besser. Der Landweg scheint mehr nach Ephesos geführt zu haben.

Aber zur See waren die Milesier ohne Konkurrenz. Im frühen 8. Jahrhundert und besonders während des 7. Jahrhunderts gründeten sie zahlreiche Pflanzstädte an den Küsten des Hellesponts, des Marmarameeres und des Schwarzen Meeres; die Gesamtzahl wird

[1] Siehe Abb. 45 auf Seite 235

mit neunzig angegeben. Selbstverständlich konnten alle diese Städte nicht allein durch Milesier bevölkert werden. Die Mutterstadt war ein Anziehungspunkt für Unzufriedene, Vertriebene und andere, die eine neue Heimat suchten. Diese nahmen in Milet ihre Zuflucht und bildeten die nächste Kolonisten-Gruppe, die ausgesandt wurde. Die bevorzugten Beziehungen mit diesen Pflanzstädten trugen zum Wohlstand der Stadt bei.

Begleitet wurde diese Entwicklung von einem glänzenden geistigen Aufstieg. Milet stand darin nicht allein: Heraklit von Ephesos, Bias von Priene, Xenophanes von Kolophon und andere Namen sprechen dagegen. Aber Milet war führend. Voran steht der Name des Thales. Seine Lehre, daß der Urstoff Wasser sei, und seine Vorhersage der Sonnenfinsternis von 585 v. Chr. wurden schon erwähnt. Man glaubte auch, daß er den Lauf des Halysflusses ableiten wollte, um dem Heer des Kroisos einen Übergang zu schaffen. Als andere ihn verspotteten, daß er trotz seiner reichen Einfälle noch ein armer Mann sei, gaben ihm seine astronomischen Studien die Gewißheit, daß die nächste Olivenernte einen reichen Ertrag bringen würde. So kaufte er alle Olivenpressen in Milet auf, um sie zu einem hohen Mietpreis zu verpachten. Damit bewies er, daß Philosophen reich werden können, wenn sie es wollen, aber daß dieses Ziel nicht ihre Aufgabe ist. Thales war nach der Überlieferung der erste Mann, dem es glückte, ein rechtwinkliges Dreieck in einem Kreis zu konstruieren. Zur Feier dieses Ereignisses opferte er einen Ochsen, was bedeutet, daß er glaubte, ihm stehe jetzt ein Festmahl zu[2]. Eine andere Leistung war das Berechnen der Höhe der Pyramiden in Ägypten: durch Messen ihres Schattens zur Tageszeit und Vergleichen mit dem Schatten eines Mannes. Unter seinen Sprüchen ist der berühmteste das »Erkenne Dich selbst«, das auf dem Tempel von Delphi stand. Weniger annehmbar für moderne Ideen ist seine Bemerkung, daß er den Göttern für drei Dinge danke, nämlich daß er ein Mensch und kein Tier sei, ein Mann und keine Frau, ein Grieche und kein Barbar. Stets war

[2] Die Überlieferung ist schlecht. Auch der mathematisch Unbegabte kann ein Rechtwinkeldreieck in einen Kreis z e i c h n e n. Sofern wir nicht »gleichseitiges Dreieck« lesen wollen, ist es wahrscheinlich, daß Thales zuerst ein in einen Halbkreis gezeichnetes rechtwinkliges Dreieck b e w i e s.

Thales von Milet wie Bias von Priene und Solon von Athen in der Liste der Sieben Weisen, die im Altertum sonst sehr wechselte.
Auf Thales folgten im Bereich der Naturphilosophie seine Landsmänner Anaximenes und Anaximander. Ersterer sah in der Luft den Urstoff des Alls; durch einen Verdichtungsprozeß und Verdünnungen entstanden nach seiner Meinung aus Luft alle Formen der Materie. Anaximander zog ein ganz anderes Urprinzip vor, nämlich das Grenzenlose. Dieses Apeiron ist nur faßbar, wenn wir es in seiner Brechung in die materiellen Substanzen der Welt sehen.
Milesier waren auch die Väter der Geographie. Anaximander schuf die erste Weltkarte; sie gründete sich auf das Prinzip der symmetrischen Verteilung der Erdteile, der Meere und Flüsse. Nach moderner Auffassung war sie sehr ungenau. Auch scheint Anaximander nicht gereist zu sein. Im Gegensatz dazu steht Hekataios, dessen Geographie ein Kommentar zur Erdkarte seines Landsmannes war. Er hatte weite Reisen unternommen und konnte seine eigene Beobachtung mit denen der Besucher ergänzen, die aus allen Teilen der Welt nach Milet kamen. Soweit wir die Bruchstücke seines Werkes prüfen können, finden wir sie sehr zuverlässig. Hekataios wurde sehr viel von Herodot benutzt, der ihn schonungslos kritisierte.
Geistiger und materieller Hochstand führte bei den Milesiern nicht zur Verweichlichung. Ein späteres Sprichwort sagte »Einst waren die Milesier mutige Männer«. Sie leisteten erfolgreichen Widerstand, als die lydischen Könige Gyges und Alyattes die Stadt angriffen. Kroisos begnügte sich mit einem Vertragsabschluß. Die Perser stellten harte Bedingungen; aber Milet stimmte einem Vertragsabschluß zu. Milet unterschied sich dadurch von den anderen jonischen Städten. Abgaben mußten zwar entrichtet werden, und der Tyrann herrschte nur mit persischer Zustimmung; aber sonst war Milet mehr oder weniger frei.
Bei dem unglücklichen jonischen Aufstand von 500 v. Chr. spielte Milet eine führende Rolle, die mit dem Aufstieg des Histiaios verbunden war. Die Geschichte beginnt 512, als der Perserkönig Darius seinen verhängnisvollen Feldzug gegen die Skythen unternahm. Seine Streitmacht verfügte auch über eine Flotte, die von den Tyrannen der griechischen Städte geführt wurde, darunter Histiaios, der Tyrann von Milet. Als Darius die Donau auf einer

Schiffsbrücke überschritten hatte, ließ er den griechischen Befehlshabern eine Schnur mit sechzig Knoten und mit der Weisung zurück, jeden Tag einen Knoten zu lösen. Wenn er nach sechzig Tagen nicht zurückkehren würde, sollten sie nach Haus fahren. Die Griechen warteten die Frist ab, aber der König erschien nicht. Während sie unschlüssig waren, traf eine Gruppe von Skythen ein und drängte auf die Zerstörung der Brücke mit der Begründung, daß damit der Untergang des Darius besiegelt und die Freiheit der Griechen wiedergewonnen würde, da die Perser unterdessen schwere Niederlagen im Skythenland erlitten hätten. Die Griechen waren fast bereit, auf diesen Vorschlag einzugehen, als Histiaios sie zurückhielt und die Brücke rettete. Als Darius schwer bedrängt zurückkam und die Brücke nach der abgelaufenen Frist noch unversehrt vorfand, war er so dankbar, daß er dem Histiaios einen Wunsch freigab. Histiaios bat um Myrkinos, eine kleine Stadt mit Silberminen im westlichen Thrakien. Darius, gewarnt, daß ein griechischer Stützpunkt dort höchst unerwünscht sei, berief den Histiaios in die persische Hauptstadt unter dem Vorwand, daß er einen so wertvollen Freund stets an seiner Seite haben möchte.

Elf Jahre lang verbrachte der mattgesetzte Histiaios in Susa. Unterdessen herrschte in Milet sein Schwiegersohn Aristagoras, dessen Vermögen nach einem gescheiterten Angriff auf die Insel Naxos erschöpft war. In dieser Lage sandte ihm Histiaios, der aufdringlichen persischen Gastfreundschaft überdrüssig, einen Sklaven, in dessen Kopfhaut die Aufforderung tätowiert war: »Bring die Jonier zum Aufstand.« Er tat das in der Erwartung, daß ihn Darius zum Niederwerfen des Aufstandes entsenden würde. Aristagoras, der sich mit gleichen Plänen beschäftigte, um sein Glück wiederzugewinnen, handelte entsprechend. Tatsächlich erschien Histiaios auf der Szene mit der ausdrücklichen Weisung, den persischen Satrapen bei der Unterdrückung der aufständischen Griechen zu unterstützten. Der Satrap jedoch war mißtrauisch und lehnte eine Zusammenarbeit mit ihm ab, worauf Histiaios nach Byzanz floh und dort die aus dem Schwarzen Meer ausfahrenden Schiffe kaperte. Doch fiel er bald in die Hände der Perser, die ihn töteten. Die von Herodot mitgeteilte Geschichte ist nach dem Urteil kritischer Geschichtsforscher wenig überzeugend.

Die Schlacht von Lade im Jahre 494 v. Chr., der Zusammenbruch des Aufstandes und die Eroberung von Milet beendeten das goldene Zeitalter der Stadt. Niemals zuvor war sie mit Gewalt genommen worden, und das Ereignis wurde als ein großes Unglück angesehen. Als ein attischer Dramendichter eine Tragödie »Der Fall von Milet« aufführen ließ, brachen die Zuschauer in Tränen aus, und der Dichter erhielt 1000 Drachmen Geldstrafe. Nach Herodot wurde die Stadt zerstört, die männliche Bevölkerung meist erschlagen, Frauen und Kinder versklavt. Nichtsdestoweniger stand Milet eine Generation später wieder auf eigenen Füßen. Nach der persischen Niederlage in Griechenland und der Befreiung der westkleinasiatischen Griechen wurde die Stadt an der Stelle wiederaufgebaut, die sie für die Folgezeit behaupten sollte. Seit der Mitte des 5. Jahrhunderts zahlte sie fünf Talente jährlich als Mitglied des Delischen Seebundes; der Beitrag war nur etwas kleiner als der von Ephesos. Zu dieser Zeit ließ Milet zahlreiche Silbermünzen prägen.

Ungeachtet dieses bemerkenswerten Wiederaufstiegs erreichte Milet niemals mehr die alte Machtstellung. Die athenische Seeherrschaft nahm Milet seine Geltung als führende Handelsstadt; es nahm niemals mehr diesen Platz ein. Dieses Schicksal teilte es mit ganz Jonien. Im 4. Jahrhundert bestanden enge Beziehungen zwischen Milet und den karischen Königen Hekatomnos und Mausolos, die zeitweise die Stadt behaupteten. Milesische Münzen tragen die Inschriften EKA(tomnos) und MA(usolos). Als Alexander im Jahre 334 v. Chr. vor Milet erschien, hatte die Stadt eine persische Besatzung und leistete Widerstand, so daß Alexander zu einer langwierigen Belagerung gezwungen war. Nach Verlust der Schiffe fiel Milet nach einem energischen Sturmangriff.

In hellenistischer Zeit teilte Milet das wechselvolle Schicksal ganz Kleinasiens, indem es nacheinander unter die Macht des Antigonos, des Lysimachos, der Seleukiden von Syrien, der Ptolemaeer von Ägypten, der Attaliden von Pergamon und endlich der Römer kam. In der römischen Provinz Asia war Milet eine »freie« Stadt, reich und blühend wie andere Städte, mit zahlreichen schönen Gebäuden. Aber die Entwicklung war ständig durch das Schwemmland des Maeander bedroht. Im 4. Jahrhundert n. Chr. erreichte die Küstenlinie das milesische Vorgebirge, und bald verlor Lade seinen Inselcharakter. Die von Mückenschwärmen begleitete Ver-

27

Links: Priene. Mauer mit Inschriften im Gymnasion

Rechts: Milet. Gedeckter Gang im Theater

28

Oben: Milet Blick zum Theaterhügel

Unten: Milet Bouleuterion (Ratshalle)

sumpfung ließ die einst so mächtige Stadt langsam in ein von Malaria heimgesuchtes Dorf versinken.
Die jüngsten Grabungen führten zur Entdeckung der *ältesten vorgriechischen Siedlung*, die in der Ebene südwestlich der späteren Stadt lag und in kretisch-mykenischer Zeit um 1600 v. Chr. gegründet wurde. Die zahlreich vertretene kretische Keramik fügt sich zur Überlieferung, daß Milet von Kreta aus besiedelt wurde. Milet diente ursprünglich nicht als Handelsplatz, da die Landver-

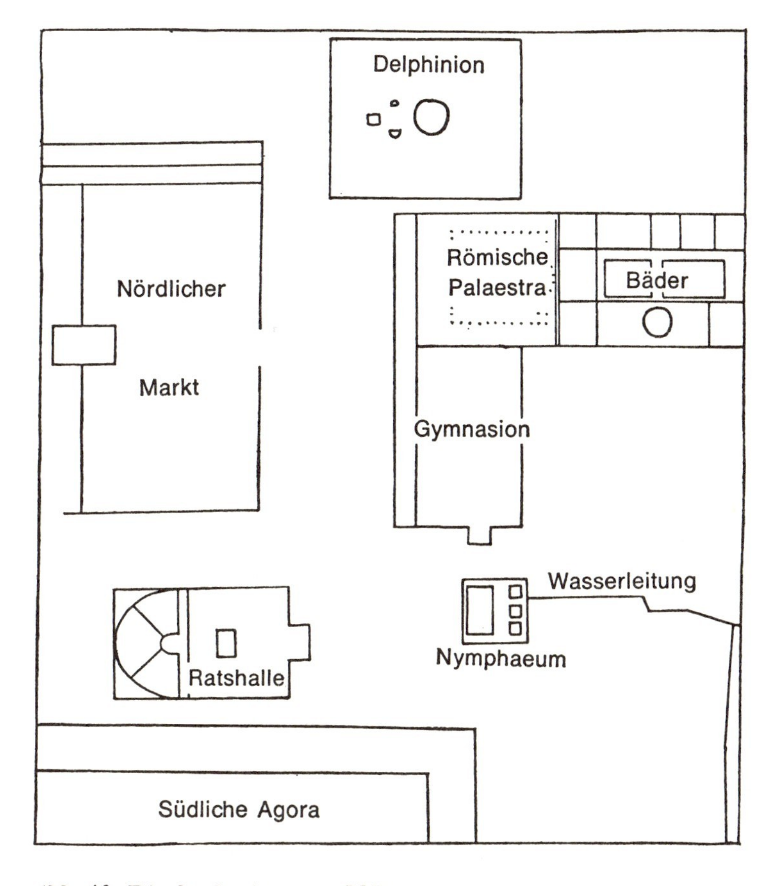

Abb. 43 Die Stadtmitte von Milet

bindungen noch sehr spärlich waren, sondern als Hafen, den man für weitere Fahrten nach Osten anlief. Als während des 14. Jahrhunderts v. Chr. die minoische Macht auf Kreta absank, wurde die Siedlung Milet mit einer über 4 m starken Mauer befestigt. Dieser Befund dürfte vielleicht dafür sprechen, daß der Platz in die Hand eines kleinasiatischen Herrschers überging, dessen Nachfahren die vor Troja kämpfenden »Karer mit der groben Sprache« bildeten. Die nachmykenische Entwicklung ist noch nicht geklärt. Die Befestigungsmauer stand nicht lange; auf ihren Ruinen erbauten die griechischen Kolonisten den archaischen Athenatempel. Gegen 800 v. Chr. wurde eine *befestigte Siedlung* auf dem 63 m hohen Kalabak Tepe angelegt, etwas über 3 km südwestlich der heutigen Ruinen; der Strand verlief damals kaum 100 m vor dessen Fuß. Die Ausgräber betrachten diesen Hügel jedoch nicht als die Akropolis des archaischen Milet, deren Lage heute noch unbestimmt ist. Die Siedlung am Kalabak Tepe behauptete sich bis zur Zerstörung von Milet durch die Perser im Jahre 494 v. Chr., wie die Keramikreste und die Brandspuren der Grabungsschichten zeigen. Aber es ist noch zu wenig Gelände untersucht, um den Nachweis zu führen, daß hier die Stelle der Stadt des Thales und des Hekataios lag. Die Grabungsergebnisse am Kalabak Tepe aus den Jahren 1904/08, die über 3 m starke Mauern mit Toranlagen, zahlreiche Hausgrundrisse und einen kleinen Tempel ans Tageslicht brachten, sind heute nicht mehr sichtbar.

Unter den Ruinen der späteren Stadt ragt das prachtvolle **Theater** hervor. Es wurde um 100 n. Chr. an Stelle eines älteren Theaters gebaut. Wenn Priene uns das beste Beispiel für ein hellenistisches Theater gibt, so Milet für die schönste griechisch-römische Anlage. Das *Bühnengebäude* hat ähnliche Form wie das von Ephesos. Die Cavea ist halbrund wie bei römischen Theatern. Die Sitzreihen sind vollständig erhalten bis hinauf zum ersten Diazoma. Auch die gewölbten Gänge unter den Sitzreihen sowie die Gewölbe und Treppen der Zugänge sind ebenfalls in hervorragendem Erhaltungszustand. Die *Kaiserloge* wird durch zwei Pfeiler markiert. Auf einigen Sitzen der vorderen Reihen, von der dritten zur sechsten, sind *zahlreiche Inschriften* erhalten, die die Sitze für bestimmte Personen oder Personengruppen reservierten. In der fünf-

ten Reihe ist der Sitz »der Juden, auch der Gottesfürchtigen genannt«, und in der dritten Reihe »der Platz der Goldschmiede der Blauen«, was sich auf die blaue und grüne Partei in byzantinischer Zeit bezieht.
Auf einem Steinblock des Treppenaufgangs am Westende des oberen Diazoma befindet sich eine *interessante Inschrift*, die sich auf Streitigkeiten zwischen den Theater-Bauarbeitern bezieht. Die Arbeiter, offensichtlich Freie, keine Sklaven, waren mit den Bedingungen unzufrieden und erörterten einen Wechsel des Arbeitsplatzes, um anderswo Arbeit zu suchen. Die Angelegenheit kam vor ein Schiedsgericht; der Schiedsrichter war Apollon von Didyma. Seine in Hexameterversen verfaßte Empfehlung war, eine geeignete Bauweise zu gebrauchen, den Rat eines geschickten Experten zu suchen, und (was charakteristisch ist) der Athena und dem Herakles zu opfern. Mit anderen Worten »Holt Euch einen, der Euch unterrichtet, wie die Aufgabe wirtschaftlich zu lösen ist, und Ihr werdet finden, daß Ihr gut bezahlt werdet«. Die Männer waren keine reinen Mietarbeiter, sondern bildeten eine Meistergruppe, die üblicherweise nach Arbeitsstücken bezahlt wurde; sie waren mit der Arbeit nicht zufrieden und wollten den Vertrag brechen. Ihr Verhalten kommt einem modernen Streik nahe. Der Rat des Apollon wurde wahrscheinlich angenommen; doch ist der weitere Verlauf der Angelegenheit nicht mehr auf dem Stein verzeichnet. (Tafel 27 rechts, 28 oben und 29 oben)

Das Zentrum der Stadt lag östlich vom Theater in der Ebene, südlich der Löwenbucht, wo die Ruinen jetzt in jedem Winter überflutet werden. An die *Hafenanlagen* grenzte das *Delphinion*, der Bezirk des Apollon Delphinios; es war **das Hauptheiligtum** von Milet und Apollon als dem Schutzherrn der Seefahrt geweiht. Den Kult hatten die jonischen Siedler aus Athen mitgebracht. Die dort aufgefundenen Inschriften datieren das Heiligtum in das 6. Jahrhundert v. Chr. und stammen offensichtlich aus der archaischen Stadt. Man kann eine Inschrift unter der Mauer an der Südseite des Hofes verbaut sehen. Der Name Delphinios ist von dem griechischen Wort für Delphin abgeleitet und hat zu Delphi nur eine indirekte Beziehung. Eine frühe Überlieferung, die den Namen Delphi zu erklären suchte, erzählte, daß Apollon, als er

Priester für den geplanten Tempelbau brauchte, ein kretisches Schiff auf hoher See erspähte und die Seefahrer in Delphingestalt nach Delphi führte. Die noch stehenden Ruinen des Heiligtums weisen auf einen Hof, der auf drei Seiten von einer Säulenhalle umschlossen war. Im heiligen Bezirk fanden sich die Reste eines Rundbaus von 10 m Durchmesser und Altäre. In römischer Zeit erhöhte man den Boden mit Marmorstelen, auf denen sich etwa 100 Inschriften fanden; sie sind von größtem Interesse für die Geschichte der Stadt, deren Beamte verzeichnet sind.

Südlich an das Heiligtum des Apollon Delphinios grenzten die hellenistischen Anlagen eines *Gymnasions* und die *nördliche Agora*, ein von Säulenhallen umgebener Platz von 90 x 43 m Größe, der nach den aufgefundenen Sockelsteinen mit Statuen ausgestattet war.

Südlich von der nördlichen Agora befand sich das *Bouleuterion* (Rathaus), das zwischen 175 und 164 v. Chr. von den Milesiern Timarchos und Herakleides mit Widmung an Antiochos IV. Epiphanes errichtet wurde. Es bestand aus einer halbrunden Versammlungshalle, deren innerer Aufbau einem Theater ähnlich war, und einem von Säulenhallen umgebenen Hof. Das Halbrund der Halle mit einer »Orchestra« von 8 m Durchmesser enthielt von vier Treppen durchschnittene Sitzreihen für etwa 500 Personen. In der Mitte des Vorhofes stand ein Altar der Artemis. Die Vermutung, daß es sich um ein Grab handelt, hat sich nicht bestätigt (Tafel 28 unten). Ein *Heroengrab*, ein Rundbau mit fünf Gräbern, war östlich vom Theater hoch oben angelegt.

Gegenüber dem Ratsgebäude, dem Gymnasion südlich benachbart, stand das für die Wasserversorgung der Stadt wichtige *Nymphaeum*. Die Ruinen vermitteln nur noch ein bescheidenes Bild von der einst sehr reich ausgestatteten Anlage aus der Zeit des Kaisers Titus (79/80 n. Chr.). Das 20 m breite dreistöckige Wasserreservoir wurde von einer vom Plateau im Süden kommenden Wasserleitung gespeist und besaß eine mit Säulen, Nischen und Statuen geschmückte Fassade. Das Wasser fiel aus einem großen Becken in ein Schöpfbassin. Außerdem wurden durch das Nymphaeum die noch zu erwähnenden Thermen versorgt.

Südlich von dem Platz zwischen Nymphaeum und Bouleuterion gelangte man durch ein 29 m breites Prunktor mit drei Durchgängen auf die *südliche Agora;* das Markttor befindet sich jetzt im Berliner Pergamonmuseum. Der von Säulenhallen umschlossene Platz ist mit 196,5 x 164 m Ausmaß der größte bekannte griechische Markt. Westlich der großen Agora stand ein 163 m langes und 13 m breites *Lagerhaus*, das vorwiegend als Getreidespeicher der Stadt diente. Unmittelbar südwestlich von diesem Vorratsgebäude befand sich im 3. Jahrhundert n. Chr. *ein Tempel des Serapis.*

Westlich vom Serapistempel lagen die **Faustina-Thermen,** die teilweise gut erhalten sind. Eine der beiden Kaiserinnen dieses Namens hat sie um 150 n. Chr. gestiftet. Vermutlich handelt es sich um die jüngere Namensträgerin, die Gemahlin des Kaisers Marc Aurel, eine Frau, die wegen ihrer Geldverschwendung bekannt war. Die Thermen, denen im Osten eine Palaestra vorgelagert war, hatten die für römische Bäder charakteristische Gliederung. Von der *Palaestra* aus gelangte man in das hallenartige *Apodyterium* mit seitlichen Ruhenischen (2 in Abb. 44) und einem Apsidenabschluß (1 im Plan). Der Apsidenraum war ein Vortragssaal, ausgestattet mit Statuen des Apollon und der Musen. Die kleinen Seitenräume dienten als Unterkunft für kleine Klassen und einige als Umkleideräume. Die Räume 1 und 2 erinnern sehr an das Museum von Ephesos, das durch die Doppelkirche ersetzt wurde[3]. Die anschließenden Bäder im Osten und Süden umfassen wie gewöhnlich eine Reihe von Räumen, die in verschiedener Stärke beheizt werden konnten, sehr ähnlich einem Türkischen Bad, das als der direkte Nachfolger der römischen Thermen betrachtet werden kann. Der gut erhaltene Raum 3 ist das *Frigidarium* oder das Kaltbad, ein einfaches rechteckiges Becken für kaltes Wasser. Hier fanden sich die liegende Statue des Flußgottes Maeander und ein Marmorlöwe. Das Wasser floß durch die Basis der Statue und durch das Maul des Löwen. Ein kleineres Frigidarium 3a schließt südlich an. Das *Tepidarium* (4 im Plan) wurde leicht durch ein Becken mit warmem Wasser am Ostende erwärmt. Die Räume 5 und 5a bilden das *Caldarium*, das Heißwasserbad. Sie wurden durch eine Hypokaustenanlage beheizt. Zu diesem Zweck war der Fußboden auf

[3] Siehe Seite 174 f

65 cm hohe Stützen gesetzt; den Zwischenraum wärmte Heißluft aus einem anschließenden Ofen. Heizrohre waren auch an den Wänden zwischen den Nischen hochgezogen. Im heißesten Raum, dem *Sudatorium* oder Schwitzraum (Laconicum – 6 im Plan), liefen Heizrohre ununterbrochen die Mauer entlang. Die nördliche Hälfte des Raumes wurde später mit einem Wasserbecken ausgestattet, von dem aus die Besucher in den Raum 4 gehen konnten, um das Bad im kalten Wasser zu beenden. Der anschließende Raum 7 war wahrscheinlich ähnlich dem Nr. 6, doch ist er noch nicht ausgegraben.

Älter ist die *Thermenanlage des Vergilius Capito* unmittelbar südlich des Delphinions aus der Zeit des Kaisers Claudius (41/54 n. Chr.). Die mit Marmor ausgekleidete Anlage bestand aus einer großen Palaestra mit vorgelagertem Schwimmbecken. Von hier aus gelangte man unmittelbar in das Tepidarium, dem sich beiderseits die Umkleideräume anschlossen. Hinter dem Tepidarium lagen die beiden Räume des Caldariums und des Laconicums, das für Schwitzbäder bestimmt war.

Westlich von den Thermen der Faustina lag am sogenannten Theaterhafen das in Resten erhaltene *Große Stadion*, über 230 m lang und 74 m breit. Die Länge der Bahn zwischen je drei Wasseruhren betrug 185 m. Das Tor an der Westseite stammt aus hellenistischer Zeit, während das breite Tor an der Ostseite im 3. Jahrhundert n. Chr. erbaut wurde.

Die Hauptstraße der hellenistisch-römischen Stadt verlief von der sogenannten Löwenbucht nach Süden zum Tor der Heiligen Straße nach Didyma. Die Querstraßen zweigen im rechten Winkel ab und erinnern an die Städteplanung des Hippodamos von Milet, auf den man seit dem 4. Jahrhundert v. Chr. das strenge Rechteckschema des städtischen Straßennetzes zurückführte. Bemerkenswert ist das *Kanalsystem* der hellenistisch-römischen Stadt Milet, das die Hauptstraße begleitet.

Das Tor der Heiligen Straße nach Didyma wurde in der Wiederherstellung durch Trajan im Jahre 100 n. Chr. entdeckt; es handelt sich nach dem Grabungsbefund jedoch um eine wesentlich ältere Anlage. Ein gleiches gilt für die *Mauer*, die die Stadt im Süden schützte; sie wurde von Alexander 334 v. Chr. bestürmt und in hellenistischer wie in trajanischer Zeit erneuert. Diese

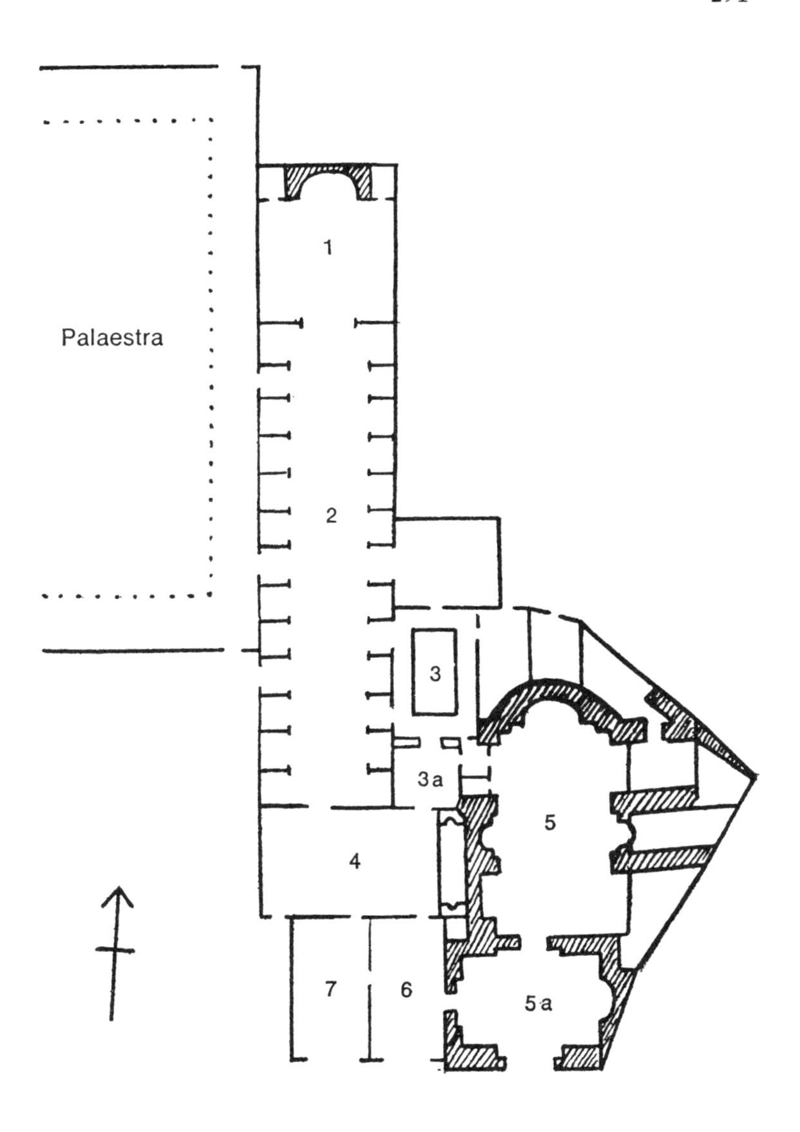

Abb. 44 Grundriß der Faustina-Bäder in Milet
1 Museum / 2 Apodyterium / 3 u. 3 a Frigidarium / 4 Tepidarium
5 u. 5 a Caldarium / 6 Sudatorium / 7 Noch nicht ausgegraben

Mauerführung reicht wahrscheinlich in die Zeit nach der Zerstörung des archaischen Milet durch die Perser 494 v. Chr. zurück.

Südlich von der hellenistisch-römischen Stadtmauer wurden zahlreiche *Gräber* gefunden. Ursprünglich gehörte dieses Gebiet bis zum Kalabak Tepe zum archaischen Milet, dessen Ausdehnung im 7./6. Jahrhundert v. Chr. wir noch nicht kennen. Sicher ist, daß man sich erst nach der Zerstörung von Alt-Milet durch die Perser im Jahre 494 v. Chr. auf die nördliche Halbinsel zurückzog und den archaischen Siedlungsbereich teilweise für die Anlage der Nekropole aufgab.

11. Didyma

Im äußersten Süden Joniens lag der *Tempel des Apollon* von Didyma, wahrscheinlich das eindrucksvollste Denkmal an der Westküste. Das Heiligtum ist bedeutsam wegen seiner riesigen Ausdehnung, seiner einzigartigen Anlage und nicht zuletzt wegen des guten Erhaltungszustandes. Vor hundert Jahren konnte Sir Charles Newton schreiben: »Zwei riesige Säulen, die ein Stück des Architravs tragen, und eine dritte unvollendete Säule – das ist alles, was von dem Tempel des Apollon noch steht, dessen Ruinen so wie sie zusammengefallen sind daliegen, aufgetürmt wie zertrümmerte Eisberge.« Heute ist die Anlage durch französische und deutsche Ausgrabungen teilweise wiederaufgebaut und vermittelt daher ein besseres Bild. In seiner Ausdehnung wird der Tempel von keinem anderen der griechischen Welt übertroffen. In hellenistischer Zeit entworfen, beweist er, daß riesige Größe in der Baukunst nicht nur ein Monopol der Römer war.

Wie Klaros, und anders als Gryneion, war Didyma niemals eine Stadt. Der Tempel mit seinem Orakel gehörte zum Gebiet von Milet, und sein Priester war ein bedeutender Beamter der Stadt. Der Name ist nicht griechisch, sondern kleinasiatisch wie Idyma in Karien, Sidyma in Lykien und andere Namen. Aber die zufällige Ähnlichkeit mit dem griechischen Wort didymoi »Zwillinge« ließ die Vorstellung entstehen, daß sich der Name auf Apollon und seine Zwillingsschwester Artemis bezog. Einige antike Schriftsteller gebrauchen auch die Form Didymi. Artemis hatte auch einen Tempel und einen Kult in Didyma, aber im Vergleich zu dem des Apollon war er von geringerer Bedeutung.

Pausanias erzählt, daß das Orakel schon vor der Ankunft der jonischen Siedler bestand. Es ist sicherlich sehr alt. Die ältesten der dort gefundenen Inschriften gehen in die Zeit um 600 v. Chr. zurück, darunter der Rest einer Orakelantwort. Die Besucher scheinen gefragt zu haben, ob sich die jüngere Generation mit Seeräuberei abgeben dürfe, und der Gott antwortete: »Es ist recht, zu tun wie die Väter taten.« In archaischer Zeit lag der Kult in den Händen der Branchiden, eines vornehmen Priestergeschlechtes, das sich auf delphische Herkunft berief; Branchidae wird oft ersatzweise für Didyma gebraucht.

Als Kroisos in der Mitte des 6. Jahrhunderts einen Angriff auf Persien plante, gedachte er den Rat eines Orakels einzuholen; um sicherzugehen, unternahm er einen vorläufigen Versuch. Er entsandte Boten zu verschiedenen berühmten Orakelstätten, zu denen auch Didyma gehörte, um an einem bestimmten Tag zu erfragen, was König Kroisos soeben tue. Er kochte gerade eine Schildkröte und ein Lamm in einem Kessel. Der Delphische Apollon fand die Antwort, und auch ein anderes Orakel wurde ehrenvoll erwähnt, aber Didyma verpaßte die Gelegenheit. Nichtsdestoweniger war Kroisos ein guter Freund der Branchiden und brachte dem Gott glänzende Opfer. Seine Weihegeschenke nach Delphi verzeichnet Herodot; darunter befanden sich 10 Talente reines Gold und 226 Talente »weißes Gold« (Elektron), insgesamt eine Masse von zwei Kubikmetern. Außerdem werden zwei riesige Schalen aus Gold und Silber, vier große Krüge aus Silber, zwei Weihwasserbecken aus Gold und Silber, die Halsbänder und Gürtel seiner Frau sowie eine überlebensgroße goldene Statue genannt, die angeblich dem Koch des Königs ähnlich war.

Über das Aussehen des Tempels in archaischer Zeit wissen wir bisher nur wenig; neue deutsche Ausgrabungen legten im Tempelinneren Teile der archaischen Temenosmauer frei. Besucher pflegten in dem kleinen Hafen von Panormos zu landen, an dem die heilige Straße zu dem 2 km entfernten Heiligtum mit dem heiligen Hain vorbeiführte. Diese Straße war mit Statuen ausgestattet, von denen viele aus dem 6. Jahrhundert v. Chr. noch standen, bis sie von Newton 1858 in das Britische Museum gebracht wurden. Es handelt sich meist um archaische Sitzfiguren, von denen einige Inschriften tragen; sowie ein Löwe und eine Sphinx.

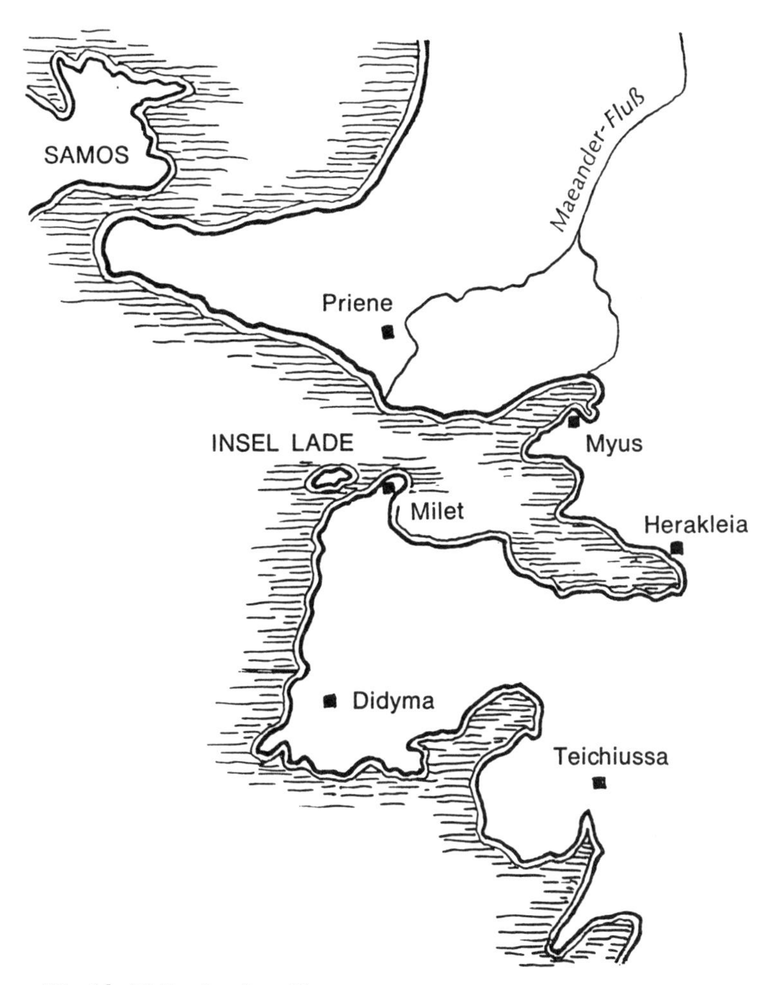

Abb. 45 Südjonien im Altertum

Daß antike Skulpturen mit Genehmigung der türkischen Regierung aus Griechenland und der Türkei in westeuropäische Museen verfrachtet wurden, vor allem durch Lord Elgin, Sir Charles Fellows und Sir Charles Newton, wurde oft scharf kritisiert. Damals war diese Kritik noch nicht üblich. Man rechtfertigte das Vorgehen mit einem doppelten Motiv: man wollte die Denkmäler vor

Beschädigung oder Zerstörung bewahren und sie außerdem den Gelehrten und dem gebildeten Publikum zugänglich machen. Die ›Elgin Marbles‹ riefen eine Sensation in England hervor und führten zu einer Revolution im künstlerischen Geschmack. Der heutige Besucher des Parthenon würde sie sich gern noch an Ort und Stelle wünschen, aber im Jahre 1800 war ein Besuch von Athen, Jonien oder Lykien eine große Seltenheit. Wie viele würden die Skulpturen von Xanthos gesehen haben, wenn sie Fellows nicht nach London gebracht hätte? Hätte man diese Denkmäler sich selbst überlassen, so wären sie unvermeidlich verlorengegangen oder hätten Schaden gelitten. Mahaffy erzählt, daß er einen Griechen an der Akropolis von Athen mit einem Gewehr antraf, der Stücke vom Skulpturenschmuck des Dionysostheaters abschoß. Newton vermerkt, daß eine Sitzfigur an der Heiligen Straße nach Didyma, die Sir William Gell etwa fünfzig Jahre vorher gesehen hatte, bereits verschwunden war. Ein Überleben von zweitausend Jahren ist noch keine Garantie für ein Überleben von weiteren hundert Jahren. Jetzt, da die Türkei und Griechenland sehr häufig besucht werden und über Regierungen verfügen, die sich für antike Denkmäler verantwortlich fühlen, ist die vernünftige Frage aufgetaucht, ob man die Denkmäler zurückgeben solle. Unterdessen können vorübergehend Kopien die Originale an Ort und Stelle vertreten, wie es in einzelnen Fällen schon geschehen ist.

Die archaische Zeit der Geschichte von Didyma schloß mit der Zerstörung des Tempels durch die Perser. Herodot erzählt uns, daß nach dem Zusammenbruch des jonischen Aufstandes und dem Fall von Milet im Jahre 494 v. Chr. Darius beide Tempel und das Orakel plünderte und in Flammen aufgehen ließ. Strabo und Pausanias andererseits erzählen, daß Xerxes nach seiner Niederlage bei Platää 479 v. Chr. der Zerstörer des Heiligtums von Didyma war. Die Branchiden machten sich bei dieser Gelegenheit einer jämmerlichen Treulosigkeit gegenüber dem Gott schuldig; sie übereigneten freiwillig die Tempelschätze dem Perserkönig. Um den Folgen dieses Verrates zu entgehen, flohen sie nach Persien, wo ihnen der Großkönig in Sogdiana eine neue Heimat gab. Hundertundfünfzig Jahre später fand Alexander noch die Siedlung der Branchiden in Sogdiana vor und zerstörte sie, nachdem er die

Milesier in seinem Heere gefragt hatte, wie er handeln solle. Der Geschichtsschreiber vergißt nicht den Hinweis, daß auf diese Weise die Söhne für die Sünden der Väter büßten. Noch später fand Seleukos I. von Syrien in Ekbatana, der Hauptstadt des Perserreiches, die Bronzestatue des Apollon, die Xerxes geraubt hatte, und er ließ sie wieder nach Didyma zurückbringen.
Lange sollte es dauern, bis das Orakel nach der Zerstörung durch die Perser wiederaufgebaut wurde; für den Rest des 5. und die meiste Zeit des 4. Jahrhunderts hören wir nichts von ihm. Als Alexander kam, sprudelte die heilige Quelle, der Prophezeiungsbrunnen von Didyma, wieder, die lange Zeit versiegt war. Das Orakel lebte erneut auf und erklärte Alexander zum Sohn des Zeus; sein Sieg bei Gaugamela wurde vorausgesagt. Die wirkliche Wiedergeburt von Didyma war das Werk des Seleukos. An der Stelle des alten Tempels begann er nun 300 v. Chr. die riesige Anlage zu bauen, die heute noch besteht. *Das neue Heiligtum* wurde schnell reich, hatte aber 278 v. Chr. schwer unter den Angriffen der Kelten zu leiden. Unter den aufgefundenen Inschriften entdeckte man ein *Tempelinventar* aus dem Jahre 277 v. Chr. Es berichtet, daß im *Schatz des Apollon* »vom Kriege« allein eine verzierte Schale und ein versilbertes Stierhorn übriggeblieben waren, im *Heiligtum der Artemis* nur ein beschädigtes Räuchergerät, zwei kleinere Räuchergefäße und drei Gürtel. Aber das unvollendete Gebäude stand noch; in den nächsten zweihundert Jahren arbeiteten die Milesier selbst an seiner Vollendung. Eine Plünderung durch Seeräuber im Jahre 70 v. Chr. richtete keinen bleibenden Schaden an. Der Tempelbau wurde jedoch nicht vollständig abgeschlossen, wie der Besucher heute noch gut beobachten kann. Beispielsweise sind viele Blöcke nicht vollkommen geglättet und die Kanneluren der Säulen nicht ausgearbeitet.

Der Tempelplan ist ungewöhnlich und in mancherlei Hinsicht einzigartig. Die Ordnung ist jonisch; der Typ gehört zum »dipteralen Dekastylos«, d. h. das Gebäude war von einem doppelten Ring von 21 : 10 jonischen Säulen umgeben. Die Vorhalle (Pronaos) war mit zwölf Säulen ausgestattet, so daß sich insgesamt eine Zahl von 120 Säulen ergibt (siehe Abb. 46). Dazu kommen noch zwei Säulen in dem an die Vorhalle anschließenden Mittel-

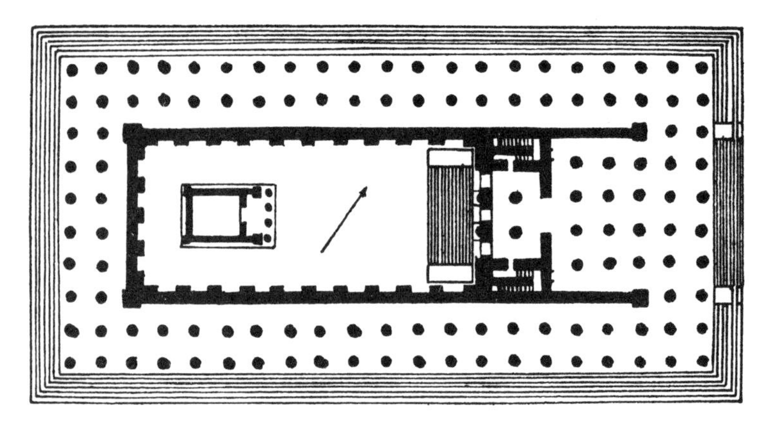

Abb. 46 Grundriß des Apollontempels

saal, der in der Tempelanlage wie ein fremdes Element wirkt. Er lag 1 m höher als die Vorhalle und hatte eine breite Öffnung zu ihr, die jedoch wegen der über 1 m hohen Schwelle nicht als Eingang diente. Dieser hohe Durchbruch wirkt vielmehr wie eine Empore. Wir kommen auf die Bestimmung des Mittelsaales noch zurück.

Rechts und links von der Mittelöffnung der Vorhalle zum Mittelsaal befanden sich Türen, von denen aus gewölbte Tunnelgänge zu der 4,50 m tiefer liegenden *Cella* führten. Vom Mittelsaal aus öffneten sich drei Türen auf eine breite Freitreppe, auf der man zur Cella hinuntersteigen konnte. Die Cella war oben offen und wirkte mit 54 x 24,50 m Ausmaß wie ein großer Vorhof. Die Mauern waren durch Pfeiler mit Greifen- und Ornamentkapitellen gegliedert; ein Fries zeigte Greifen- und Leiermotive. Die Mauern der Cella erreichten ursprünglich die Höhe des Säulenkranzes.

Die Kultstatue in einem griechischen Tempel stand gewöhnlich gegen die Rückwand der Cella. Da in Didyma die Cella oben offen war, befand sich *die Statue des Apollon in einem kleinen jonischen Tempel*, von dem jetzt nur noch die Grundmauern zu sehen sind. Außerdem befanden sich in der Cella die Orakelquelle und ein heiliger Ölbaum.

Eine weitere ungewöhnliche Erscheinung sind die *zwei Treppen,* die sich auf beiden Seiten des Mittelsaales befanden. Ein Abschnitt einer Treppe ist erhalten. Die Decke zeigt ein 9 m langes plastisches Maeandermuster mit reichlichen Farbspuren.
Der Tempel war reich und verschiedenartig verziert. Bemerkenswert ist der abwechslungsreiche *Schmuck der Säulenbasen* an der Ostfassade. Die Ecksäulen trugen Figurenkapitelle, Stierköpfe, Götterbüsten und Greifen. Im Fries wechselten Ranken und Medusenmasken ab. Die Terrasse des Tempels ist nicht genau horizontal, sondern in der Mitte etwas erhöht. Die konvexe Bildung ist, wiewohl sie nur wenige Zoll beträgt, deutlich sichtbar, wenn man einen Blick entlang der Treppe wirft. Diese Kurvatur ist eine typische Erscheinung der griechischen Tempel-Architektur, um die optische Illusion zu vermitteln, daß sich eine lange Flachlinie in der Mitte zu wölben scheint. Man behauptet, daß der Parthenon keine einzige gerade Linie hat. (Tafel 29 unten, 30 oben)
Ein altes Privileg des Tempels war das Asyl. Wie Marc Anton das Asyl in Ephesos erweiterte, so dehnte Julius Caesar das von Didyma auf zwei Meilen aus. Als der Kaiser Tiberius die Ansprüche der griechischen Tempel überprüfte[1], beriefen sich die Milesier nicht auf den Erlaß Caesars, sondern auf einen Brief Darius' I. aus der Zeit der Branchiden, mit dem Ergebnis, daß Didyma als zweitrangig bewertet wurde, vor allem weil seine Ansprüche unter Berufung auf das hohe Alter zweifelhaft erschienen. Allgemein erwiesen sich die römischen Kaiser als gute Freunde von Didyma. Trajan zahlte im Jahre 100 n. Chr. für den Bau einer Straße von Milet bis zum Heiligtum über eine Entfernung von fast 16,2 km. Bis dahin mußten die Milesier über See zum Hafen von Panormos fahren. Trajan erwies Didyma ferner das Kompliment, daß er das Amt des Propheten annahm, eine Ehrung, die später Hadrian wiederholte. Damit ist nicht gesagt, daß diese Kaiser auf die Eingebungen und Äußerungen der Prophetin am heiligen Brunnen warteten und sie in Verse zum Nutzen der Besucher umsetzten; die Ehrung schloß lediglich ein, daß die für den Propheten aufgewandten Kosten aus der kaiserlichen Kasse bezahlt wurden. Im zweiten Jahrhundert unter den »guten« Kaisern von

[1] Siehe Seite 164

Trajan bis Marc Aurel erfreute sich Didyma eines großen Wohlstandes, und das Orakel blühte. Die von den Ausgräbern gefundenen Orakeltexte stammen vorwiegend aus dieser Zeit.
Der Verfall setzte im 3. Jahrhundert ein. Als im Jahre 262 n. Chr. die Goten das Küstengebiet plünderten, wurde der Tempel schnell in eine Befestigung umgewandelt, deren Ruinen von den Ausgräbern geklärt werden konnten. Einer interessanten Inschrift dieser Zeit entnehmen wir, daß das Volk, das innerhalb der Tempelmauern eingeschlossen war, unter Durst litt, bis Apollon eine Quelle im Heiligtum zeigte und die Menschen rettete. Es kann sich dabei nur um die heilige Quelle handeln, die in dieser Zeit äußerst vernachlässigt, wenn nicht verschwunden war. In der Zeit, in der die Inschrift verfaßt wurde, um 290 n. Chr., war sie verfallen und wurde auf Anweisung des Proconsuls erneuert. Es wird jedoch wieder mehr vom Durstlöschen als von einer Quelle prophetischer Begeisterung gesprochen.
Die Ursache für diesen Verfall ist zweifellos in der Verbreitung des Christentums zu suchen, welches früh in Milet Fuß gefaßt zu haben scheint. Die Orakel wurden als die Hauptstätten des Heidentums erbittert von den christlichen Autoren angegriffen. Von den antichristlichen Kaisern wurden sie natürlich verteidigt und in Schutz genommen. Diocletian sandte nach Didyma zu Apollon, um zu fragen, wie er mit den Christen verfahren solle; die Frage war begleitet von einem Geschenk von Statuen des Zeus und der Leto. Es ist nicht überraschend, daß der Gott nach unserer christlichen Quelle »antwortete als ein Feind der göttlichen Religion«. Julian Apostata war ein anderer Kaiser, der, wie er selbst sagt, Prophet des Apollon war. Als er erfuhr, daß eine Anzahl von christlichen Kapellen für Märtyrer in Didyma errichtet worden war, gab er den Befehl, sie zu verbrennen oder dem Erdboden gleichzumachen. Aber die Zeit für solche Maßnahmen war vorbei. Das Ende kam im Jahre 385 n. Chr. mit dem berühmten Edikt des Theodosius, daß »kein Sterblicher die Unverschämtheit besitzen dürfe, eitle Hoffnungen zu unterstützen durch Eingeweideschau, oder, was noch schlimmer ist, die Zukunft zu erkunden durch die abscheuliche Befragung von Orakeln. Die schwersten Strafen erwarten den, der ungehorsam ist«. Die endgültige Erniedrigung brachte der Bau einer christlichen Kirche im Allerheiligsten.

Milet. Das Theater. Im Hintergrund die frühere Insel Lade

29

Didyma. Haupt der Meduse vom Tempelfries

30

Oben: Didyma. Apollontempel

Unten: Münzen: (1) Die vier Tempel von Ephesos. (2) Die beiden Fronten des Doppeltempels von Sardes. (3) Artemis von Klaros. (4) Apollon von Klaros. (5) Archaischer Herakles von Erythrae. (6) Phokaeisches Siegel

Über das Orakelverfahren in Didyma sind wir verhältnismäßig gut unterrichtet. Die klassischen Gewährsmänner sprechen beständig von einer Prophetin und von einem heiligen Brunnen als der Quelle ihrer Erleuchtung. Wir entnehmen diesen Überlieferungen, daß die Prophezeiung mittels Worten erfolgte, nicht wie im Ammon-Orakel in Libyen mit Knoten und Zeichen, auch nicht wie in Dodona aus dem Rauschen des Windes in den Bäumen. Unser einziger detaillierter Bericht stammt von einem Autor des 4. Jahrhunderts n. Chr., dem Philosophen Jamblichos. Seine Worte sind rätselhaft. Er sagt, daß die Frau entweder in der Hand einen Stab hält, »von einem bestimmten Gott gegeben«, oder auf einer ›axon‹ sitzt, oder ihre Füße oder den Gewandsaum mit Wasser netzt, oder den Dampf des Wassers einatmet. Auf diese Weise bereitete sie sich vor, die Eingebungen des Gottes aufzunehmen. Jamblichos fügt hinzu, daß man von ihr verlangte, im Heiligtum zu leben, vor der Prophezeiung zu baden und sich drei Tage der Nahrung zu enthalten. Es ist schwer, daraus etwas zu machen, da wir nicht wissen, wie zuverlässig der Bericht ist. Was die ›axon‹ war, ist völlig unbekannt. Vielleicht handelte es sich um eine Art Drehstuhl. Auch über die Bedeutung des Stabes wissen wir nichts. Kein Geheimnis dagegen umgibt den Brunnen. Er wurde von den Ausgräbern im Innern der Cella ausgegraben, wo er noch im kleinen jonischen Tempel gesehen werden kann. In der Tat sind drei Quellen innerhalb der Cella gefunden worden; das wiederholte Verschwinden und die Wiederentdeckung der heiligen Quelle im Altertum geht vielleicht darauf zurück, daß sie ihre Lage von Zeit zu Zeit änderte.

Die Befrager durften nicht in die Nähe der Prophetin kommen. Die in Hexameter gefaßten Orakel wurden ihnen geschrieben von dem Propheten des Apollon übergeben. Der Prophet war der höchste Beamte von Milet. Er wurde durch ein Verfahren zwischen Wahl und Losentscheid für ein Jahr berufen und mußte während seines Dienstes in Didyma leben. Ihn unterstützte ein Beamter, der Hypochrestes genannt wurde, der untergeordnete Orakelgeber, dessen Pflichten nicht erklärt werden. Es ist nicht unwahrscheinlich, daß er die Orakel in Verse setzte, also eine Aufgabe erfüllte, für die nicht alle Propheten geeignet waren. Nur ein Orakel aus Didyma ist in Prosa bekannt. Der Hypochrestes

mußte auch die Aufgaben des Propheten in den Jahren übernehmen, in denen das Amt einem Kaiser gehörte.
Durch die Inschriften erfahren wir von einem Raum, der ›Chresmographeion‹ genannt wurde, ›Orakelamt‹. Wir wissen nicht, wo er sich befand. Der französische Ausgräber B. Haussoullier vermutete, daß der Mittelsaal als Chresmographeion diente; die Anlage mit der großen Öffnung zur Vorhalle würde gut dazu passen. Dieser Raum ist kein normaler Bestandteil eines griechischen Tempels, so daß man ihn mit der besonderen Aufgabe von Didyma, dem Orakelwesen, verbinden darf. Die deutschen Ausgräber glauben andererseits, daß das Chresmographeion mit einem nicht mehr bestehenden Gebäude identisch ist, dessen Steinblöcke in großer Zahl in und um den Tempel gefunden wurden. Diese Blöcke waren mit Namen von Propheten beschrieben, die offenkundig das Recht hatten, sich auf diese Weise zu verewigen. Etwa 200 Namen sind zu zählen. Die ursprüngliche Lage dieses Gebäudes ist unbestimmt; es deutet der Befund aber darauf hin, daß es sich nicht im Tempel befand. Dort erfolgte zweifellos das Umsetzen der Orakel in Verse; vielleicht hob man auch Abschriften von Orakeln auf. Der Mittelsaal diente dann vielleicht als Warteraum für die Befrager, während der Prophet zu tun hatte.
Die Ergebnisse der Inschriftenuntersuchung durch die Ausgräber sind enttäuschend gering – kaum mehr als ein Dutzend Texte und meist so elend zerbrochen, daß man eine mutwillige Zerstörung durch begeisterte Christen annehmen möchte. Aus literarischen Quellen erfahren wir mehr. Wiewohl unter den Branchiden Apollons Bedeutung groß war, zeigen ihn die überlieferten Antworten nicht im besten Licht. In einem Falle scheint er die Neigung zur Seeräuberei bei seinen Klienten zu verzeihen. Ein anderer Fall ist der Fehler, den er bei dem listigen Versuch des Kroisos beging. Ein dritter Fall war der des Paktyes aus Lydien, über den Herodot berichtet. Nach dem Sieg des Kyros über Kroisos versuchte dieser Mann, die Lyder gegen die persischen Eroberer aufzuhetzen, mußte aber nach Kyme fliehen, wo er politisches Asyl suchte. Die Perser bestanden auf seiner Auslieferung. Die Kymaeer, unschlüssig zwischen der Achtung vor dem Asylsucher und der Furcht vor den Persern, fragten den Apollon in Didyma um Rat; er teilte ihnen mit, sie sollten Paktyes ausliefern. Ein Bürger

namens Aristodikos vermutete jedoch eine Verfälschung des Orakels durch die Boten und überredete die Kymaeer, andere Boten mit ihm zusammen zu entsenden und wiederum zu fragen. Die Antwort des Gottes war dieselbe wie zuvor. Als darauf Aristodikos die Nester der Sperlinge sowie anderer Vögel im Heiligtum ausnahm, hörte man eine Stimme aus dem Allerheiligsten: »Was für ein Frevel, die Schützlinge aus meinem Tempel zu verjagen!« Aristodikos antwortete: »Gott, Du nimmst Dich Deiner Schützlinge an, aber drängst die Kymaeer, die ihrigen auszuliefern.« Apollon, in die Enge getrieben, tat das Beste, was er tun konnte. »Ja, ich tue es, damit ihr Frevler um so schneller zugrunde geht und lernt, niemals mehr ein Orakel zu befragen, ob ihr einen Asylsucher ausliefern sollt.« Die Kymaeer waren jetzt in einer schlimmeren Lage als zuvor; sie entzogen sich ihr, indem sie den Paktyes nach Mytilene entließen.

In späterer Zeit verzeichnete Apollon einige bemerkenswerte Erfolge. Seine Voraussage von Alexanders Sieg bei Gaugamela wurde schon erwähnt. Zur gleichen Zeit, als Seleukos noch ein Offizier unter Alexander war, begrüßte ihn das Orakel als König. Als weiterhin Seleukos wegen seiner Rückkehr nach Griechenland fragte, antwortete der Gott: »Sei nicht eilig, nach Europa zu gehen; Asien ist für Dich weit besser.« Und als im Jahre 280 v. Chr. Seleukos die Dardanellen überschritt und europäischen Boden betrat, wurde er von Ptolemaios Keraunos ermordet. Apollons Rat bei den Streitigkeiten zwischen den Bauarbeitern am Theater von Milet wurde ebenfalls schon erwähnt. Als die Kaiser Licinius und Konstantin miteinander um die Weltherrschaft stritten, kam ersterer zum Orakel von Didyma, um etwas über den Ausgang zu erfahren. Der Gott antwortete »Alter Mann, junge Krieger bedrängen Dich arg, während es mit Deiner Stärke aus ist und ein hohes Alter auf Dir liegt.« Diese düstere Aussage wurde bald nachher bestätigt, als Licinius endgültig besiegt wurde und auf seinen Purpur verzichten mußte. Als Apollon später gefragt wurde, ob Christus Gott oder Mensch war, soll er geantwortet haben: »Er war ein Mensch im Fleisch.« Insgesamt dürfte der Apollon von Didyma seine Bedeutung verdient haben.

Schon oft erhob sich die Frage, die leichter gestellt als beantwortet werden kann: wie behaupteten die Orakel ihr Ansehen, daß sie das Unbekannte kannten? Wie glückte es ihnen, eine Menge von Klienten in Hunderten von Jahren zufriedenzustellen? Die Befrager reichten vom König bis zum Bauern, die Fragen von den höchsten Staatsangelegenheiten bis zu bedeutungslosen persönlichen Dingen. Auch wenn wir berücksichtigen, daß bei den Antworten ein eindrucksvoller Erfolg viele Fehlentscheidungen ausgleichen mußte, so ist doch bemerkenswert, daß man beständig weite Reisen unternahm, um die prophetischen Götter und Heroen um Rat zu fragen. In Fragen der Politik besteht vielleicht überhaupt kein großes Geheimnis. Die Priester eines großen Tempels wie in Delphi oder Didyma, die Tag für Tag Fragen in Staatsangelegenheiten aus der ganzen griechischen Welt hörten, waren wohl imstande, politische Vorgänge zu übersehen. Auch ohne Geheimboten zu entsenden, für die wir keinen Beweis haben, konnten sie klugen und zuverlässigen Rat erteilen. Orakel haben den Ruf des Geheimnisvollen. Es trifft zu, daß sie eine direkte Antwort vermeiden wollten. Berühmt ist ja die Mitteilung an Kroisos, daß er beim Angriff auf Persien ein großes Reich zerstören würde; er zerstörte in der Tat ein großes Reich, nämlich sein eigenes. Aber solche offenkundigen Zweideutigkeiten waren eine Ausnahme. Häufiger wurde dem Klienten ein Rat erteilt, der ganz allgemein gehalten war oder persönlich ausgedeutet werden konnte. Es gab auch den Fall, daß eine Frau fragte, wer ihre Goldohrringe gestohlen habe, oder wer den bösen Blick auf ihre Tochter geworfen habe; darauf dürfte sie selten eine präzise Antwort erhalten haben, sondern vielmehr den Rat, dieser oder jener Gottheit zu opfern. Freilich konnten reine Ausflüchte und Geheimniskrämerei nicht für lange Zeit genügen. Wir dürfen wohl echte Eingebung im Sinne einer Inspiration nicht ausschließen. Alle von den Priestern gepflegten Vorbereitungen, wie Fasten, Dampfinhalation und ähnliches, verbunden mit einer allgemeinen Atmosphäre der Erwartung, führten zu einer sehr aufnahmebereiten Gemütsverfassung. Aber das Orakel war nicht die einzige Anziehungskraft von Didyma. Alle vier Jahre wurde das Fest der Großen Didymeia gefeiert. Es war um 200 v. Chr. gegründet worden und im römischen Reich sehr beliebt. Zusätzlich zu den gewöhnlichen Athletenspielen wurden Wettkämpfe in der Redekunst ausgetragen, in der Musik und im Drama. Sie wurden von dem Propheten überwacht;

aber die Durchführung war gewöhnlich in den Händen des Agonotheten. Wir erfahren, daß das Fest teils in Didyma, teils in Milet gefeiert wurde. Merkwürdig ist, daß der Wettstreit in der Tragödie im Heiligtum stattfand, wo keinerlei Anzeichen für eine Theatereinrichtung gefunden wurden, während die von Milet in diesem Zusammenhang anscheinend ohne Bedeutung blieb.
Daß das Heiligtum des Apollon von Didyma Wettkampfstätte war, beweisen die *Reste des Stadions*. Es lag unmittelbar an der südöstlichen Langseite des Tempels, dessen siebenstufiger Sockel Sitzgelegenheit für die Zuschauer bot. Parallel dazu verliefen in 15 m Abstand sieben Sitzstufen. Auf den unteren Stufen waren Namen eingeritzt, um Plätze für besondere Personen zu reservieren. An die 200 Namen können noch gelesen werden, einige sorgfältig eingegraben, andere nur geritzt. Die Namen begegnen am meisten auf den unteren Stufen, die wir als die besten Sitze ansehen dürfen. Es handelt sich um Einzelnamen und Gruppen. Keine Plätze sind für Beamte in ihrer amtlichen Eigenschaft reserviert, auch nicht für den Propheten oder den Agonotheten, die ihre besonderen Sitze gehabt haben dürften.

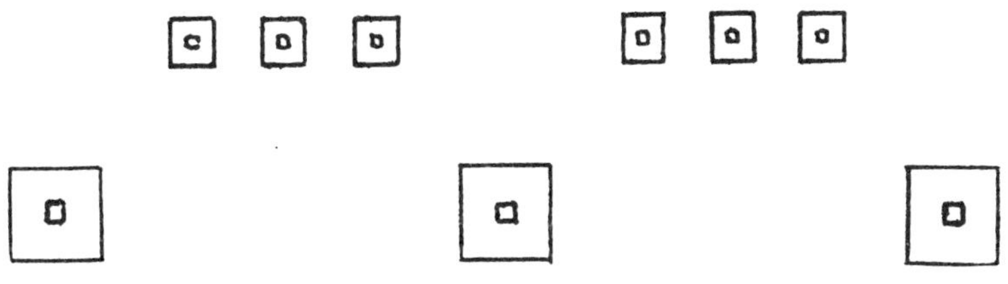

Abb. 47 Die Startschwelle im Stadion von Didyma

Die Startlinie für die Wettläufe ist am Ostende des Stadions erhalten. Sie unterscheidet sich in mancherlei Hinsicht von der in Priene. Die Reste bestehen aus drei großen und sechs kleinen Steinblöcken mit Pfostenlöchern. Die drei großen Blöcke sind in Zwischenräumen von fast 5 m angelegt; dazwischen sind etwas entfernt die sechs kleineren in zwei Dreiergruppen untergebracht. Die beigegebene Skizze zeigt die ursprüngliche Anordnung. Die Ausgräber erklären, daß die entscheidende Startlinie durch einen zwischen den drei großen Pfostensteinen gespannten Strick bestimmt war. Die kleineren Pfostensteine dienten lediglich dafür, daß die Wettläufer beim Start den gleichen Abstand hatten. Auf diese Weise konnten im Stadion acht Läufer zur gleichen Zeit antreten. Aber die Erklärung überzeugt nicht, weil der mittlere große Pfostenstein auch eine horizontale Durchbohrung hat, deren Zweck wir nicht kennen. Auch ist unverständlich, warum die kleineren Pfostensteine nicht in einer Linie mit den größeren gesetzt wurden. Die Startanlagen in den Stadien der griechischen Welt sind so verschieden und bieten so viele Probleme, daß man mit seinem Urteil zurückhalten muß.

Eine auffällige Erscheinung am Tempel von Didyma sind die *Buchstaben*, die verschwenderisch *an den Mauern und Stufen* der verschiedenen Teile des Gebäudes eingeritzt sind. Sie haben zu vielen Überlegungen geführt. Die Buchstaben lassen sich in drei Gruppen ordnen: erstens die Buchstaben IE, zweitens Abkürzungen eines oder mehrerer Personennamen, drittens beide Arten von Buchstaben zusammen. Von den zahlreichen Erklärungen erwähnen wir hier den Vorschlag, die Personennamen als die von Sklavenbesitzern und Bürgern von Milet zu betrachten, die ihre Sklaven an die Tempelbehörden vermieteten, um an dem Gebäude mitzubauen. IE würde dann Sklaven des Heiligtums oder des Tempels selbst bezeichnen. Wo zwei oder drei Zeichen auf einem Stein erscheinen, arbeiteten Sklaven von verschiedenen Besitzern an diesem Block – nicht alle im Tempel selbst, vielleicht auch im Steinbruch oder in den Werkstätten, wo die Steine behauen wurden. Der Zweck dieser Zeichen würde dann sein, anzuzeigen, an wen für die Bearbeitung des Blockes gezahlt werden mußte; die Bezahlung bezog sich im Altertum gewöhnlich auf Stückarbeit. Die Zeichen sollten natürlich beseitigt werden, sobald die Steine ihr endgültiges Aussehen erhalten hatten; aber da der Tempel nicht fertiggeworden war, blieben die Markierungen stehen.

Vor der Ostfront des Tempels verläuft eine *gekurvte Terrasse*, die aus der archaischen Zeit stammen dürfte. Sie trug eine langgestreckte Halle und Weihgeschenke. Außerdem ist vor der Ostfront des Tempels noch ein *Aschenaltar* aufgedeckt worden; daneben fanden sich Weihgeschenke und ein Brunnen.

12. Myus und Magnesia

MYUS

Unter den zwölf Städten des Jonischen Bundes war Myus wahrscheinlich die ärmste und bedeutungsloseste. In gleicher Lage befand sich nur noch Lebedos. Der Ort liegt heute allein und verlassen neben dem Maeander, entfernt von den modernen Verkehrsstraßen, und wird kaum besichtigt. Die übriggebliebenen Ruinen scheinen die Beschwerden des Besuches nicht zu lohnen. Dennoch ist ein Ausflug reizvoll. Myus liegt eine halbe Stunde Fußweg nordwestlich von dem Dorf Avşar und kann auf einem schlechten Fahrweg von Sarikemer her erreicht werden; es gibt noch einen anderen Weg vom Dorf Özbasi, wo der Fluß mit einer Fähre überschritten werden kann. Die beiden Tempelplateaus von Myus wurden 1908 durch deutsche Archaeologen freigelegt, 1964 und 1966 folgten weitere klärende deutsche Grabungen mit bemerkenswerten Ergebnissen.

Nach der Überlieferung wurde Myus von einem anderen Sohn des Kodros gegründet; aber der Platz war schlecht gewählt und wurde wahrscheinlich bereits seit der Gründung von Malaria heimgesucht. Die Auswirkungen der Krankheit könnten dazu geführt haben, daß Myus keine große Rolle in der Blüte der jonischen Zivilisation gespielt und auch keinen berühmten Bürger hervorgebracht hat.

Die Überlieferung berichtet, daß Themistokles, der Sieger von Salamis, 480 v. Chr., als er in Ungnade gefallen war und in die Verbannung geschickt wurde, Freundschaft mit dem Perserkönig schloß. Er erhielt drei Städte für seinen Lebensunterhalt, nämlich

Magnesia für sein Brot, Lampsakos für seinen Wein und Myus für sein ›Opson‹. Das nicht mehr gebräuchliche Wort wird im Türkischen mit ›katik‹ übersetzt und meint »etwas zu essen mit Brot«, sei es Fleisch, Fisch, Käse, Oliven oder anderes. Die Überlieferung veranschaulicht den Unterschied in den Eßsitten: Während wir Brot mit Fleisch oder Fisch essen, aßen die alten Griechen wie die modernen Türken Fleisch oder Fisch mit Brot. Brot war der Grundstock des Lebens; ein türkischer Bauer würde selten weniger als einen halben Laib Brot zu seiner Mahlzeit essen. Im Falle von Myus war das Themistokles gewährte Opson zweifellos vorwiegend Fisch, da nach Diodor die See dort ringsum sehr fischreich ist; davon zeugt heute die Fischerei wenige Meilen gegen Südwesten.
Myus wurde nicht nur einmal als Geschenk eines Königs vergeben. Im Jahre 201 v. Chr. überrannte Philipp V. von Makedonien mit seinem Heer Kleinasien. Da er knapp an Lebensmitteln war, kam er zu den Magnesiern, die ihm eine Menge Feigen gaben, da sie kein Getreide hatten. Als Philipp später seine Hand auf Myus legte, bot er die Stadt den Magnesiern als Bezahlung für die Feigen an. Es kann nicht viele freie Städte gegeben haben, die die Würdelosigkeit zweimaliger Vergabe über sich ergehen lassen mußten.
Die Geschichte von Myus ist vorwiegend die des Maeander-Schwemmlandes. Im Jahre 499 v. Chr. konnte eine Flotte von 200 Kriegsschiffen hier ankern. Doch fünf Jahre später in der Schlacht von Lade stellte die Stadt nur drei Schiffe, also nicht mehr als Phokaea. Im Delisch-Attischen Bund zahlte Myus mit einem Talent den niedrigsten Beitrag unter den jonischen Städten. 390 v. Chr. war Myus wenigstens noch eine unabhängige Stadt, als es in einen Streit mit Milet um ein Landstück verwickelt wurde. Im Jahre 201 v. Chr. war Myus gut genug, für Feigen weggegeben zu werden. Im frühen 2. Jahrhundert erscheint die Stadt ganz abhängig von Milet, wie eine Landforderung Milets im Bezirk des Apollon Terbintheus, des Hauptgottes von Myus, zeigt. Die Malaria und das Schwemmland des Maeanders waren beständig am Werk: die Bevölkerung ging so zurück, daß zur Zeit Strabos Myus nicht mehr imstande war, eine Stadt zu bilden, und mit Milet zu einer politischen Einheit verschmolz. Zu dieser Zeit konnte man Myus

nicht mehr zur See erreichen, sondern nur noch, wenn man in kleinen Booten an die drei Meilen flußaufwärts fuhr. Pausanias teilt uns mit, was schließlich passierte. »Da war nahe Myus eine schmale Bucht«, offenkundig das heutige Azap Gölü, »welche der Maeander in eine Lagune verwandelte, indem er den Eingang mit Schwemmland versperrte. Als die See zurücktrat und die Lagune Frischwasser erhielt, verbreiteten sich so unzählige Schwärme von Mücken, daß die Einwohner gezwungen waren, die Stadt aufzugeben. Sie nahmen all ihre bewegliche Habe mit sich, einschließlich der Statuen ihrer Götter, und wandten sich nach Milet. Als ich in Myus war, war dort nur noch der weiße Marmortempel des Dionysos.«

Die Grabungsstätte von Myus ist durch ein byzantinisches Kastell auf einem kleinen Hügel gekennzeichnet. Am unteren Hügelhang liegen *zwei Tempelplateaus* durch eine Stützmauer geschieden übereinander. Der obere, 17 m breite Tempel war wie der untere im jonischen Stil erbaut. Der letztere, nach samischem Ellenmaß erbaut (ca. 17 x 30 m), gehört in die Mitte des 6. Jahrhunderts v. Chr., wie vor allem der schöne Bauschmuck beweist. Auffällig sind Übereinstimmungen mit dem archaischen Athenatempel in Milet.

Unentschieden bleibt nach den neuen deutschen Grabungsergebnissen, welcher Gottheit die Tempel geweiht waren. Zunächst hatte man den unteren Tempel unter Bezug auf Pausanias dem Dionysos zugewiesen. Doch ist nach einem Inschriftenfund in Milet auch Apollon Terbintheus als Inhaber eines Heiligtums in Myus bezeugt. Schließlich muß noch an Poseidon als Tempelherrn gedacht werden, dessen Haupt auf den Münzen von Myus erscheint.

Aus der Mitteilung des Pausanias geht hervor, daß zu seiner Zeit noch ein Tempel stand; es ist aber nicht zu entscheiden, ob Pausanias den oberen oder unteren Bau gemeint hat. Spätestens im 3. Jahrhundert n. Chr. war auch der zweite Tempel abgetragen; denn im spätkaiserzeitlichen Neubau des zweiten römischen Bühnenhauses in Milet sowie im dortigen Stadiontor vom Ausgang des 3. Jahrhunderts n. Chr. sind Steine von Myustempeln wieder verwendet worden.

Bei den Grabungen in Milet fanden sich zahlreiche Steine aus Myus, so daß wir mit einem planmäßigen Abbau der Tempel durch die Bürger rechnen können, die Myus verlassen und sich nach dem nahen Milet begeben hatten. Dabei wurden, wie der Befund lehrt, auch die Tempelsubstruktionen neu verwendet. Der trostlose Eindruck, der sich heute dem Besucher von Myus bietet, geht also nicht zuletzt zu Lasten der einheimischen Zerstörer im Altertum (Tafel 31 rechts). Myus war mit seinen Menschen und den Bausteinen seiner Gebäude in Milet aufgegangen.

MAGNESIA AM MAEANDER

Nach Cicero wurden alle Griechenstädte Kleinasiens mit Ausnahme von Magnesia von der See gewaschen. Die Feststellung ist nicht sehr genau; denn Kolophon und das andere Magnesia liegen etwas von der Küste entfernt. Aber Siedlungen landeinwärts waren eine Ausnahme. Bei Magnesia ist die ursprüngliche Siedlung nicht bekannt, da die Stadt ebenso wie Priene ihre Lage in klassischer Zeit gewechselt hatte. Obwohl die Stadt im Herzen von Jonien lag, war sie wie Notion von Aeolern gegründet worden und wurde niemals Mitglied des Jonischen Bundes. Die Gründer kamen ursprünglich aus Magnesia in Nordgriechenland. Sie sollen zuerst nach Delphi gereist sein, dann nach Kreta und schließlich nach Asien. In einer späteren Inschrift erhoben die Magnesier den Anspruch, die ersten Griechen gewesen zu sein, die nach Kleinasien hinüberfuhren.

Die dürftige Geschichte der frühen Stadt besteht aus einer Folge von Unglücksfällen. »Die Leiden der Magnesier« waren sprichwörtlich. Als im 7. Jahrhundert der Lyderkönig Gyges die jonischen Städte angriff, zog sich Magnesia die besondere Feindschaft des Königs zu. Die Überlieferung erzählt, daß ein Geck aus Smyrna namens Magnes auf seinen Reisen durch sein gutes Aussehen die Zuneigung von vielen Frauen und Männern gewann; er wurde Günstling des Königs Gyges. In Magnesia fiel er besonders den Frauen auf, von denen er viele verführte. Die Männer verfolgten ihn mit dem Vorwurf, Magnes habe ihre Stadt entehrt, zerrissen seine Kleider, schnitten ihm das lange Haar ab und verprügelten ihn. Wütend über die Behandlung seines Günstlings griff Gyges

Magnesia wiederholt an und eroberte schließlich die Stadt. Schlimmer war jedoch, daß Magnesia den Kimmeriern zum Opfer fiel und fast ganz vernichtet wurde.

Besonderen Ruhm gewann Magnesia als Zufluchtsort des Themistokles. Von den drei Städten, die ihm vom Perserkönig Artaxerxes[1] angeboten worden waren, wählte sich Themistokles Magnesia als Aufenthaltsort. Die Stadt mußte ihn mit Brot unterstützen. Da der König ein jährliches Einkommen von fünfzig Talenten aus der Stadt bezog, litt Themistokles keine Not. Er wurde von den Bürgern hochgeehrt. Er baute den *Tempel der Muttergöttin* und wählte seine Tochter als Priesterin. Über sein Ende gibt es verschiedene Überlieferungen. Thukydides sagt, daß er an einer Krankheit starb, aber andere berichten, daß er freiwillig Gift genommen habe, weil er sich außerstande sah, seine Versprechen gegenüber dem Perserkönig zu erfüllen. Die spätere Überlieferung war, daß er während eines Stieropfers an Artemis eine Schale mit Stierblut trank und daraufhin starb[2]. Themistokles erhielt ein öffentliches Begräbnis in Magnesia; ein stattliches Denkmal wurde ihm zu Ehren auf dem Marktplatz errichtet.

Vor allem wegen seiner Lage im Landesinneren war Magnesia niemals ein Mitglied des Delischen Seebundes. Es erscheint in der Geschichte im Jahre 400 v. Chr. Der spartanische General Thibron, der die kleinasiatischen Städte zu befreien suchte, konnte Magnesia dem persischen Satrapen entreißen. Als er sah, daß die Stadt unbefestigt war, fürchtete er, daß der persische Satrap sie während seiner Abwesenheit wieder nehmen könnte; daher verlegte er die Stadt zu dem benachbarten Berg Thorax (heute Gümüş Daği), wo die Ruinen nun liegen. Der neue Siedlungsplatz führte den Namen Leukophrys, »der mit der weißen Braue«. Die Stadt war militärisch nicht sehr stark, da sie am Fuße des Berges lag und nicht befestigt wurde. Wenn größere Sicherheit wirklich das Motiv

[1] Siehe die Seiten 247 f

[2] Diese Art des Selbstmordes ist im Altertum wiederholt bezeugt. Plinius erzählt, daß Stierblut sehr rasch gerinne und daher giftig wirke. Eine Ausnahme bildet die Priesterin von Aegira in Griechenland, die Stierblut trank, bevor sie in eine Höhle zur Prophezeiung hinabstieg. Wieviel Wahrheit in einer solchen Aussage enthalten ist, kann der Verfasser nicht sagen.

Thibrons für den Ortswechsel war, mußte er sich auf die Heiligkeit des Ortes verlassen haben; denn dort lag ein altes und ehrwürdiges Heiligtum der Artemis mit dem Beinamen Leukophryene. Es ist dieselbe, der Themistokles opferte, als er sein Ende fand. Wahrscheinlich hat, wie im Falle von Priene, das Schwemmland des Maeander letztlich die Umsiedlung veranlaßt.

Die neue Stadt fiel schnell mit dem Rest der alten wieder in persische Hand, bis sie sich ohne Widerstand Alexander ergab. In der unruhigen hellenistischen Zeit scheint Magnesia ein ruhiges Dasein geführt zu haben, ohne eine Rolle in der Geschichte zu spielen. Eine Inschrift von Magnesia, die nahe Davutlar gefunden wurde, würde, falls ihr Fundort ursprünglich wäre, dafür sprechen, daß sich im frühen 2. Jahrhundert das Gebiet von Magnesia bis an die Westküste hinter den Berg Thorax erstreckte. Trifft diese Überlegung zu, so würde Magnesia ein Gebiet zukommen, das von Priene und Samos beansprucht wurde; denn die Interessen Magnesias waren mehr nach Osten gerichtet. Wahrscheinlich ist der Stein mit der Inschrift für die Errichtung der Moschee, in die er verbaut war, verschleppt worden.

Oft befanden sich die Magnesier im Krieg mit den Ephesiern, wobei sie am besten kämpften, wenn sie durch das Lied der Zikaden begeistert wurden. Das Zwitschern dieses Insekts, das manche beunruhigt, scheint auf die Griechen immer erheiternd gewirkt zu haben. Die Reiterkrieger von Magnesia nahmen ebenso wie die von Kolophon Jagdhunde in den Kampf mit, um mit ihnen den Angriff zu eröffnen. Diesen folgten Leichtbewaffnete mit Wurfspießen. Die Reiter selbst bildeten die dritte Linie.

Als die Provinz Asia von Mithridates überrannt wurde, gehörten die Magnesier zu den wenigen, die die Befreiung durch ihn ablehnten. Für ihre Loyalität wurden sie von Rom mit dem Titel »frei« bedacht. Magnesia wurde eine führende Stadt in der Provinz und ein Gerichtssitz des Statthalters. Auf einer Münze des 3. Jahrhunderts n. Chr. nennt sich die Stadt »die siebte Stadt Asiens«.

Zu den berühmten Künstlern von Magnesia gehörte der Sänger und Leierspieler Anaxenor, ein Günstling des Marc Anton. Anaxenor war in seiner Stadt so geehrt, daß man ihm zu Ehren im Theater eine Statue errichtete. Die Inschrift auf der Basis endete

mit einem Zitat aus Homer, und Strabo teilt uns mit, daß der Steinmetz aus Platzmangel das Schluß-Jota des letzten Wortes vergessen habe; so wurde ein Dativ in einen Nominativ verwandelt, und die Stadt geriet in den Ruf des Analphabetentums. Die deutschen Archaeologen fanden diese Basis ganz unbeschädigt wieder. Sie berichten, daß am Rand des Steines noch Platz für einen schmalen Buchstaben sei, und daß die Oberfläche ein Zeichen zeigt, das man für ein schlecht geschriebenes Jota halten könne; doch handelt es sich wahrscheinlich nur um einen zufälligen Fehler im Stein. Sonst müßten wir annehmen, daß einige Magnesier aus Ärger über den Spott den fehlenden Buchstaben mit einem Schreibmesser eingekratzt haben. Der Stein gelangte nach Berlin.
Die Hauptausgrabung fand in den Jahren 1891/93 statt, doch wurde der Boden jeden Winter vom Fluß Lethaeos überschwemmt, und das meiste, was damals ausgegraben wurde, ist wieder begraben. Man kann aber noch etwas von den nahe der Straße gelegenen Ruinen des Tempels der Artemis Leukophryene sehen und die Ergebnisse der Ausgräber teilweise nachprüfen.
Artemis hatte seit dem 6. Jahrhundert v. Chr. an dieser Stelle einen Tempel. Archaische Reste wurden bei der Tiefgrabung ausgemacht. Auf den Fundamenten des älteren Tempels erbaute Hermogenes von Alabanda, der Architekt des Dionysostempels von Teos, Ende des 3. Jahrhunderts v. Chr. einen der größten Tempel Kleinasiens im jonischen Stil. Der Bau wurde bedeutsam für Vitruvs Schrift über den jonischen Stil.

Der Tempel ist im Gegensatz zur üblichen Ostorientierung nach Westen ausgerichtet. Auf neun Stufen schritt man zur Vorhalle hinauf, die von vier Säulen gestützt war. An der Rückwand der *dreischiffigen Cella* stand das hölzerne Kultbild. Der Opisthodom öffnete sich nach Osten mit zwei Säulen zwischen den Anten und war wie die Vorhalle (Pronaos) mit hohen Schranken ausgestattet. Interessant sind die Innensäulen von Pronaos und Cella. Die umgebenden 8 : 15 Außensäulen begrenzten einen doppelt breiten Umgang. Diese Anordnung wird als Pseudodipteros bezeichnet. Auf dem *Fries*, der zu den umfangreichsten Reliefkompositionen des Altertums gehört, waren Amazonenkämpfe dargestellt; denn Amazonen waren nach der mythischen Überlieferung an der

Gründung des Heiligtums beteiligt. Die Reliefplatten sind größtenteils im Louvre, in Istanbul und in Berlin.
Kurz bevor der Tempel des Hermogenes im Jahre 220 v. Chr. begonnen wurde, fand eine bemerkenswerte Erscheinung der Göttin statt. Wir wissen nicht, auf welche Weise sich die Göttin zeigte, aber wir wissen, daß die Angelegenheit vor den Delphischen Apollon gebracht wurde, der erklärte, daß die Stadt Magnesia und ihr Gebiet als heiliger Boden anzusehen seien. Die Magnesier beschlossen daher, ein großes vierjähriges Fest unter dem Namen der Leukophryene einzurichten; sie schickten Botschafter in die ganze griechische Welt mit der Einladung an die Städte, das Fest zu besuchen und die Heiligkeit von Magnesia nach Apollons Worten anzuerkennen. Die günstigen Antworten von über siebzig Städten wurden von den Ausgräbern in Inschriften auf den Wänden einer Halle auf dem Marktplatz gefunden. Die damit verbundene Unverletzlichkeit beseitigte nunmehr jede Notwendigkeit, die Stadt zu befestigen. Die *Mauern*, die man heute sehen kann, stammen aus byzantinischer Zeit, als Apollons Verkündigungen nichts mehr galten.

Südlich vom Tempel lag das **Theater**, von dem nur wenig zu sehen ist. Geblieben sind die Mulde des Zuschauerraumes (Cavea), ein Teil der Stützmauer, aber die Sitzreihen sind verschwunden. Vom Bühnengebäude sieht man nur noch den Giebel einer gewölbten Tür, außerdem ein Paar Säulenstümpfe. Dieses Theater ist trotzdem interessant, weil es zu den wenigen Anlagen gehört, bei denen ein Tunnel vom Bühnengebäude in die Mitte der Orchestra führte. Diese Tunnel wurden wahrscheinlich für das Erscheinen von Schauspielern gebraucht, die aus der Unterwelt aufstiegen. Parallelen haben wir in Eretria und Tralles. Als der Verfasser 1939 zum erstenmal Magnesia besuchte, war der Tunnel zu einem Graben mit Mauerwerk und Brombeergestrüpp zusammengefallen; er zieht sich von unterhalb der Bühne bis in die Orchestra, wo er sich rechts und links verzweigt.

Die Ruinen der **Agora**, die westlich vom Artemistempel und nördlich vom Theater lag, sind weitgehend durch Schwemmland überlagert. Sie hatte die Ausmaße 95 x 188 m und war mit Steinplat-

ten belegt. Eine 13 m tiefe Halle mit dorischen Säulen vorn und jonischen Säulen im Innern umschloß den Marktplatz, auf dem sich ein kleiner jonischer Tempel des Zeus Sosipolis befand; in die westliche Halle war ein Athenaheiligtum eingebaut.
Nordöstlich vom Theater sind die Reste eines römischen *Odeion* gefunden worden. Im Westen der Grabungsstätte liegt das *Gymnasion*. Oberhalb am Thorax-Berg war das *Stadion* eingebettet, von dem noch einige Sitzstufen zeugen. Auf dem Berg ist die 2,30 m dicke *Stadtmauer* noch teilweise gut erhalten. Nach ihren Resten in der Ebene kann man den Durchmesser des Stadtgebietes von Osten nach Westen auf etwa 1300 m, von Norden nach Süden auf etwa 1100 m berechnen. Außerhalb der Stadtmauer dehnten sich im Westen und Südosten *Nekropolen* aus.

13. Herakleia am Latmos

Noch vor wenigen Jahren war Herakleia, in der äußersten Ostbucht des Sees von Bafa versteckt, schwer zugänglich und nur von wenigen Besuchern erreicht. 1946 unternahm der Verfasser, 1952 Freya Stark eine Bootsfahrt von der Westküste des Sees aus; so kann man noch heute hinfahren. Aber die Eröffnung der guten Straße von Söke nach Milâs hat den Zugang erleichtert. Die Straße zieht sich an der Südküste des Sees entlang und erreicht gegen das Ostende hin einen kleinen Landesteg mit einem Kaffeehaus. Von hier aus kann man ein Motorboot nach Kapikiri und Herakleia mieten, ebenso noch etwas weiter zum See-Ende hin von der Ölmühle aus. Zu Land führt ein schlechter Fahrweg etwa 12 km von dem Dorf Bafa aus an die Ruinenstätte. Er überquert an einem Punkt einen Damm und eine Brücke über einen sumpfigen Bach. Wenn die Brücke nicht in Ordnung ist, gelangt man gut zu Fuß in einer halben Stunde an den Bestimmungsort. Das Dorf ist im Sommer verlassen, wenn die Einwohner zu ihren *yayla* oder Sommerquartieren an der Küste des Sees ziehen.
Man kann mit Bestimmtheit sagen, daß niemand von der Exkursion nach Herakleia enttäuscht sein wird. Wiewohl an der jonischen Küste gelegen – der See von Bafa war im Altertum ein Meeresarm –, gehört die Stadt ihrem Charakter und ihrer Geschichte nach zu Karien. Sie wird überragt vom Berg Latmos, dessen zakkiger Rücken ihm den Namen Beş Parmak, die Fünf Finger, eingetragen hat. Etwas über 1500 m hoch, schickt dieses wilde Felsengebirge einen Ausläufer zu dem Dorf Kapikiri. Auf diesem Rücken verlaufen die sorgfältig gebauten und sehr gut erhaltenen Mauern

31 *Herakleia. In den Fels gehauene Stufen für die Mauerblöcke*

Myrus. Die Stätte von Südosten

32

Oben: Herakle.
Heiligtum
des Endymion

Unten:
Herakleia
Nekropole

von Herakleia. Die Mauern steigen vom See aus bis zu 500 m auf und scheinen in den Himmel zu führen, weil sie sich in eine phantastische Felsenwildnis drehen und wenden. Der Besucher, der den Mauerzügen folgt, findet sich mit Freya Starks Worten »merkwürdig unsicher, zu entscheiden, wo die Grenzen der Wirklichkeit enden oder beginnen«. Der Gegensatz zu den reichen Gebieten Joniens mit ihren milden Konturen ist vollkommen.
Die Stadt war zunächst karisch. In früher Zeit trug sie den Namen Latmos, nur im Geschlecht von dem gleichnamigen Berg darüber unterschieden. Unter diesem Namen entrichtete sie eine Abgabe von einem Talent im Delisch-Attischen Seebund des 5. Jahrhunderts. Diese Veranlagung reihte die Stadt unter die wichtigsten nichtgriechischen Städte Kariens ein. Mausolos, der König von Karien, nahm im 4. Jahrhundert die Stadt durch List, nachdem er ihr Vertrauen unter dem Vorwand der Freundschaft gewonnen und die Bürger verlockt hatte, die Tore zu öffnen, als sein Heer anmarschierte. Mausolos ließ die prachtvollen, heute noch stehenden Befestigungen errichten. Damit verfolgte er den großen Plan, dessen Erfüllung er nicht erlebt hat, nämlich Karien nach griechischem Vorbild zu ordnen. Die Namensveränderung von dem anatolischen Latmos zu dem griechischen Herakleia war ebenfalls das Werk des Mausolos. Als eine mächtige Festungsstadt an der Nordgrenze von seinem Königreich hätte Herakleia eine Zukunft gehabt. Aber als Mausolos starb, kam Alexander, und die Weltpolitik hatte sich verändert. Herakleia hatte nun keine große Bedeutung mehr. Da das Landgebiet klein war, mußte der Wohlstand von der See her kommen. Doch da Milet am Ausgang des Golfes lag, waren die Aussichten gering. Als der Maeander allmählich den Golf in einen See verwandelte, war Herakleia vollkommen abgeschnitten.
Berühmt wurde Herakleia am Latmos vor allem durch seine Verbindung mit der rätselhaften Gestalt des Endymion. Die Überlieferung von Endymion ist wirr und widerspruchsvoll, da sie sich offensichtlich auf zwei verschiedene Gestalten bezieht. Einige sagen, daß Endymion ein König von Elis in der Peloponnes war, daß er seine Söhne zu einem Rennen in Olympia veranlaßte, um zu entscheiden, wer sein Nachfolger werden sollte; auf diese Weise entstand der Olympische Wettlauf. Aber die besser bekannten

Überlieferungen erzählen, wie Endymion von der Mondgöttin Selene geliebt wurde und dann ewig auf dem Berg Latmos schlief. Zeus soll sich in den stattlichen Jungen verliebt und ihm einen besonderen Wunsch gestattet haben. Endymion wünschte sich ewigen Schlaf und ewige Jugend. Dieser Wunsch ist merkwürdig; aber

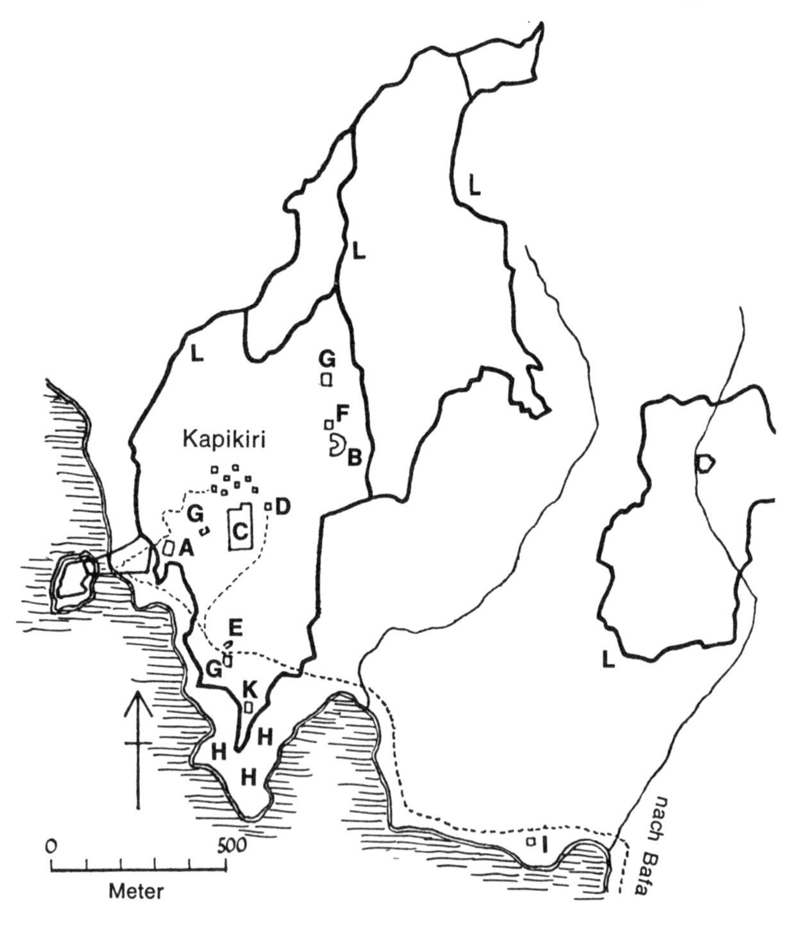

Abb. 48 Plan von Herakleia am Latmos

A Athenatempel / B Theater / C Markt / D Ratshalle / E Heiligtum des Endymion / F Nymphaeum / G Unbestimmte Tempel / H Nekropole I Befestigung / K Byzantinisches Kastell / L Stadtmauern

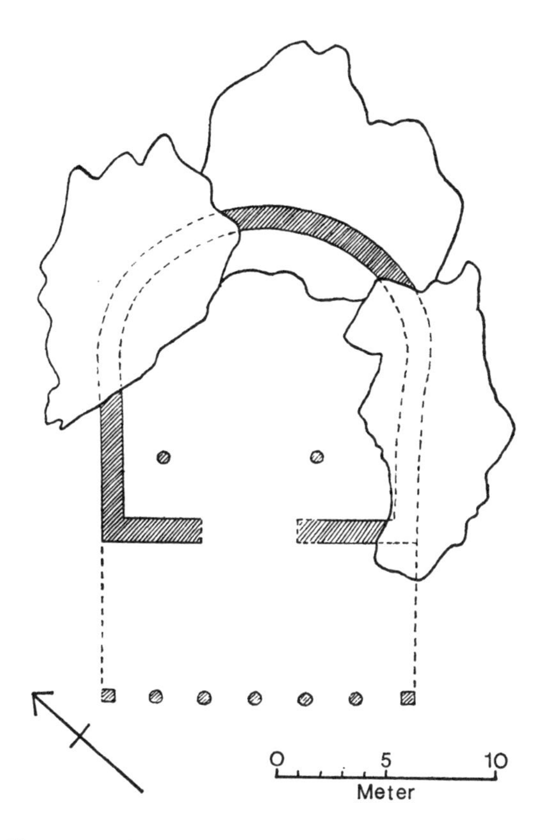

Abb. 49 Herakleia. Plan des Endymion-Heiligtums

vielleicht war mehr daran, als zunächst scheinen mag. Man raunte, daß Endymion eine Liebschaft mit Hera hatte. Als Zeus das bemerkte, dürfte er eine Wahl angeboten haben, die etwa der modernen Entscheidung zwischen Gewehr, Strang oder Giftbecher entsprochen haben würde. Auf alle Fälle sah ihn Selene am Latmos schlafen, kam zu ihm herab und küßte ihn. Einige erzählen, daß sie ihm fünfzig Töchter geboren habe. Das reichte wohl aus, ihn zu wecken. Schließlich kann sein Schlaf nicht ewig gewesen sein, denn die Leute von Herakleia zeigten sein Grab in einer Höhle am Latmos und in den Bergen auch sein Heiligtum. Nach dieser

Überlieferung war Endymion der erste Mensch, der die Umlaufbahn des Mondes entdeckte. Er hatte sich im Leben nur mit dieser Aufgabe beschäftigt, und daher soll er dreißig Jahre geschlafen haben. Lassen wir noch andere Überlieferungen zu Wort kommen. Noch später erklärten christliche Autoren, daß Endymion ein karischer Mystiker war, der vom Mond den Namen Gottes erfahren wollte. Er erfuhr ihn und starb. Seine sterbliche Hülle wurde zu dieser Zeit in Karien aufbewahrt, wo sein Sarg jedes Jahr geöffnet wurde; dabei tönten die Knochen, vermutlich, um den Namen Gottes den Menschen zu künden.
Das hervorragende Merkmal von Herakleia sind zweifellos *die großen Stadtmauern* von 2 bis 3 m Stärke. Sie stehen teilweise noch bis zur Brustwehr über 6 m hoch und bieten das beste Beispiel einer klassischen Befestigung. Mauerzüge zwischen Türmen und Toren, Teile des Mauerkreuzes und der Fenster sowie Türme und Tore mit Fenstern und Treppen, die zur Brustwehr führen, sind in ausgezeichnetem Zustand. Hier und da ist die Mauer weggebrochen, aber man sieht, wie sich die Fundamentierungen für die Blöcke über die steilen Felsen wie Treppen hinziehen. Im Westen läuft die Mauer von der *Hafenbefestigung* nach Nordosten, im Osten von dem besterhaltenen Tor über einem Bachtal nordwärts. Beide Arme, zusammen 4,5 km lang, vereinigen sich hoch oben und umschließen im obersten Teil eine zweite Akropolis. Von dort aber zieht die Mauer noch weiter und bildet eine dritte Akropolis. Im Süden endete die Mauer in einem mächtigen *Eckturm.* Befestigungen hoch oben im Nordosten und Reste im Osten waren Außenwerke (Tafel 31 links, 34 oben und unten).
Auch die Unterstadt hat Interessantes aufzuweisen. Für den Besucher, der vom See her kommt, ist das auffallendste Gebäude der hochragende Tempel über dem Steilufer am Landesteg. Er ist durch eine noch vorhandene Inschrift als *Tempel der Athena* ausgewiesen. Er ist ein einfacher Antentempel, der bis auf Dach und Vorhalle erhalten ist (Tafel 33 unten).
Die kleine Insel gegenüber dem Landesteg war im Altertum eine Halbinsel und in die Befestigungen eingeschlossen. Die Mauerreste, die die Verbindung mit dem Land bilden, befinden sich jetzt unter dem Wasserspiegel, der sich seit dem Altertum gehoben hat.

Unmittelbar hinter dem Athenatempel liegt die leicht verschüttete *Agora*, der Marktplatz, auf dem kürzlich eine Dorfschule erbaut wurde. Auf der Südseite ist ein Hallengebäude mit Läden nachgewiesen, die unter dem Niveau der Agora lagen und von außen zugänglich waren. Östlich von der Agora lag das Rathaus, dessen Anlage an die des Bouleuterion von Priene erinnert. Wie dort waren Sitzreihen auf drei Seiten eines Vierecks angeordnet. Das Theater im Norden ist ebenso schlecht erhalten wie die nördlich davon gelegenen Ruinen eines *Nymphaeums* und eines Heiligtums (Tafel 33 oben).

Im Südteil der Stadt liegt ein ungewöhnliches und sehr interessantes Gebäude, das als *das Heiligtum des Endymion* identifiziert worden ist. Der Plan Abb. 49 zeigt den Grundriß. Die Hauptkammer ist hinten gerundet; eine Mauer ist zwischen die vorstehenden Felsvorsprünge gebettet. Eine Quermauer mit einem Mitteleingang trennt diese Kammer von der Eingangshalle, die mit fünf unkannelierten Säulen zwischen zwei Vierkantpfeilern ausgestattet ist. Zwei Säulenbasen sind noch im Innern der Kammer zu sehen; da sie nicht symmetrisch gesetzt sind, können ursprünglich noch andere vorhanden gewesen sein. Die Identifizierung dieser merkwürdigen Anlage als Heiligtum des Endymion ist nicht sicher. Der Eingang im Südwesten erinnert an den Schrein eines Heros oder Halbgottes, wie es Endymion war; Göttertempel und Göttinnentempel wurden von Osten betreten. Wie oben vermerkt, hatte Endymion eine heilige Stätte am Latmosgebirge; entweder gab es dort eine zweite Anlage oder das Heiligtum wurde zum Berg gerechnet (Tafel 32 oben).

Wenn der Besucher ein paar Minuten südlich von diesem Heiligtum zu dem Gebiet *hinter dem byzantinischen Kastell* geht, kann er auf einen der merkwürdigsten Friedhöfe hinuntersehen. Die *Gräber* sind *von karischem Typus;* es sind rechteckige Felsgruben, die mit einer Steinplatte abgedeckt waren. Die Oberfläche der Felsen weist überall die Vertiefungen dieser Gräber auf, von denen viele nebeneinander liegen; aber alle Gräber sind natürlich seit langem geöffnet und ausgeplündert. Einige von ihnen liegen nun unter Wasser, da sich der Spiegel des Sees gehoben hat (Tafel 32 unten).

Zuerst und zuletzt bleibt der Berg in der Erinnerung des Besu-

chers. Homer erwähnt bei der Aufzählung der Verbündeten der Troer »die Karer mit ihrer rauhen Sprache, die rund um Milet und den Berg der Laus (Phtheiron) wohnen«. Dieser so merkwürdig benannte Berg wurde im Altertum als der Latmos identifiziert. Einige, die glaubten, daß der Name unwürdig sei, verstanden ihn als »Gebirge der Phtheirier«, eines Stammes, der uns sonst unbekannt ist. Die Bauern von Kapikiri verneinen hartnäckig, daß bei ihnen Läuse gefunden werden. Skorpione gibt es dort bestimmt; Aristoteles berichtet, daß die Skorpione des Latmos niemals die Fremden stechen, sondern nur die Einheimischen. Dafür ist der Verfasser kein Gewährsmann, aber er kann von einer schmerzlichen Erfahrung her sagen, daß dieses Wort sich nicht auf die Bienen bezieht.
Der Latmos blieb immer ein heiliger Berg. Im Mittelalter war er der beliebte Zufluchtsort für Einsiedler und Mönche. Die von ihnen gegründeten Klöster und Einsiedeleien liegen im allgemeinen hoch in der Felsenlandschaft und sind sehr schwer zu erreichen.

14. Sardes

Um 700 v. Chr. beherrschte Kandaules das Königreich Lydien. Dieser hatte sich über die Maßen in seine Frau verliebt, so daß er ihren Liebreiz vor allem seinem vertrauten Minister namens Gyges mitteilen mußte. Weil der kluge Gyges nur wenig Begeisterung zeigte, teilte ihm Kandaules eines Tages einen sonderbaren Einfall mit: »Gyges, ich glaube, Du zweifelst an der Schönheit meiner Frau. Sehen aber heißt glauben, und so mußt Du sie einmal nackt sehen.« Gyges war erschrocken, aber der König beruhigte ihn: »Beunruhige Dich nicht, sie wird nicht wissen, daß Du sie gesehen hast. Ich werde Dich hinter die offene Schlafzimmertür stellen, wo Du Dir ansehen kannst, wie sie sich auszieht. Wenn sie zu Bett geht und Dir den Rücken wendet, kannst Du Dich ungesehen zurückziehen.« Als Gyges sah, daß kein Ausweichen half, stimmte er zögernd zu und nahm den Platz ein, den der König vorbereitet hatte. Als er aber das Schlafzimmer verließ, nahm ihn die Königin doch noch wahr. Sie blieb ganz ruhig und äußerte kein Wort. Aber am nächsten Morgen ließ sie Gyges in Gegenwart ihres vertrautesten Gefolges zu sich kommen und sagte: »Gyges, Du hast mich nackt gesehen. Du hast jetzt nur noch die Wahl zwischen zwei Möglichkeiten. Entweder mußt Du Kandaules töten, mich heiraten und König von Lydien werden, oder Du mußt hier und jetzt sterben.« Da alles Bitten sinnlos war, wählte Gyges das Leben. In der Nacht stellte ihn die Königin hinter dieselbe Tür und gab ihm einen Dolch; als der König eingeschlafen war, schlich sich Gyges heran und erstach ihn. Auf diese Weise kam der Thron von Lydien an eine neue Dynastie. Es geschah nicht ohne Wirren; denn viele Bürger griffen für ihren ermordeten Herrscher zu den Waffen, so daß der Bürgerkrieg drohte. Schließlich vereinbarte man, die Entscheidung dem Delphischen Orakel zu überlassen, und diese lautete günstig für Gyges. Der große »Gyges-Schatz« von Gold und Silber, den man im Heiligtum des Apollon zeigte, bezeugte die Dankbarkeit des neuen Königs.

Die neue Dynastie herrschte einhundertundfünfzig Jahre, in denen sich das lydische Volk eines großen Wohlstandes erfreute. Von seiner früheren Geschichte ist wenig mit Sicherheit bekannt. Homer erwähnt die Lyder nicht. Aber er spricht von den Verbündeten der Troer und nennt dabei die Maionier, die um das Gebirge Tmolos und den See Gygaea lebten, also im späteren Lydien. Herodot berichtet von Maioniern, die in alter Zeit ihren Namen in Lyder umänderten; doch ist der Zusammenhang mit Homer kaum glaubhaft. Wahrscheinlich ist, daß die Lyder als selbständiges Volk während der Frühzeit Maionien besetzten. Im Altertum wurden Maionier und Lyder von den Schriftstellern deutlich unterschieden. Eine zähe, von Herodot mitgeteilte Überlieferung berichtet, daß Etrurien von Lydien aus besiedelt wurde[1]. Infolge einer langen Hungersnot hatte sich das Volk geteilt. Ein Teil blieb in Kleinasien, während der andere auf Schiffen im Westen eine neue Heimat suchte. Die moderne Forschung neigt dazu, diese östliche Kolonisation um 800 v. Chr. zu bestätigen. Damals war Rom noch nicht gegründet, und für Jahrhunderte war die etruskische Kultur der italischen weit überlegen. Manche Gelehrten sind allerdings nicht dieser Auffassung.

Über die lydische Geschichte im 6. Jahrhundert zur Zeit des Gyges haben wir schon gesprochen. Auch die Eroberungen der griechischen Küstenstädte durch Gyges, Ardys, Alyattes und Kroisos sind uns schon vertraut. Ungeachtet dieser Auseinandersetzungen unterhielten Lyder und Griechen Kulturbeziehungen, die wechselseitige Einflüsse brachten. Lydien hatte auch Verbindungen mit Assyrien: Gyges ist in den assyrischen Quellen »Gugu von Luddi«, der Gesandte zum Assyrerkönig Assurbanipal schickte.

Herodot erzählt, daß die lydischen Sitten den griechischen mit einer Ausnahme sehr ähnlich waren. Die Mädchen erhielten ihre

[1] Siehe Seite 276

Mitgift gewöhnlich durch Prostitution, ein Brauch, der nicht als Schande betrachtet wurde. Die Lyder beanspruchten für sich die Erfindung aller Spiele, die auch den Griechen bekannt waren, nämlich den Zeitvertreib mit Würfeln, Knöchel- und Ballspiel. Das alte Spiel mit Brettsteinen, pessoi genannt, galt nicht als ihre Erfindung; das Wort ist vorgriechisch. Auch der Anspruch auf die Erfindung des Ballspiels ist nicht gerechtfertigt; Ballspiele waren allgemein vertraut, nicht nur der Nausikaa in der Odyssee sondern auch den Ägyptern.

Eine sehr bedeutsame Erfindung, die den Lydern offensichtlich mit Recht zugeschrieben wird, ist die Münzprägung. Mit Sicherheit können wir sagen, daß ältere Kulturen wie die Hethiter und die Ägypter kein Münzgeld verwendet haben; man gebrauchte als Währung Metallbarren und Ringe. Das griechische Wort »drachma« bedeutete ursprünglich »eine Handvoll« von diesen. Aber für richtige Münzen aus kostbarem Metall, deren Gewicht durch den Amtsstempel garantiert wird, haben wir keine älteren Beispiele als die lydischen. Sie sind mit wenigen Ausnahmen ohne Inschriften, sondern zeigen allein einen Löwenkopf als das königliche Zeichen für Sardes. Man prägte sie zuerst aus »Elektron«, einer Mischung von Gold und Silber; Versuche haben ergeben, daß der Goldgehalt zwischen 36 und 53 Prozent schwankte. Dieser Unterschied dürfte das öffentliche Vertrauen beeinträchtigt haben; daher führte der letzte Lyderkönig Kroisos die Münzprägung aus reinem Gold und reinem Silber ein. Die neue Erfindung wurde von den griechischen Küstenstädten übernommen und verbreitete sich rasch über die ganze Welt.

Das Gold für diese lydischen Münzen wurde teilweise aus dem Fluß Paktolos gewonnen, der vom Berg Tmolos (Mozdag) durch Sardes floß und in den Hermos mündete. In diesen goldführenden Flüssen wendete man eine alte Methode zum Sammeln des Goldstaubs an, indem man Schaffelle im Fluß auslegte, so daß die Goldstäubchen aufgefangen wurden. Man hat vermutet, daß die Überlieferung vom goldenen Vließ auf diese Weise entstanden ist, da der Phasisfluß in Kolchis goldhaltig war. Der Goldgehalt des Paktolos war schnell erschöpft; schon zur Zeit Strabos lieferte er kein Gold mehr. Er hat aber dazu beigetragen, daß die Namen des Gyges und Kroisos sprichwörtlich für Gold wurden.

Mit der Vertreibung der Kimmerier durch Alyattes wuchs die Macht der Lyder von neuem. Lydien eroberte Phrygien, das verheerend unter den nördlichen Barbaren gelitten hatte, und Smyrna wurde zerstört; doch unterlag Alyattes vor Klazomenae und errang auch vor Milet nur Teilerfolge. Unter seinem Nachfolger Kroisos dehnte sich das lydische Reich über die ganze kleinasiatische Halbinsel mit Ausnahme der Südküste aus. Kroisos war der letzte und berühmteste der lydischen Könige; man erzählte sich viele mehr oder weniger historische Geschichten von ihm, einige wurden hier bereits wiedergegeben.
Die Eroberung von Phrygien machte die Lyder zu Nachbarn des Perserreiches; der Halys (Kizilirmak) bildete den Grenzfluß. Als Kroisos von der wachsenden Macht der Perser unter König Kyros erfuhr, entschloß er sich, ihn anzugreifen. Ermutigt durch die verhängnisvolle Ausdeutung des von Apollon gegebenen Orakels[2], überschritt er den Halysfluß und fiel in persisches Gebiet ein. Nach einer unentschiedenen Schlacht hielt er es für klug, sich zurückzuziehen und ein größeres Heer zu sammeln. Aber Kyros ging mit unerwarteter Heftigkeit zum Angriff über, drang siegreich in Lydien ein und schloß die restlichen Truppen des Kroisos in der Hauptstadt Sardes ein. Die Belagerung dauerte vierzehn Tage, bis der Aufstieg an einer unbewachten Stelle der Burg gelang. Über die Eroberung erzählt Herodot folgende Geschichte: Einem früheren lydischen König namens Meles hatte eine Nebenfrau einen Löwen geboren. Die darüber befragten Wahrsager erklärten, daß die Stadt Sardes uneinnehmbar sein würde, wenn der Löwe rings um die Befestigungen getragen würde. Meles tat dies, unterließ es aber an der dem Tmolos zu liegenden Stadtseite, die ihm steil und unangreifbar erschien. Hier hatte ein Perser einen Lyder von der Burg herabsteigen und einen herabgerollten Helm holen sehen. Er merkte sich die Stelle und stieg am folgenden Tage mit einer Schar hinauf. Überraschend wurde die Stadt genommen (546 v. Chr.).
Kroisos selbst wurde gefangengenommen und auf Befehl des Kyros auf einem Scheiterhaufen gefesselt, um bei lebendigem Leib verbrannt zu werden. Als der Scheiterhaufen schon brannte, seufzte er und rief dreimal den Namen des Solon. Kyros' Neugierde wurde

[2] Siehe Seite 244

geweckt, und er ließ den Kroisos durch die Dolmetscher fragen, wer dieser Solon sei. Kroisos erwiderte, daß es sich um einen Athener handle, der früher einmal Sardes besucht und angesichts von Kroisos' Reichtum und Wohlstand erklärt habe, man könne niemanden bei Lebzeiten zu den Glücklichen zählen, sondern müsse erst das Ende abwarten. Kyros war beeindruckt und befahl, das Feuer schleunigst zu löschen. Man versuchte es, konnte jedoch der Flammen nicht Herr werden. Daraufhin flehte Kroisos Apollon um Rettung an. Plötzlich erhob sich aus heiterem Himmel ein Sturm, und ein heftiger Regenguß löschte das Feuer aus. Kyros war nun überzeugt, daß Kroisos kein gewöhnlicher Mann sei und befahl, ihm die Fesseln zu lösen. Dann bat er ihn an seine Seite. Nach langem Schweigen fragte Kroisos: »Was tun die Männer dort?« »Sie plündern Deine Stadt«, antwortete Kyros, »und tragen Deinen Reichtum weg.« »Nein«, sagte Kroisos, »es ist Dein Eigentum, das sie plündern.« Darauf befahl Kyros, mit dem Plündern aufzuhören.

So lautet die Überlieferung vom Ende der lydischen Königsherrschaft bei Herodot. Andere antike Berichte unterscheiden sich beträchtlich; sie alle beweisen, welchen dauernden Eindruck Kroisos auf die Griechen gemacht hat.

Das Ende der Königsherrschaft brachte den Untergang der lydischen Macht. Waren die Lyder bisher schreckenerregende Krieger, so wurden sie nun ebenso wie die Phryger verweichlicht. Dieser Wandel war der klugen Politik des Kyros zu verdanken. Verärgert über den Versuch des Paktyes, einen Aufstand anzuzetteln[3], plante der Perserkönig, alle Lyder in die Sklaverei zu verkaufen. Kroisos legte Fürsprache ein und bedrängte ihn, ihnen nur das Waffenhandwerk zu verbieten und ihre Söhne Kitharaspiel, Gesang und Handel zu lehren. So wurde der kriegerische Geist des Volkes unterdrückt, so daß die Lyder und Phryger auf dem Gebiet der Musik vorbildlich wurden. Die phrygische Musik wurde als erregend und gefühlvoll betrachtet, die lydische als geziert und erzieherisch, doch wir wissen nicht genau, wie die Musik wirklich war. Antike Musik ist ein schwieriges Problem. Man betrachtete sie als einen Zweig der Mathematik. Sie war einfach und von

[3] Siehe Seite 242

Melodie und Rhythmus bestimmt. »Harmonie« bedeutete bei den Alten Tonleiter oder harmonische Folge von Tönen; die moderne Auffassung von Harmonie war ihnen schwerlich bekannt. Ein oder zwei antike Hymnen haben sich auf Stein zusammen mit Noten geschrieben gefunden; in moderne Noten übertragen (vorausgesetzt, daß das richtig ist) klingen sie schwach und fremd für europäische Ohren.

Trotz der Eroberung durch die Perser blieb Sardes eine bedeutende Stadt, zuerst als Residenz der persischen Satrapen, dann unter den hellenistischen Königen. Im Jahre 213 v. Chr. rief sich Achaeos, ein Mitglied der syrischen Königsfamilie, als König in Kleinasien aus. Vom legitimen König Antiochos III. verfolgt, schloß er sich in Sardes ein. Dann wiederholte sich fast genau die Eroberung wie zur Zeit des Kyros. Ein Kreter namens Lagoras im Heer des Antiochos bemerkte eine abschüssige Stelle, über die die Einwohner Unrat und Abfälle warfen, so daß dort ständig Geier und andere Aasvögel kreisten. Der Kreter bemerkte auch, daß sich die Vögel dabei auf der Mauerkrone niederließen; daraus schloß er, daß die Mauer an dieser Stelle unbesetzt war und sich hervorragend für einen Überraschungsangriff eignete. Es ist heute nicht mehr möglich, die Stellen auszumachen, wo jene Angriffe erfolgten. Das weiche Gestein der Akropolis bröckelte ab und wurde weggespült, wobei der größte Teil der Befestigung mit verlorenging. Die für die Hügel dieser Gegend so charakteristische Zerklüftung ist durch die Gesteinsart bedingt.

In der Provinz Asia war Sardes die Hauptstadt eines Bezirkes (conventus) und Gerichtssitz des römischen Statthalters. Zerstört durch das große Erdbeben des Jahres 17 n. Chr. wurde die Stadt dank der Großzügigkeit des Kaisers Tiberius wiederaufgebaut. Früh bildete sich hier eine Christengemeinde. In der Offenbarung ist Sardes eine der sieben Kirchen Asiens. Aber es gab auch Rückschläge. »Ich kenne Deine Werke. Du hast den Namen, daß Du lebest, und bist tot« (Offenbarung 3, 1). Dennoch war Sardes später ein wichtiges Bistum, das an sechster Stelle hinter dem Patriarchat von Konstantinopel stand. Im 7. Jahrhundert von den sassanidischen Persern zerstört und von Tamerlan 1401 geplündert, wurde die Stadt nicht wiederaufgebaut. Allmählich wurde sie vom Erdreich begraben, das vom Akropolishügel heruntergespült worden war; die Ruinen lagen verlassen. Das kleine Dorf Sart ist eine Gründung des zwanzigsten Jahrhunderts.

Seitdem 1958 die amerikanische *Grabung in Sardes* wiederaufgenommen worden ist, bietet die Stätte von Jahr zu Jahr ein anderes Bild. Die seit langem bekannteste Ruine ist der gut erhaltene **Tempel der Artemis** über dem Tal des Pactolos. Im frühen 18. Jahrhundert standen noch sechs Säulen mit dem Architrav. 1764 sah Chandler noch fünf; 1812 waren es noch drei. Im Jahre 1824 sah von Prokesch die zwei Säulen, die aufrecht standen, als die amerikanischen Archaeologen ihre Ausgrabungen 1910/1914 durchführten. Die Aufgabe war schwierig, denn sie erforderte das Wegräumen einer 10 m hohen Erdschicht, bis das Fundament zum Vorschein kam (Tafel 35 oben).

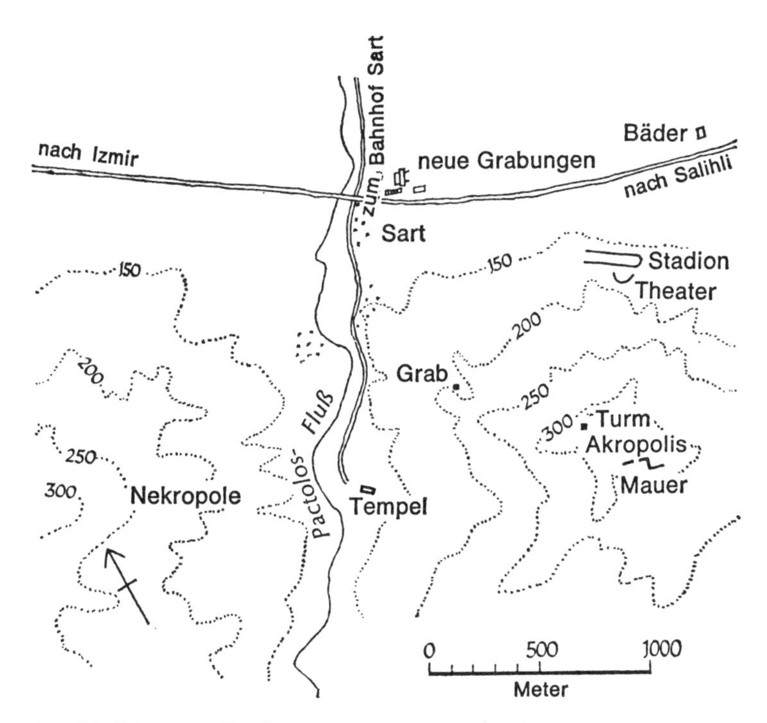

Abb. 50 Plan von Sardes

Im Jahre 499 v. Chr. wurde Sardes während des jonischen Aufstandes gegen die Perser von den Griechen geplündert und verbrannt. Bei dieser Gelegenheit ging nach Herodot auch der Tempel der einheimischen Göttin Kybebe, d. h. Kybele, in Flammen auf. Kybele war die Hauptgöttin von Sardes; ihr Tempel wurde sicher wiederaufgebaut. Zunächst vermutete die Forschung, daß der noch teilweise stehende Tempel der der Kybele sei. Es war daher eine Überraschung, als die ersten Ausgrabungen zahlreiche Inschriften in griechischer und lydischer Sprache zutage brachten, die bewiesen, daß dieser Tempel der Artemis gehöre. Bemerkenswerter war noch, daß sich eine dieser Inschriften »auf die, die in dem Heiligtum wohnen, Artemis und Zeus« bezieht. In der Tat erweist sich die Anlage als *ein Doppeltempel* mit zwei fast gleichen Teilen beiderseits einer Quermauer, in deren Nähe die Basen der Rücken an Rücken stehenden Kultstatuen liegen. Entsprechend vermutete man, daß die beiden Hälften der Artemis und dem Zeus gehörten, und zwar der Göttin der westliche, dem Gott der östliche Teil. Da *Fragmente einer hellenistischen Zeusstatue* entdeckt wurden, kann die Ostcella vorübergehend dem Zeuskult gedient haben. Im 2. Jahrhundert n. Chr. wurden die Kultbilder dieser Gottheiten durch die Statuen des Kaisers Antoninus Pius und seiner Gemahlin Faustina ersetzt, denen dieser Tempel wahrscheinlich wiedergeweiht wurde. Die letzten Ausgrabungen führten zum Ergebnis, diese Auffassung noch einmal zu überlegen. Der Anteil des Zeus an diesem Tempel ist jetzt widerlegt; *die Teilung der Cella* wurde nach jetziger Auffassung von Antoninus Pius vorgenommen, der den Kult der vergöttlichten Faustina mit dem der Artemis verband. Eine interessante Münze von Sardes, geprägt unter dem Kaiser Elagabal (218–222 n. Chr.), zeigt zwei Tempelfronten, jede mit acht Säulen in Schrägansicht. Darüber ist eine Kultstatue in einem Schrein dargestellt. Die eine ist weiblich, die andere von unbestimmtem Geschlecht. Wahrscheinlich zeigen diese Münzbilder die beiden Enden des Doppeltempels der Artemis und der Faustina (Tafel 30 unten).

Der Tempel war in jonischem Stil als Pseudodipteros mit acht Säulen an den Schmalseiten und zwanzig an den Längsseiten erbaut. Außerdem hatte der Tempel vierzehn Innensäulen und je sechs vor jedem Pronaos. Je zwei von ihnen sind schmaler als die übrigen und standen auf hohen Sockeln; diese vier Säulen waren die einzigen, bei denen die Kannelur durchgeführt war. *Die hohen Sockel sind* wahrscheinlich mit Ausnahme des Artemistempels von Ephesos *einzigartig in der griechischen Architektur* und dürften eine lydische Erscheinung sein. Von allen Säulen stehen noch zwei vollständig, dreizehn andere nur bis zur halben Höhe. Die *jonischen Kapitelle* sind besonders schön; die Verzierung der Basen erinnert an Didyma (Tafel 35 unten).

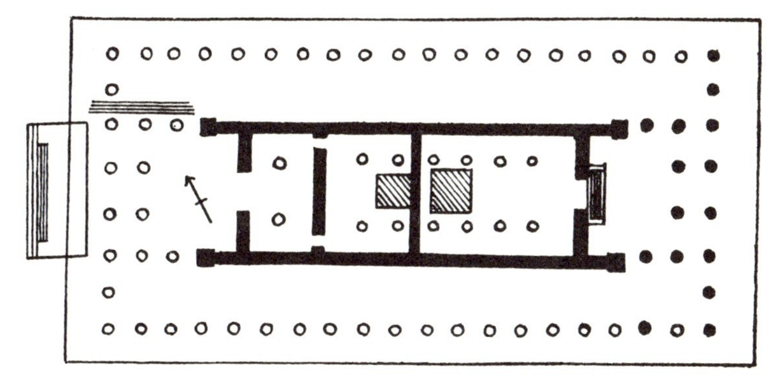

Abb. 51 Grundriß des Artemistempels

Auf der Westseite wurde durch die Grabung eine *Treppe* freigelegt, die zum Bau des 2. Jahrhunderts gehörte; aber ihre Lage ist äußerst ungewöhnlich. Die Ausgräber haben einen Wiederherstellungsversuch gemacht; aber das Problem ist noch offen, so daß wir auf dem Plan Abb. 51 nur die Stufenlage eingezeichnet haben, die durch die Ausgrabung bestimmt ist.

Vor der Westseite des Tempels befindet sich ein älterer Bauteil, der auf einen *Altar* deutet. Da er nicht ganz auf die Flucht der Tempelwände ausgerichtet ist, hat man zunächst daran gedacht, daß es sich um den Altar des älteren Tempels handelt. Aber diese Auffassung hat man jetzt aufgegeben. Die jetzige Meinung ist die, daß der wahrscheinlich um 400 v. Chr. gebaute Altar während des größten Teils des 4. Jahrhunderts allein stand; für Generationen führte man den Kult der Artemis nur an diesem Zentrum durch. Der bestehende Tempel – der einzige, der immer an der Stelle stand – wurde um 300 v. Chr. begonnen. Entgegen dem

üblichen Brauch war er nach Westen ausgerichtet, weil die Umfassung und das Gelände diese Orientierung forderten.
Gegen Ende des 3. Jahrhunderts wurde schließlich die Cella gebaut und eingeweiht. Eine lange Inschrift aus dieser Zeit verläuft auf der Wand der Cella und berichtet von einer Geldanleihe aus dem Tempelschatz. Im 2. Jahrhundert wurde der Bau mit der Säulenstellung rings um den Tempel fortgesetzt; doch die Arbeit ging nur langsam vorwärts oder kam vielleicht ganz zum Stillstand bis in die römische Kaiserzeit. Einen Rückschlag brachte zweifellos das schwere Erdbeben des Jahres 17 n. Chr., von dem Sardes mehr als andere Städte betroffen wurde. Eine metrische Inschrift auf der Basis der vierten Säule der Nordostseite erinnert daran, daß diese Säule zuerst errichtet wurde; da der Stil der Schrift in das 2. Jahrhundert n. Chr. weist, ist es wahrscheinlich, daß die Arbeit unter Antoninus Pius (138–161) wieder aufgenommen wurde, als er den Kult der Artemis mit dem zu Ehren seiner Frau verband. Auch dann war der Tempel noch nicht fertig, wie man dem Fehlen der Säulenkannelur entnehmen kann.

Den **Tempel der Faustina** betrat man von Osten durch eine Tür, die teilweise noch erhalten ist. Ihre Schwelle liegt etwa 2 m über dem Boden der Tempelplattform und wurde über sechs Stufen erreicht; die groben Stufen, die heute eingefügt sind, dienen nur der Bequemlichkeit des Besuchers.
An der Nordwestseite des Tempels steht ein hoher Sockel mit einer griechischen Inschrift zu Ehren einer Frau, die mit dem lydischen Wort ›kauein‹ als Priesterin bezeichnet wird. Am Hang nördlich vom Tempel weiter nach Osten liegt *eine Statuen-Basis* des 4. Jahrhunderts v. Chr. *mit einer zweisprachigen Inschrift* in Lydisch und Griechisch.

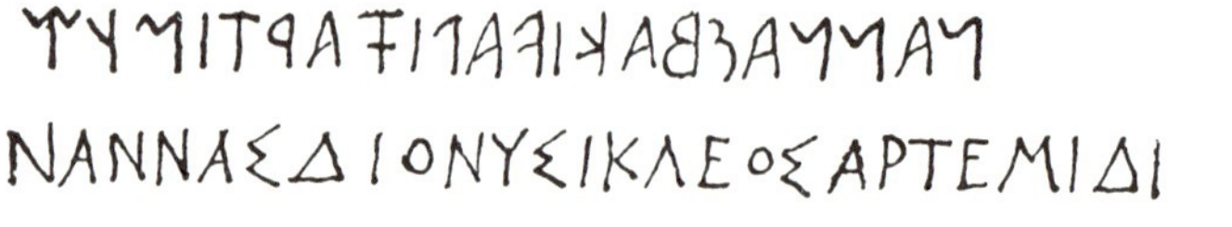

NANNAΣ ΔΙΟΝΥΣΙΚΛΕΟΣ ΑΡΤΕΜΙΔΙ

Abb. 52 Inschrift in Lydisch (Nannas Bakivalis Artimul) und die griechische Übersetzung (Nannas, Sohn des Dionysikles, an Artemis)

Herakleia. Markt-Gebäude. Im Hintergrund das Latmosgebirge

33

Herakleia. Tempel der Athena

34

Oben und unten: Herakleia Mauern

Nahe der Nordostecke des Tempels ist eine kleine *Kirche oder Kapelle*, die in das 4. Jahrhundert gehören dürfte.

Die Hügel rund um Sardes, vor allem die westlich vom Paktolos, enthalten hunderte von *lydischen Gräbern*, deren früheste in das 7. Jahrhundert v. Chr. gehören. Viele von ihnen wurden während der ersten Ausgrabung erforscht, doch die meisten sind wieder verschüttet. Die Hauptform besteht aus einem Gang, der zu einer über 2 m hohen Tür führt; sie ist von einer Platte oder mehreren Steinplatten geschlossen. Am äußeren Ende des Ganges standen hohe Grabstelen mit Blumenverzierung und wahrscheinlich gemalten Inschriften. Hinter der Tür befindet sich die in den Boden der Hügelseite eingeschnittene *Grabkammer* mit einer Giebeldecke und Bestattungsbänken auf beiden Seiten und an der Rückwand. Diese Bänke hielten wannenförmige Sarkophage aus Terrakotta, rot, weiß, und schwarz bemalt. Eine erst jüngst ausgegrabene Gruppe von drei Gräbern kann man besuchen, wenn man dem Seitental folgt, das sich im Westen über eine Viertelmeile südlich vom Tempel öffnet. Die Gräber befinden sich auf der Südseite des Hanges, in den das Tal ausläuft, nahe einem Weinberg. (Es ist ratsam, einen Führer zu nehmen.) Diese Exkursion lohnt sich auch wegen des reizvollen Ausblicks auf die Akropolis und wegen der bemerkenswerten Felsformationen (Tafel 36 oben und unten).

Ein Grab in der Form einer Stufenpyramide steht am Westhang der Akropolis; doch ist nur der untere Teil erhalten. Die Art des Mauerwerks zeigt, daß das Grab in die Zeit der Perserherrschaft gehört, also in das 5. und 4. Jahrhundert v. Chr. Vielleicht 900 Jahre jünger als dieses Grab ist ein anderes am Ostufer des Paktolos, etwa 500 m südlich der Hauptstraße. Es besteht aus einer gewölbten Kammer mit Wandmalereien, die Pfauen und andere Vögel zeigen.

Die neuen Grabungen erstrecken sich vorwiegend auf das Paktolostal bei dem heutigen Dorf und auf das Gebiet nördlich davon. In jedem Teil kamen lydische Reste zutage; die darauf deuten, daß die Stadt des Kroisos in ihrer Ausdehnung größer war als die hellenistischen und römischen Siedlungen, die auf sie folgten. Während der Abfassung dieses Buches wurden die Hauptgrabungen nördlich der Hauptstraße durchgeführt, etwas über 200 m östlich von der Brücke über den Paktolos. Die aufgedeckten *Gebäudereste* werden erst mehr Aufmerksamkeit finden, wenn die geplanten Wiederherstellungsarbeiten abgeschlossen sind. Die *Kleinfunde* sind sehr interessant; man plant, sie im Museum von Manisa auszustellen.

Der Hauptgebäude-Komplex, unmittelbar neben der Straße, umfaßt ein *Gymnasion* des 2. Jahrhunderts und anschließende Bauten. Das Gymnasion hat eine Nord- und eine Südhalle mit einem eindrucksvollen Eingangsgebäude im Osten. Weiter nach Osten befand sich der offene *Hof der Palaestra.* Die Marmorfassade wurde unter den Kaisern Caracalla und Geta im Jahre 212 n. Chr. errichtet. Eine byzantinische Wiederherstellung um 400 n. Chr. wird durch eine metrische Inschrift bezeugt, die rings um die Seiten des Hofes läuft.

Unmittelbar südöstlich vom Gymnasion lag die jüdische *Synagoge,* die durch Inschriften identifiziert wurde. Dieses Gebäude scheint ursprünglich im 3. Jahrhundert erbaut und um 400 n. Chr. erneuert worden zu sein.

Südlich, anschließend an das Gymnasion, befindet sich eine Reihe von *byzantinischen Läden.* Zwischen diesen und der Hauptstraße haben die Ausgrabungen einen Teil der großen *Königsstraße,* die von der Küste in das Innere des Perserreiches führte, aufgedeckt. Die spätrömische Straße ist über 9 m breit und mit Marmorblöcken gepflastert; auf beiden Seiten verläuft ein mit Säulen ausgestatteter Bürgersteig. Diese Straße wurde später von einer byzantinischen überdeckt, und diese wiederum von der ottomanischen Straße, die bis zum Bau der modernen Hauptstraße 1952 benutzt wurde.

Fast eine Meile weiter nach Osten, wiederum dicht neben der Straße, liegt ein großes Gebäude aus römischer Zeit, das durch die neuen Grabungen als *Thermenanlage* erwiesen wurde. Die Lage von *Theater und Stadion* ist bekannt; doch sind die Reste gering. Die zahlreichen Bruchstücke der *Stadtmauer,* die an verschiedenen Stellen sichtbar sind, gehören in das 5. Jahrhundert n. Chr., als der Umfang der Stadt verkleinert wurde. Die frühen Befestigungsanlagen sind meist verschwunden, aber *an der Nordseite der Akropolis,* unweit der höchsten Erhebung, *ist der untere Teil eines stattlichen Turmes* erhalten geblieben. Früher sah man ihn

als hellenistisch an, aber jetzt glaubt man, eine lydische Konstruktion zu erkennen.
1965 kam eine interessante und ungewöhnliche Anlage ans Tageslicht. Eingeschlossen von einer hohen Mauer, fanden die Ausgräber ein *Stadtviertel mit Läden und Werkstätten*, das wie ein Vorläufer der Souqs und orientalischen Bazare von heute anmutet. Bemerkenswert ist schließlich das Datum dieses Komplexes; er gehört in die Periode, welche auf die Vertreibung der Kimmerier in der ersten Hälfte des 7. Jahrhunderts v. Chr. folgte.
In den letzten zwei Jahren wurden mehrere *interessante Tunnels* entdeckt, die in den Nordhang der Akropolis hineingebohrt sind. Man denkt an lydischen Ursprung, kennt aber weder Zeitstellung noch Verwendungszweck.

BIN TEPE

Etwa 12 km nördlich und nordwestlich von Sardes, auf einem Rücken zwischen der Hermos-Ebene und dem Gygaeischen See (heute Marmara Gölü), liegt die große *lydische Nekropole*, die von den Türken ›Tausend Hügel‹ genannt wird. Über hundert Tumuli kennzeichnen den Weg nach Sardes. Man kann die Nekropole jetzt leichter besuchen als früher, nachdem in den letzten Jahren östlich von Ahmetli eine neue Brücke über den Fluß erbaut worden ist. Hinter der Brücke sind die Wege schlecht und nur für den Jeep geeignet. Sie können nur im Sommer benutzt werden.
Drei Grabhügel fallen durch ihre Größe auf. Der größte wird mit dem von Herodot beschriebenen Grab des Alyattes identifiziert. Nach Herodot, der sehr beeindruckt war, bildeten riesige Steinblöcke die Basis eines gewaltigen Erdhügels, auf dessen Kuppe fünf Pfeiler standen. Herodot schätzt den Umfang der Anlage auf über 1200 m. Das Grabmal wurde von den Händlern, Künstlern und den Dirnen von Sardes errichtet, und die fünf Pfeiler trugen eine Inschrift, die an die von jeder Klasse geleistete Arbeit erinnerte. Der Anteil der Dirnen wurde als der größte befunden. Der Grabhügel entspricht noch heute sehr gut der Beschreibung Herodots. Seine Anlage erinnert allgemein an die des Tantalosgrabes bei Smyrna; in beiden Fällen bildete eine runde Steinmauer die Basis, die von einem konischen Pfeiler überragt war.

Von den Inschriften wurde nichts gefunden. Doch liegt auf der Hügelkuppe *ein sphärischer Stein* von 3 m Durchmesser mit einer viereckigen Basis. Man hält diese Bildung für *eine Art Phallos*, wie solche ja häufig auf Grabhügeln stehen. Der Hügel wurde archaeologisch zuerst im Jahre 1853 untersucht; damals fand man eine Marmorkammer im Innern, zu der gemauerte Zugänge führten. Sie war wie gewöhnlich geplündert. Die Ausgräber haben kürzlich den Eingang zu den Zugängen verschlossen, so daß die Grabkammer nicht mehr zugänglich ist.

Herodots Beschreibung ist nicht die einzige Nachricht, die wir über dieses Grabmal haben. Ein Bruchstück eines Schreibens des Satirendichters Hipponax, der vielleicht ein Jahrhundert vor Herodot lebte, ist an einen Freund in Lydien adressiert und enthält eine Verabredung für einen Treffpunkt. Das Bruchstück ist verdorben und schwierig, aber nach der üblichen Leseart sagt es: »Tearos, wenn du von Osten nach Smyrna fährst, kommst Du durch Lydien, vorbei am Grab des Alyattes, am Monument des Gyges, an der großen Stadt und der Stele, vorbei an dem Mal für den König Tos.« Auf Grund dieser Textstelle wurden die drei größten Hügelgräber, in der Reihenfolge von Osten nach Westen, als Grabanlagen des Alyattes, des Gyges und des Tos bezeichnet. Die letzten Benennungen sind nichts als konventionelle Meinungen, um diese Einzelhügel überhaupt zu bezeichnen. Es ist vermutet worden, daß sich »die Stele und das Mal des Tos« auf die hethitische Relieffigur am Karabelpaß bezieht. Die Vermutung ist nicht überzeugend [4].

1964 begannen die Amerikaner eine Untersuchung des zweiten großen Tumulus, des sogenannten *Gyges-Grabes*. Auch hier umfaßt eine Rundmauer den Hügel; die Architektur erinnert an einige etruskische Gräber. Außerdem wurde eine Anzahl kleinerer Hügel untersucht; man fand die Grabkammer gewöhnlich außerhalb des Zentrums, so daß ihre Entdeckung schwierig war. Einige Tumuli haben mehr als eine Kammer. Ob in allen Fällen eine Rundmauer die Gräber umfaßte, bleibt ungeklärt.

[4] Siehe die Seiten 54 ff

Nachwort zur deutschen Ausgabe

Mit dem Ausflug nach Sardes, der Hauptstadt Lydiens, beschließt der Verfasser seine Darstellung der ägäischen Küste Kleinasiens und ihres Hinterlandes. Damit ist seine Aufgabe erfüllt, den Leser auch zu alten Stätten zu führen, die in anderen Reiseführern nur beiläufig erwähnt oder überhaupt nicht beschrieben werden. Auf diese Weise wird ein geschlossenes Bild von Jonien und der Aeolis vermittelt, das die große Bedeutung Westkleinasiens im Altertum sinnfällig veranschaulicht. Die antiken Stätten an der Südküste Kleinasiens werden in einem anschließenden Studienführer behandelt werden.

Anhang

TROJA

Die *Entdeckung von Troja* (Ilion) verdanken wir *Heinrich Schliemann*, der dort 1870–1890 seine Ausgrabungen durchführte. Eine systematische Ordnung der gewonnenen Ergebnisse brachte das Mitwirken von *Wilhelm Dörpfeld* (1890–1894). 1932–1938 wurden die Grabungen von der Universität Cincinnati unter der Leitung von *C. W. Blegen* fortgesetzt, wobei die von den deutschen Archaeologen gewonnenen Erkenntnisse bestätigt und ergänzt werden konnten.

Durch die Grabungen wurden **neun Hauptschichten** und eine Anzahl von Zwischenschichten freigelegt. Die Stadt *Troja I* (2600 bis 2400 v. Chr.) entstand in der beginnenden Metallzeit. Die ihr folgende größere Siedlung *Troja II* mit starken Bruchsteinmauern wurde um 2200 v. Chr. durch Brand zerstört; zu ihr gehört der berühmte, von Schliemann als Schatz des Priamos bezeichnete, Hortfund, der Ende des 2. Weltkrieges in Berlin verloren ging. Die Schichten *Troja III–V* deuten auf eine ärmliche Siedlung, in der sich Reste der Bevölkerung der II. Stadt behauptet haben. Um 1800 v. Chr. entsteht Troja VI mit einer mächtigen, aus Hausteinen gebauten Stadtmauer, die durch Böschung und Gliederung auffällt; *Troja VI* ist die Residenz eines Fürstengeschlechtes, das mit Pferden und Streitwagen umzugehen versteht. Um 1300 v. Chr. wurde Troja VI durch ein starkes Erdbeben erschüttert. Die wiederaufgebaute Stadt bezeichnen wir als Troja *VII a;* ihre Zerstörung um 1200 v. Chr. könnte das Werk mykenischer Griechen gewesen sein, so daß wir *Troja VII a als Homerisches Troja* betrach-

ten dürfen. *Troja VII b* (1200–800 v. Chr.) dürfte durch thrako-phrygische Kräfte besiedelt worden sein, deren archaeologische Hinterlassenschaft eine charakteristische Buckelkeramik ist.
Mit *Troja VIII* beginnt die griechische Besiedlung durch Aeoler. Im 6. Jahrhundert geriet Troja unter die Oberherrschaft der Perser; der Perserkönig Xerxes opferte im Athenatempel. Im Frühjahr 334 v. Chr. ließ Alexander d. Gr. im großen Athenatempel der Stadt Opfer darbringen. Im späten 4. Jahrhundert baute Lysimachos die Ilion genannte Stadt aus. Im Verlauf des 3. Jahrhunderts wurde Troja-Ilion mehrfach von den keltischen Galatern heimgesucht. 85 v. Chr. wurde die Stadt durch den römischen Feldherrn Fimbria im Mithridatischen Krieg erobert und zerstört. Der Wiederaufbau der Stadt ist durch die Schicht *Troja IX* bestimmt, wobei man die durch die älteren Schichten entstandenen Terrassen planierte, so daß der Athenatempel zu einem repräsentativen heiligen Bezirk wurde. Außer einem Theater (7) wurde ein Gerichtsgebäude angelegt und die Stadt mit einer neuen Mauer umgeben. Konstantin wollte Troja zur Hauptstadt des römischen Reiches machen.

Die **Orientierung im Ruinenfeld von Troja** erfolgt am besten *nach der durch Pfeile markierten Besichtigungsstrecke*, auf der die einzelnen Schichten angegeben sind. Deutlich hebt sich der *hellenistisch-römische Teil* von den älteren Schichten ab, von denen besonders im Osten die geböschte Mauer von *Troja VI* auffällt. Sie besteht aus mehr oder weniger regelmäßig behauenen Steinen und ist in mehrere Abschnitte gegliedert. Ihr sind mehrere Turmbauten vorgelagert, von denen einer deutliche Spuren des Erdbebens von 1300 v. Chr. zeigt (6). Es empfiehlt sich, die Mauer von Troja VI von Osten nach Westen zu umschreiten, um einen Eindruck von der einheitlichen Bauweise zu gewinnen, die durch ihre Haustein-technik, die regelmäßige Abschnittsgliederung und die vorgelegten Türme auffällt. Im Südosten ist die Mauerführung durch das hellenistische *Bouleuterion* (1) unterbrochen, an das westlich die Südtoranlage (2) von Troja VI anschließt. Hinter der Mauer sind die Grundrisse verschiedener Bauten von Troja VI/VII a erkennbar. Vor der Mauer liegt das griechisch-römische Theater (7).
Von der charakteristischen Mauer der Stadt Troja VI läßt sich

deutlich die aus Bruchsteinen gebaute *Ringmauer von Troja II* unterscheiden; sie umschloß einen wesentlich kleineren Siedlungsbereich, dessen eindrucksvollsten Teil die zum SW-Tor der II. Stadt führende Rampe (3 a) bildet. Etwa 6 m nordwestlich der Rampe fand Schliemann in einem Hohlraum des Lehmziegeloberbaues der Ringmauer den sogenannten Schatz des Priamos. Die

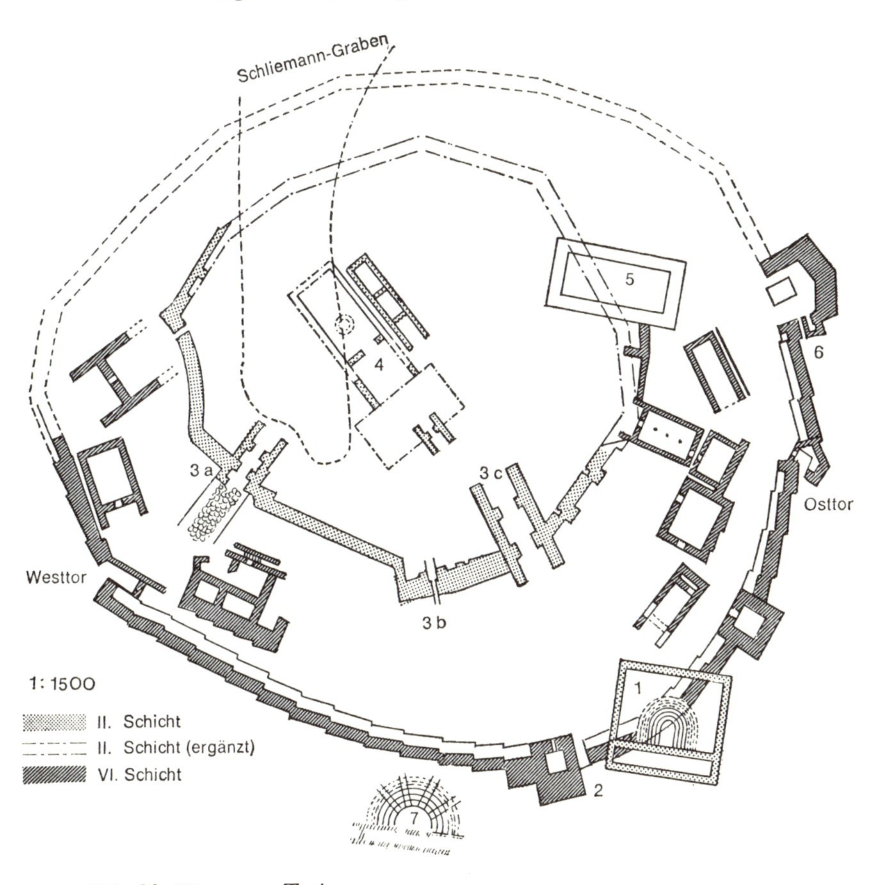

Abb. 53 Plan von Troja

1 Bouleuterion (Theater B) / 2 Südtor der VI. Schicht / 3 a Rampe, 3 b u. c Toranlagen der II. Schicht / 4 Megaron der II. Schicht / 5 Athenatempel / 6 Nordostturm der VI. Schicht / 7 Griechisch-römisches Theater der IX. Schicht

Ringmauer von Troja II kann man auch gut an dem schwarzen, roten oder gelben Brandschutt erkennen, der von der Zerstörung der Stadt um 2200 v. Chr. kündet. Folgt man der Ringmauer nach Osten, so gelangt man zu zwei tiefen Toranlagen, die verschiedenen Bauperioden der Stadt II entstammen (3 b u. 3 c). Die östlichste war auf die Palastbauten von Troja II ausgerichtet, große Rechteckräume mit Vorhalle vom sogenannten Megarontypus (4). Der Megarontypus ist bereits in *Troja I* vertreten, einer bescheidenen Siedlung, deren Mauerwerk Fischgrätenmuster zeigt.

Die Siedlungsschichten III–V decken sich weitgehend mit dem Verlauf der zerstörten Ringmauer von Troja II. Ebenso schließen die Schichten VII a und b sowie VIII an die durch Erdbeben erschütterte und dann teilweise zerstörte Mauer der VI. Stadt an.

Auf den Schichten II–VIII entstand das Plateau für den *Athenatempel*, dessen Neubau Alexander d. Gr. versprochen und Lysimachos ausgeführt hatte (5). Unter Augustus erfolgte die Ausweitung zu einem repräsentativen Bezirk mit Säulenhallen auf drei Seiten und einem Torbau in der Südhalle.

ERKLÄRUNG DER FACHAUSDRÜCKE

Agonothet	Amtlich Beauftragter für die Durchführung öffentlicher Spiele
Agora	Marktplatz
Archaische Periode	7./6. Jahrhundert v. Chr.
Cavea	Zuschauerraum in einem Theater
Cella	Hauptraum eines Tempels, in dem die Kultstatue stand
Cuneus	Keilförmiger, durch Treppenaufgänge begrenzter Abschnitt der Cella
Diazoma	Rundgang durch den Zuschauerraum
Dorische Ordnung	Baustil, der sehr häufig in Griechenland und Unteritalien, aber selten in Kleinasien begegnet. Hauptkennzeichen ist die dorische Säule ohne Basis mit Rillen (Kanneluren) und scharf aufeinanderstoßenden Graten. Das Kapitell besteht aus Wulst (Echinos) und Deckplatte (Abacus). Über dem aufliegenden Gebälk (Architrav) befinden sich abwechselnd dreigeteilte Blöcke (Triglyphen) und bemalte oder reliefierte Füllplatten (Metopen)
Hellenistische Periode	Zeit von Alexander d. Gr. bis Augustus 334 bis 31 v. Chr.)
Jonische Ordnung	Baustil, der an den meisten Tempeln Kleinasiens zur Anwendung gelangte. Hauptkennzeichen ist die jonische Säule, die im Gegensatz zur dorischen auf einer Basis steht, schlanker ist und Stege zwischen den Kanneluren hat. Das Kapitell wird von plastischen Spiralornamenten (Voluten) beherrscht. An Stelle des dorischen Triglyphen-Metopenfrieses findet sich ein durchgehender Fries

Komposit-Kapitell	Späte Form des Säulenkapitells, wobei jonische Voluten und korinthische Akanthusornamentik verschmolzen sind
Korinthische Ordnung	Baustil, dessen Säulen dem jonischen sehr ähnlich sind, jedoch mit Ausnahme der Kapitelle, die an Stelle der jonischen Voluten ringsum Akanthusblätter tragen
Kyklopisch	Mauerwerk aus großen unregelmäßigen Blöcken, die ohne Reihung und Mörtel verlegt sind
Opisthodomos	Hinterraum des Tempels, in dem oft Tempelgerät aufbewahrt wurde
Orchestra	Halbrunder Platz des Theaters zwischen Zuschauerraum und Bühne, ursprünglich für Chor und Schauspieler bestimmt
Parodoi	Seiteneingänge der Orchestra zwischen Zuschauerraum und Bühne
Pronaos	Vorhalle des Tempels
Propylon, Propylaeen	Monumentale(s) Eingangstor(e)
Proszenium (Proscenium)	Teil des Bühnengebäudes in einem Theater, dessen Frontseite dem Zuschauerraum zugekehrt war; das P. diente in nachklassischer Zeit als Bühne
Stadion	1.) Längenmaß von 192,27 m = 600 Fuß (olympisch) 2.) Anlage für Wettläufe und andere Wettkämpfe
Stele	Aufrechtstehende schmale Steinplatte, die ein Relief, ein Ornament oder eine Inschrift tragen konnte
Stoa	Lange gedeckte Säulenhalle, meist längs einer Straße oder eines Marktplatzes
Vomitorium	Gedeckter Gang, durch den man den Zuschauerraum eines römischen Theaters betreten und verlassen konnte

LITERATURHINWEISE UND QUELLENNACHWEIS

Werke allgemeinen Charakters

Akurgal, E.	*Die Kunst Anatoliens von Homer bis Alexander* (Berlin 1961)
Baedekers Autoreiseführer	Türkei (Stuttgart 1965/66)
Beck, M.	*Anatolien* (Zürich und Stuttgart 1956)
Bittel, K.	*Grundzüge der Vor- und Frühgeschichte Kleinasiens* (Tübingen 1950)
Chandler, R.	*Travels in Asia Minor and Greece*, 3. Ausgabe (London 1817)
Chandler, R., Revett, N. u. Pars, W.	*Ionian Antiquities* (Society of Dilettanti 1769)
Cook, J. M.	*The Greeks in Ionia and the East* (London 1962)
Eller, K. u. Wolf, D.	*Das Goldene Buch der Türkei* (München 1965)
Fellows, Ch.	*Asia Minor* (London 1839)
Fumelli	*Türkiye* – ein Bildband – (Novara 1956)
Hamilton, W. J.	*Researches in Asia Minor* (London 1842)
Meritt, B. D., Wade-Gery, H. T., u. McGregor, M. F.	*The Athenian Tribute Lists I*, Kapitel IX (Cambridge, Mass. 1939)
Newton, C. T.	*Travels and Discoveries in the Levant* (London 1865)
Plate, H. u. Jesse, H.	Das Land der Türken – ein Bildband – (Graz, Wien, Köln 1961)
Ramsay, W. M.	*Letters to the Seven Churches*, 2. Ausgabe (1906)
Rummel, F. von	*Die Türkei auf dem Wege nach Europa* (München 1952)
Stark, Freya	*Ionia: a Quest* (John Murray, London 1954)
Ximinez, S.	*Asia Minor in Ruins* (Engl. Übersetzung 1925)

Zu Kapitel 2

C. J. Cadoux, *Ancient Smyrna* (Oxford 1938)
J. M. Cook in *Annual of the British School at Athens*, Vol 53–54
MELES-FLUSS, W. M. Calder in Ramsay, *Studies in the Eastern Roman Provinces* (1906), S. 95–116

Zu Kapitel 3

G. Perrot und C. Chipiez, *History of Art in Phrygia, Lydia, Caria and Lycia* (Englische Ausgabe 1892)
C. J. Cadoux, *Ancient Smyrna*
NIOBE. H. T. Bossert, *Altanatolien*
SESOSTRIS, J. M. Cook in *Türk Arkeoloji Dergisi*, VI, 2, S. 3 ff
SPÄTERE DENKMÄLER. G. E. Bean in *Journal of Hellenic Studies* (1947), S. 128–134 (Ada Tepe), und *Jahrbuch für Kleinasiatische Forschung*, III (1955), S. 43 ff

Zu Kapitel 4

Altertümer von Pergamon (Veröffentlichung der deutschen Ausgrabungen auf der oberen Burg, Berlin 1885–1937)
E. V. Hansen, *The Attalids of Pergamon* (New York 1947)
E. Boehringer in *Neue Deutsche Ausgrabungen* (Berlin 1959), S. 121 ff
ASKLEPIEION. O. Deubner, *Das Asklepieion von Pergamon* (Berlin 1938)

Zu Kapitel 5

DIE REISE DES ARISTIDES. W. M. Ramsay in *Journal of Hellenic Studies*, II (1881)
LARISA. Boehlau-Schefold, *Larisa am Hermos* (Veröffentlichung der deutschen Ausgrabungen)
J. M. Cook in *Annual of the British School at Athens*, 53–54, S. 20
KYME. C. Schuchhardt in *Altertümer von Pergamon*, I, 1 (1912), S. 95
MYRINA. E. Pottier und A. J. Reinach, *La Necropole de Myrina* (Paris 1887)
C. Schuchhardt, op. cit., S. 96–98
GRYNEION. Schuchhardt, op. cit., S. 98

ELAEA. Schuchhardt, op. cit., S. 111 – 113
PITANE. Schuchhardt, op. cit., S. 99 – 100
E. Akurgal in *Türk Arkeoloji Dergisi*, X (1960), S. 5 – 6 (in Türkisch)
PHOKAEA. F. Sartiaux in *Comptes Rendus de l'Acadèmie des Inscriptions* (1914), S. 6 – 18, und *Bulletin de Correspondance Hellénique*, 44 (1920), S. 412

Zu Kapitel 6

KLAZOMENAE. J. M. Cook, *The Topography of Klazomenai* in *Archaiologike Ephemeris* (1953 – 1954)
TEOS. Béquignon und Laumonier in *Bulletin de Correspondance Hellénique* (1925), S. 281 ff
MYONNESOS. G. Hirschfeld in *Archäologische Zeitung*, 33, S. 30
G. Weber in *Athenische Mitteilungen*, *29* (1904), S. 222 ff
LEBEDOS. G. Weber, loc. cit. 228 ff
ERYTHRAE. H. Gaebler, *Erythrae* (Berlin 1892)
G. Weber, Erythrai in *Athenische Mitteilungen*, 26 (1901), S. 103 ff
J. Keil in *Österreichische Jahreshefte*, XIII (1910) Beiblatt 1 ff und XV (1912) Beiblatt 49 ff
(Sibyllinische Quellgrotte): K. Buresch in *Athenische Mitteilungen*, 17 (1892), S. 16 ff

Zu Kapitel 7

J. T. Wood, *Discoveries at Ephesus* (London 1877)
F. Miltner, *Ephesos* (Wien 1958)
ARTEMISION. D. G. Hogarth, *Excavations at Ephesus* (London 1908)
BELEVI. Perrot und Chipiez, op. cit., S. 273 – 277 (mit Irrtümern)
F. Miltner, *Ephesos*, 10 – 12 (mit Verweisen in Anmerkung 12)
H. V. Morton, *In the Steps of St. Paul* (Methuen, London; Dodd, Mead and Co., New York 1936)

Zu Kapitel 8

KOLOPHON. C. Schuchhardt in *Athenische Mitteilungen*, 11 (1886), S. 398 ff
NOTION. Demangel und Laumonier in *Bulletin de Correspondance Hellénique* (1923), S. 353 ff
C. Schuchhardt, *Athenische Mitteilungen*, 11 (1886), S. 419 ff

KLAROS. C. Schuchhardt in *Athenische Mitteilungen*, 11 (1886), S. 439 ff
Macridy in *Österreichische Jahreshefte*, XV (1912), S. 36 ff
Macridy und Picard in *Bulletin de Correspondance Hellénique*, 39 (1915), S. 33 ff
Ch. Picard, *Ephèse et Claros* (Paris 1923)
(Französische Ausgrabung): Einführende Notizen in *Anatolian Studies* (1951–1960)

Zu Kapitel 9
T. Wiegand und H. Schrader, *Priene* (Veröffentlichung der deutschen Ausgrabungen, Berlin 1904)
M. Schede, *Die Ruinen von Priene*, 2. Ausgabe (Berlin 1964)
PANJONION. G. Kleiner in *Neue Deutsche Ausgrabungen* (Berlin 1959), S. 172–180

Zu Kapitel 10
Milet I–III (Veröffentlichung der deutschen Ausgrabungen, Berlin 1906–1936)

Zu Kapitel 11
C. T. Newton, *Halicarnassus, Cnidus and Branchidae* (London 1863)
B. Haussoullier, *Histoire de Milet et du Didymeion* (Paris 1902)
Didyma (Veröffentlichung der deutschen Ausgrabungen, Berlin), Vol. I, Gebäude (1941), Vol. II, Inschriften (1958)

Zu Kapitel 12
MYUS. Ruge in Pauly-Wissowa, *Realencyclopädie* s. u. Myus.
H. Weber, Myus. Grabungen 1966. *Istanbuler Mitteilungen* 17 (1967), S. 128 f
MAGNESIA AM MAEANDER. C. Humann u. a., *Magnesia am Maeander* (Berlin 1904)

Zu Kapitel 13
F. Krischen in *Milet*, III, 2
G. E. Bean und J. M. Cook in *Annual of the British School at Athens*, 52 (1957), S. 138–140

Zu Kapitel 14
FRÜHERE AUSGRABUNGEN: *Sardis* von H. C. Butler u. a.
NEUE AUSGRABUNGEN: Einführende Berichte in *Bulletin of the American Schools of Oriental Research* (ab 1958)

35

Oben:
Sardes
Tempel der
Artemis

Unten:
Jonisches
Kapitell vom
Tempel

36

Oben:
Sardes
Bizarre Fels
formationen
in den
benachbarte
Hügeln

Unten:
Sardes
Lydische
Felsgräber.
Im Hinter-
grund die
Akropolis

TAFELÜBERSICHT

VERZEICHNIS DER TEXTABBILDUNGEN UND PLÄNE

Grundrisse und Gebietskarten sind mit einem Punkt (•) versehen

DIE WICHTIGSTEN MUSEEN

Bergama:
(Pergamon)

Archaeologisches Museum (in der Nähe des Palas-Hotels), geöffnet 9.00 – 12.00 Uhr / 14.00 bis 16.00 Uhr. Mit zahlreichen Funden von der Steinzeit bis zur byzantinischen Zeit und einer Kopie des Pergamon-Altars.

Ephesos:

Archaeologisches Museum in Selçuk (rechts ab von der Hauptstraße an der Straße nach Kuşadasi), übliche Öffnungszeiten. Vor allem bedeutsame Funde aus Ephesos selbst, darunter drei große verschieden aufgefaßte Skulpturen der Artemis.

Izmir:
(Smyrna)

Archaeologisches Museum (Arkeoloji Müzesi) im Kültür-Park, geöffnet 9.00 – 17.00 Uhr, sonntags geschlossen. Mit Funden aus dem antiken Smyrna, aus Ephesos, Milet, Sardes, Pergamon, Tralles, Aydin u. a.

Troja:

Kleines Museum am Osttor mit Kleinfunden der verschiedenen Siedlungsschichten.

STICHWORTVERZEICHNIS

Die Hauptsehenswürdigkeiten sind durch ein Sternchen (*) gekennzeichnet
Schräggesetzte Zahlen = Hauptabschnitt, Abb. = Textabbildung, T = Tafeln

Orts- und Sachregister

Personen- und Stammesnamen